现代农业经济
与技术推广

秦孔云 沈梦洁 温凤涛 ○ 编著

企业管理出版社
ENTERPRISE MANAGEMENT PUBLISHING HOUSE

图书在版编目（CIP）数据

现代农业经济与技术推广 / 秦孔云，沈梦洁，温凤涛编著. -- 北京 : 企业管理出版社，2024.12
 ISBN 978-7-5164-2967-9

Ⅰ. ①现… Ⅱ. ①秦… ②沈… ③温… Ⅲ. ①农业经济管理－研究－中国②农业科技推广 Ⅳ. ①F322
②S3-33

中国国家版本馆CIP数据核字(2023)第188969号

书　　名：	现代农业经济与技术推广
书　　号：	ISBN 978-7-5164-2967-9
作　　者：	秦孔云　沈梦洁　温凤涛
选题策划：	周灵均
责任编辑：	陈　戈　周灵均
出版发行：	企业管理出版社
经　　销：	新华书店
地　　址：	北京市海淀区紫竹院南路17号　　邮　　编：100048
网　　址：	http://www.emph.cn　　电子信箱：2508978735@qq.com
电　　话：	编辑部　（010）68701408　　发行部　（010）68417763
印　　刷：	北京厚诚则铭印刷科技有限公司
版　　次：	2024年12月第1版
印　　次：	2024年12月第1次印刷
开　　本：	710mm×1000mm　1/16
印　　张：	20.25
字　　数：	270千字
定　　价：	89.00元

版权所有　翻印必究·印装有误　负责调换

PREFACE 前言

中国自古以来就是一个"以农立国"的国家，农业的发展状况决定着国力的强弱、社会的治乱甚至朝代的兴替。历代中国社会都非常重视农村和农业问题。农业是全面建成小康社会和实现中国式现代化的基础，必须加快转变农业发展方式，提高农业质量效益和竞争力，走产出高效、产品安全、资源节约、环境友好的农业现代化道路。

网络技术的不断发展，为农业的发展带来了重大机遇，农业技术推广成为影响现代农业经济发展的重要因素，也是农业国际竞争力的重要体现。本书从农业产业特点出发，紧密结合中国农业发展实际，对中国现代农业经济管理创新模式和现代农业技术推广做了深入探索。首先，详细介绍农业经济管理的相关内容，具体阐述了农业与农业经济的基本概念、农村经济制度的变迁、新型农业经营体系、"互联网+

农业"经济管理创新模式等内容。其次，围绕农业现代化及农业现代种植技术展开论述，以中药材三七、重楼、石斛、贝母的种植技术为例，展现了现代农业科学技术的进步。最后，介绍农业科学技术推广及农业技术推广服务相关内容，揭示农业科学技术推广模式、程序与方法，探索农业技术推广的经营服务与信息服务的路径、方法，从而为提高农业竞争力、推动农业可持续发展提供理论与实践借鉴。

全书共八章，共二十七万字。第一章、第五章、第六章由秦孔云编写，共十万字；第二章、第三章、第四章由沈梦洁编写，共十万字；第七章和第八章由温凤涛编写，共七万字。

本书参考了大量的文献资料，在此对诸位文献作者表示衷心的感谢。由于编者的专业水平所限，书中难免有疏漏，敬请专家学者和广大读者不吝批评指正。让我们共同研究，一起进步。

编者

2024年11月

CONTENTS 目录

第一章 农业与农业经济 ···1

第一节 农业的概念 ···3
第二节 农业在国民经济中的重要地位 ···11
第三节 农业经济学 ···19

第二章 农村经济制度的变迁 ···25

第一节 农村经济制度产生与演变的理论基础 ···27
第二节 1949年以来农村经济制度演变的过程 ···30
第三节 "三权分置"完善农村基本经营制度 ···34

第三章 新型农业经营体系 ···39

第一节 新型农业经营体系的内涵 ···41

第二节 新型农业经营主体 ···44

第三节 推进新型农业经营主体建设 ···63

第四章 "互联网+农业"经济管理创新模式 ··67

第一节 "互联网+"时代对农业发展的影响 ···69

第二节 "互联网+"时代农业产业链和创新模式 ···85

第三节 智慧农业经营管理 ···102

第五章 农业现代化 ···119

第一节 农业的发展阶段 ···121

第二节 农业现代化的内涵 ···123

第三节 国外农业现代化 ···127

第四节 我国农业现代化 ···131

第六章 农业现代化种植技术——以中药农业为例 ···137

第一节 中药农业的概念与特征 ···139

第二节 我国中药材生产 ···153

目 录

第三节　三七种植技术　…174

第四节　重楼种植技术　…200

第五节　石斛种植技术　…206

第六节　贝母种植技术　…210

第七章　农业技术推广　…225

第一节　农业技术推广概述　…227

第二节　农业技术推广模式的特点　…236

第三节　农业技术推广程序、方式与方法　…255

第八章　农业技术推广服务　…277

第一节　农业技术推广服务的内涵　…279

第二节　农业技术推广经营服务　…287

第三节　农业技术推广信息服务　…298

参考文献　…315

1

第一章

农业与农业经济

第一节 农业的概念

一、农业的概念与内涵

农业是人类社会与大自然关系最为密切的产业。农业有广义与狭义之分。广义的农业是指包括种植业、林业、畜牧业、渔业及其为上述行为提供辅助性活动的行业。狭义的农业仅指种植业，即栽培农作物（粮食作物、经济作物等）以获取植物性产品的生产活动。农业是人类衣食之源、生存之本，是国民经济的基础，也是农村经济的主要组成部分。

古人类学家研究发现，地球上人类已有几百万年的历史，而农业的产生仅有1万年左右。此前数百万年的漫长岁月中，人类祖先主要以采集和渔猎为生。在长期的采集和狩猎实践中，人类学会了种植自己所需的植物以及驯养所需的动物。通过野生动植物的驯化及大量生产，出现了种植业和畜牧业。种植业主要是利用绿色植物的光合作用生产植物产品，畜牧业则利用动物的消化合成作用将植物产品进一步转化为动物产品。经过上万年的发展，农业的生产方式、生产水平有了飞跃式发展，直到今天，种植业和畜牧业仍然是农业的主体，在有的国家，农业就是指种植业和畜牧业。

在种植业和畜牧业出现后，人类获取食物的方式发生了根本性改变；但是采集和捕捞的活动仍保持下来，在一些地方甚至仍是人们获取生活资料的主要方式。人们不仅依然从事这些活动，而且逐渐学会了有

意识地控制这些活动的范围、方式和强度，以保护生存环境及持续地利用资源。为了更多地获取所需的产品，人们在捕捞鱼类的过程中学会了水产养殖；在获取林木产品的过程中开始了植树造林。因此，许多国家的农业不仅包括种植业、畜牧业，还包括水产捕捞和养殖业（渔业），还有的国家将林业也列入农业的范畴。

二、农业的多功能性

农业的多功能性概念最早出现在日本的《粮食·农业·农村基本法》中，指的是农业产业除提供粮食等农产品外，还具有国土保全、水源涵养、自然环境保护、良好景观形成和文化传承等功能。我国是从2006年12月中共中央、国务院发布《关于积极发展现代农业扎实推进社会主义新农村建设的若干意见》开始使用"农业多功能性"这一概念的，该文件指出："农业不仅具有食品保障功能，而且具有原料供给、就业增收、生态保护、观光休闲、文化传承等功能。建设现代农业，必须注重开发农业的多种功能，向农业的广度和深度进军，促进农业结构不断优化升级。"2022年1月中共中央、国务院发布的《关于做好2022年全面推进乡村振兴重点工作的意见》指出："鼓励各地拓展农业多种功能、挖掘乡村多元价值，重点发展农产品加工、乡村休闲旅游、农村电商等产业。"从中国的实际情况来看，农业的多功能性是指农业除了具有产品产出功能以外，还有经济、社会、文化和环境等其他方面的非产品产出功能。这些功能所产生的有形结果和无形结果的价值无法通过市场交易和产品价格来体现。

（一）农业的经济功能

农业的传统经济功能包括以下四个方面。

1. 产品贡献

农业的原始功能和基础功能是供给人类必需的食物。当非农产业部门从农业部门分化出来以后，非农产业部门的食物消费主要来源于农业部门。只有农业部门的生产效率不断提高，农业生产者生产的食品数量超过维持其自身生存所需要的量且出现剩余的时候，其他部门才会出现和发展。除食品供应外，农业也为工业提供原料。在工业化早期阶段，一个国家的工业一般是以农业原料加工业为主，所以工业的发展在很大程度上取决于农业的发展状况。随着化工产业的进一步发展，人类逐渐使用化工产品（如人造纤维、人造皮革、人造橡胶等）替代农产品原料，但这些替代原料大多应用在非食用产品加工上，且只起到部分替代作用。

2. 要素贡献

农业的要素贡献是指农业部门的要素转移到非农产业部门，从而推动非农产业部门的发展。农业部门所提供的生产要素主要是土地、资金和劳动力。

农业的土地要素贡献是指农业用地转化为非农业用地，进而为非农产业部门的发展提供地理空间。一般来说，国家的发展，尤其是非农产业的发展必然会对土地产生需求。城区的扩大、道路的修建、厂房的建设等实际用地需求都会刺激政府或其他主体将农业用地转变为非农业用地。

农业的资金要素贡献是指农业部门为工业等其他非农产业的发展积累资金。在经济发展的初始阶段，农业部门是最主要的物质生产部门，而社会资本的积累主要靠农业来实现。因为在这一时期，非农产业部门的基础非常薄弱，自身积累能力很弱，而外部援助和外来投资也只能起到补充作用。在这一阶段，资金从农业部门转移到非农产业部门常常需借助于行政力量。随着经济的进一步发展，非农产业部门自身的资金积累能力不断增强,但农业部门的资金仍会持续向非农产业部门转移。其原因在于,农业的比较收益较低,资本总是具有向高收益产业部门流动的倾向;在这一阶段,资金从农业部门转移到非农产业部门则主要借助于市场机制的力量。

农业的劳动力要素贡献是指随着农业劳动生产力的提高,农业部门出现了富余劳动力,使得农业劳动力能够向非农产业部门转移,从而为非农产业的发展提供劳动力生产要素。

3. 市场贡献

农业的市场贡献来源于农业与其他部门的交换,包括农民购买日用工业品和购买农业生产资料两个方面。一方面,农民生活中所需的服装、家具、家用电器、日用工业品、耐用消费品等,都需要通过市场来购买,也就是说,农村也是工业品的基本消费市场之一;另一方面,农业现代化的推进使农业对农药、化肥、农膜、机械、电力、能源等工业品的需求与日俱增。农民对这些农用工业品的投入会刺激农用生产资料工业和其他相关产业的扩张。

4. 外汇贡献

农业的外汇贡献是指国家通过出口农产品及其加工品为国家赚取外汇收入,或者通过发展农产品进口替代品为国家减少外汇支出,从而为国家平衡国际收支做出贡献。在发展中国家经济发展的初期阶段,农业的外汇贡献十分重要。在这一时期,发展中国家科学技术水平较低,工业基础薄弱,工业品的国际竞争力较弱,出口创汇困难,但国家工业化建设又需要外汇以换取国外的先进技术、机器设备和原材料,这就使得具有出口创汇功能的农业部门往往在发展中国家工业化建设的初期阶段扮演着重要角色。随着发展中国家经济的进一步发展,农业的外汇贡献一般会逐步下降。这是由于随着工业经济实力的不断提升,工业品的出口创汇能力日趋增强,逐渐超过并取代农业成为主要创汇力量。

（二）农业的社会功能

农业具有社会保障功能，具体表现为以下几点。

（1）农业的稳定发展可以为社会提供充足的农产品，可以满足城乡居民对基本生活资料的需要，从而使人民安居乐业。

（2）对农村尚不完善的社会保障体系有补充功能。在广大发展中国家，大量的贫困人口集中在农村地区，他们缺乏必要的社会保障，而其所拥有的土地为他们提供了基本的社会保障。在发展中国家的欠发达地区，土地起到了基本的生活保障功能。它不仅为农民提供了就业机会，还为农民提供了生活和社交的基本条件与场所，保证了农村社会的和谐稳定。

（3）保障国家自立自强。一国的自立自强很大程度上取决于农业的发展。如果一国的主要农产品，尤其是粮食不能实现基本自给而过度依赖进口，不仅会给世界农产品市场带来压力，而且会受制于人，不利于本国独立自主，自强发展，不利于国家安全。

（三）农业的文化功能

许多国家的传统文化深深植根于农业生产和农民生活，形成了富有乡土气息和地方特色的文化。日本的"勤劳感谢日"是提倡勤劳、庆祝生产发展及国民之间相互感谢的节日；柬埔寨的"送水节"是感谢雨季结束、河水消退给农业生产带来丰富水源和天然肥料的传统节日；马里的"播种节"、安哥拉的"渔民岛节"、埃及的"丰收喜庆木薯节"都是与农业相关的传统节日。中国的二十四节气及许多节日都和农业密切相关。在中国，最热闹的传统节日"春节"也是一个与农业生产关系密切的节日，它意味着寒冬将去，新一年农业生产的春天即将到来。我国许多少数民族的节日，如鄂温克族的"米阔鲁节"、佤族的"播种节"、

瑶族的"尝新节"等，也都是具有浓厚农业气息的节日。可见，农业具有传承文化传统的功能。

（四）农业的环境功能

农业的环境功能包括生态环境保护和农业景观两个方面。农作物通过光合作用，可吸收二氧化碳，增加氧气。通过植树造林，可防风固沙，保持水土，防止农地荒漠化；可改善气候，减少温室气体效应；可保护野生动物栖息地；等等。许多动植物还能处理人类生活中产生的废物，不仅可以净化环境，还可以将一些废物转化为人类需要的生物物质。微生物能分解环境中的有害物质，从而有助于生物链维持循环。可见，农业能产生很大的环境收益。另外，随着城镇化进程的不断加快，城市拥挤问题日趋严峻，"城市病"也逐渐加剧。此时，农业提供农业景观的功能显得日益重要起来。

三、中国农业历史发展阶段

世界农业发展到今天，大致经历了原始农业、传统农业和现代农业三个发展阶段。在古代社会，中国先民创造了灿烂的农业文明，为人类做出了巨大贡献，特别是中国传统农业形成较早，延续历史也很长。结合中国农业历史的特点，从原始社会到中华人民共和国成立，中国农业历史发展可分为以下五个阶段。

（一）原始农业萌芽期

考古资料显示，我国农业产生于 1 万年以前的新石器时代。人们是在活动中逐渐学会种植作物和驯养动物的。那时候农业生产还只是一种附属性经济活动，人们的生活资料还必须依靠原始采猎来获得。原始农业基本是使用由石、骨、木等制作的简陋的生产工具，采用刀耕火种的耕作方法，实行以简单协作为主的集体劳动。原始农业生产力极低。

（二）传统农业形成期

夏、商、西周时期（公元前21世纪至公元前8世纪）是我国传统农业形成期。人们学会了冶炼青铜，出现了青铜农具。夏代大禹治水反映了这一时代的农业技术进步。兴修农田水利增强了人类利用自然和改造自然的能力，由此也带动了农耕技术的进步，垄作、中耕、治虫、选种等农业技术相继出现。为适应农耕季节的需要而创立了天文历——夏历，使农耕活动由物候经验上升到理性规范。商代出现了最早的文字——甲骨文，标志着新的文明时代的到来。这一时期农业已发展成为社会的主要产业，原始的采猎经济不再占据主体地位。

（三）传统农业发展期

春秋至南宋时期（公元前8世纪至公元13世纪）是我国传统农业发展期。这一时期农业进步的重要标志是铁制农具与畜力耕作技术配套并逐步完善，奠定了我国传统农业的技术体系和以小农家庭为生产单位的经济形式。这一阶段首先在黄河流域形成了以"耕—耙—耱"为技术特征的防旱保墒旱作技术。一批大型水利工程相继兴建起来，农业生产各部门都获得了长足进步。公元6世纪出现《齐民要术》这样的综合性农书，传统农学登上了历史的舞台。从南北朝时期（公元5—6世纪）开始，长江以南地区农业逐渐发展起来。至唐代中期（公元8—9世纪），国家的经济重心转移到南方，标志着中国封建社会农业经济发展的重大变化。之后，南方的水田耕作技术趋于成熟，确立了我国精耕细作的农耕体系。

（四）传统农业深化期

元、明到清前期（公元 14 世纪至 19 世纪）是我国传统农业深化期。这一时期人口快速增长，人均农业资源日渐减少。为解决这个日益尖锐的社会问题，人们更加注意边疆开发和边地利用，以及内地的山地、滩涂、沼泽地、盐碱地等荒闲土地的垦殖利用。此外，多熟种植、间作套种，在人口稠密地区受到重视，大大提高了土地利用率。特别是明清时期先后引进了玉米、番薯、马铃薯等高产粮食作物以及烟草、花生等经济作物，对我国的农业生产和作物结构产生了历史性影响。明清时期农业经济的另一个显著特点是，商品性农业有了一定的发展，有些地区已形成相对集中的经济作物产区。

（五）近代传统农业发展期

鸦片战争到中华人民共和国成立前（1840—1949 年）是我国近代传统农业发展期。1840 年爆发了鸦片战争，西方列强武力入侵中国。一些有识之士提出向西方学习农工商知识和技术，近代农业科技也开始传入我国。创办农业报刊，翻译外国农书，选派农学留学生，聘请农业专家，建立农业试验场，开办农业学校，在古老的中国大地上大开风气之先。西方的农机具、化肥农药、作物和畜禽良种也被引进中国。虽然总体来说，近代农业科技的兴起并没有从根本上改造我国的传统农业，但其产生具有重大的历史意义。

中华人民共和国成立至今，中国农业进入从传统农业向现代农业转变的过渡时期。

现代农业大体是指从资本主义产业革命到 20 世纪初，尤其是第二次世界大战以来经济发达国家的农业，属于农业发展的最新阶段。它的基本特点是：形成现代农业机器体系，广泛使用农业机器，以机器动力代替人力、畜力；在现代自然科学基础之上建立农业科学技术，农业生产越来越依靠深入揭示客观规律的科学；现代管理方法和技术应用于农业经营管理活动；农业生产的社会化、专业化和商品化程度大大提高，形成了社会化大农业；在农业发展理念上，农产品数量不再是追求的唯一目标，农产品质量要求越来越受到重视；新的科技成果，如营养液培植、转基因作物种植等逐步应用于农业生产。现代农业的产生和发展，大幅提高了农业生产力水平，进而提高了农产品商品率，农村面貌发生了翻天覆地的变化。

第二节 农业在国民经济中的重要地位

一、农业生产的本质与特点

（一）农业生产的本质

农业生产的本质体现在其生产过程是经济再生产与自然再生产的有机结合，二者不可分割。

1. 农业与其他生产部门共同的特点

与其他生产部门一样，农业生产也是一种经济再生产过程。生产者在特定的社会中结成一定的生产关系，借助一定的生产工具，对劳动对象施加影响，以获取需要的产品。农产品既可以供生产者自己使用和消费，也可以通过交换换取生产者需要的其他的消费品和生产资料。经过

交换的农产品一部分可能进入消费过程，而另一部分可能进入下一个农业生产过程，或进入其他生产领域。农业生产者利用自己生产的农产品以及通过交换获得的其他生产资料和生活资料，不仅可以维持自身的生存，还可以进入下一个生产过程，保持农业生产周而复始地继续下去。

2. 农业与其他生产部门的区别

农业的生产对象是有生命活力的生物有机体，利用生物生长发育过程进行生产活动。其中种植业和林业都是通过对绿色植物的栽培，使其从环境中吸收二氧化碳、水和矿物质，并接受太阳光照射进行光合作用，将其转化为有机物质供自身生长、繁殖；畜牧业和渔业则是通过家畜、家禽和鱼类等动物养殖，以植物或动物产品为饲料，通过动物消化合成转化为自身所需的物质以维持自身的生长、繁殖。农业生产中的动植物自然再生产过程有其自身的客观规律，即严格遵守自然界生命运动的规律。

3. 农业的根本特征

农业生产是经济再生产与自然再生产有机地交织在一起的过程。动植物的自然再生产过程体现了经济再生产的要求；同时，农业经济再生产必须符合动植物自然再生产的规律。人们在劳动生产过程中，有意识地利用动植物自然再生产的规律和特点，通过科学培育与人工饲养，防治各种病虫害，为动植物创造更好的生存条件，从而使其更好地生长、发育、繁殖，以达到为人们生产出更多更好的农产品的目的。从经济再生产的角度考察，动植物既为人们生产各种生活资料，又不断地为人们生产新的生产资料。

（二）农业生产的特点

从经济再生产与自然再生产交织在一起这一基本特征出发，我们可以归纳出农业有别于其他生产部门的几个主要特征，如土地的特殊重要性，生产的周期性、季节性，等等。

1. 土地对农业生产具有特殊的重要性

土地是农业生产中不可替代的重要的基本生产资料。在其他部门的生产过程中，土地仅仅是劳动场所或空间载体；在农业生产中，土地却是植物生长发育所必需的水分和养料的主要来源，是动植物生长发育的重要环境条件。因此，土地的数量和质量都是农业生产的重要制约因素。

2. 农业生产受到自然环境与条件的影响和制约

现有动植物的生长发育特点主要是自然选择的结果，人工选择也必须适应自然环境。自然环境对农业生产的影响首先表现为各地区在不同的气候、地形、土壤、植被和物种等条件下，形成各地独特的农业生产类型、动植物品种、养殖和栽培技术，也就形成了农业生产的地域性。正确认识这种影响的客观性，因地制宜地进行农业生产布局，建立合理的农业生产区域结构，就可以充分合理地利用各地区的自然资源，加快农业发展速度，增加农产品有效供给。

3. 农业生产具有周期性和季节性

农业生产周期长，生产时间和劳动时间不一致。农业生产的周期取决于动植物的生长发育周期，通常达数月之久。动植物的生长发育过程贯穿于整个生产过程，但农民劳动并不需要贯穿整个生产过程，即农民的劳动时间仅占动植物生长周期的一小部分。

农业生产同时具有比较强的季节性。由于动植物的生长发育周期受自然环境条件的影响，各种农业生产的适宜时间通常固定在一定月份，劳动时间也集中在某些日期。

农业生产的周期性和季节性决定了农业劳动力与其他生产资料利用的季节性、资金支出的不均衡性及产品收获的间断性。这就要求安排农业生产一定要不违农时，同时为了充分利用农业剩余劳动时间，增加

农民收入，农户实行多种经营和兼业经营是十分必要的，中国的小规模经营农户更是如此。

4. 农业生产中的动植物生产是生态循环系统中的重要环节

对于农业生产来说，植物生产属于第一性生产，它吸收土壤中的养分、水分及空气中的二氧化碳，通过光合作用，形成植物能。其生产实质是最大限度地提高作物对太阳能的利用率。养殖业生产主要是以植物产品为养料，通过动物的生理机能，将植物能转化为各种动物性产品，提高动物对植物能的利用率和能量转化率，是畜牧业和水产养殖业生产的实质；同时再将一部分动物不能吸收利用的物质加工成有机肥，返还给土地。植物生产和动物生产是整个生态循环中的两个重要环节。发展养殖业首先要建立稳固的饲料基地，不断扩大饲料来源，并根据各种动物生产和生活的需要，经济合理地配制饲料，保证动物在维持自身营养的基础上能有更多的营养用于产品生产；同时要注意维持和改善生态平衡，合理利用和保护各种饲料资源。要坚决防止和克服掠夺式地利用各种自然资源。

5. 农业生产适合于家庭经营

家庭经营农业，灵活性强，节省监督成本。既适合于小规模家庭经营，即采用传统技术和经验，精耕细作，较少投入资本，生产成本很低；也适合于较大规模的家庭经营，即采用先进的科学技术，实行规模经营，取得规模效益。家庭经营可以集农牧结合之利，充分利用剩余劳动力、各种农副产品资源以及农民积累的各种传统经验，增加家庭收入。当然，从长远来讲，随着工业化、城镇化和农业现代化的不断推进，应逐渐减少农户的数量，适度扩大家庭经营规模。

二、农业在国民经济中的地位和作用

（一）农业是国民经济的基础

农业是国民经济的重要组成部分，是社会经济中最古老的经济部门，在国民经济中处于重要的基础地位。

1. 农业是人类赖以生存和发展的基础

农业是人们的衣食之源、生存之本。至今，维持人类生理机能所必需的糖类、蛋白质、脂肪和维生素等基本营养物质依然主要靠农产品来获得。农业以动植物为劳动对象，利用农作物的光合作用吸收太阳能和自然界中的无机物来生产谷物、豆类、油料、蔬菜、水果、棉花等植物性产品，再利用动物的消化合成功能将植物性饲料转化为肉、蛋、奶、皮、毛等动物性产品，解决了人们的吃饭、穿衣问题。尽管现代科学技术发展迅速，但用无机物人工合成食物，用化学合成制品完全取代棉、麻、毛、丝等天然纤维和天然皮革以满足人类的需要，仍然是一件不现实的事情。

2. 农业是其他物质生产部门独立和发展的基础

农业曾经是人类社会唯一的生产部门。随着农业生产力的提高，人们生产的农产品在满足农业劳动者自身需要后出现了剩余，手工业逐渐从农业中分离出来，组成独立的生产部门。随着农业与手工业的进一步发展并逐渐分离，商品交换范围和规模不断扩大，商业也形成了独立的经济部门。社会分工不断细化，新的生产部门不断产生并独立出来；但是人类社会分工的发展，依赖于农业生产力的提高和剩余农产品的增加。农业生产发展不仅为其他产业提供了工业原料，而且为其提供了充足的劳动力。农业生产力的高低，农业所能提供的剩余产品的多少，在很大程度上决定了非农产业部门的发展速度。

3. 农业是非物质生产部门存在和发展的基础

国民经济如果按部门划分，可以说是由生产部门、流通部门和其他非物质生产部门构成的总体。随着人们生活水平的不断提高，对精神文化的追求也逐渐增长。与非农产业部门一样，这些非物质生产部门的存在也离不开农业的发展。只有农业剩余产品不断增加，才能使越来越多的人不仅能够脱离农业，而且能够脱离物质生产部门，从而使科学、文化、教育、卫生和其他公共部门得以独立出来并获得进一步的发展。

（二）农业在国民经济中的作用

1. 农业的经济作用

随着工业化的不断推进，农业在国民经济中所占的份额显著下降；但是农业在整个国民经济发展中仍然具有十分重要的作用。

农产品是我国历史上重要的出口物资，某些农产品在国际市场上具有一定的竞争力。根据国际市场的需要，增加优势农产品的出口份额，对于调整国内产业结构、优化资源配置、调节国内市场供求、把握市场主动权等有着重要的战略意义。

发展农业可以吸纳大量劳动力。我国是人口大国，劳动力就业压力非常大，发展农业是一条缓解就业压力的有效途径。它可以充分利用丰富的劳动力资源，并与当地其他各种有利资源相结合，发展农村社区经济。

2. 农业的生态环境作用

农业通过合理利用土地、植树造林、防风治沙等，不仅提供了更多的农产品，其本身也是在改造自然生态环境。在治理污染方面，农业也具有非常重要的作用。粪便、生活垃圾可以作为农业的有机肥料，在生产农产品的同时减少对环境的污染；农作物和林木的光合作用，可以对减少温室效应发挥作用；绿色植被可以降低城市噪声，减少粉尘，净化空气；农业土壤和水体中的微生物可以分解环境中的有害物质，起到环境净化作用。

3. 农业的文化作用

随着现代工业的发展，都市生活的弊端日益凸显出来，农业和农村社会文化方面的价值也显露出来。一些特色鲜明的乡村旅游、生态观光旅游日渐红火，彰显出农业的文化功能。

三、农业与国民经济其他部门的关系

（一）国民经济的部门划分

国际通用的产业结构划分方法是，将产品直接取自自然界，即生产初级产品的部门称为"第一产业"，将对初级产品进行再加工的部门称为"第二产业"，将为生产和消费提供各种服务的部门称为"第三产业"。各个国家在划分产业结构时采用的具体标准有一定的差异。中国的产业结构划分标准如下。

1. 第一产业：农业

农业包括种植业、林业、畜牧业、渔业。

2. 第二产业：工业、建筑业

工业包括采掘工业（采矿、晒盐、森林采伐等），制造业（对农产品、采掘品的加工、再加工），电力、自来水、煤气的生产和供应行业，工业品修理、翻新行业。

建筑业包括房屋、构筑物建造和设备安装等。

3. 第三产业：除了第一、第二产业以外的其他各业

第三产业总体分为流通部门和服务部门。其中，流通部门包括交通

运输业、邮电通信业、商业、饮食业、物资供销和仓储业；服务部门包括为生产和生活服务的部门，为提高科学文化水平和居民素质服务的部门，为社会公共需要服务的部门，等等。

（二）农业与第二产业的关系

1. 农业是第二产业的基础

农业为第二产业的发展提供原材料及基本的发展保障。纺织、食品加工、烟草、皮革、造纸、医药等行业的很多产品都是以农产品为生产原料。

2. 第二产业是农业发展的重要动力

现代农业生产资料离不开机械设备和能源。农业部门为了生产和经营管理的需要，从石油加工、化学原料及制品、金属冶炼、机械制造、电子、仪表等制造行业购买农业生产资料，从造纸、印刷、文体用品等行业购买用于日常管理的消耗品；电力、煤气和水生产供应等行业都直接或间接地为农业部门提供生产资料，现代化的种植业、养殖业工厂化生产更是离不开建筑业。

3. 农业与第二产业相互依赖

现代市场经济条件下，大量的农产品需要加工转化，如果没有充足的农产品原料供应，相关工业部门就无法正常生产；同时，如果没有农产品加工业的充分发展，农产品就会出现销路不畅、产能过剩的问题，导致其价值难以实现，最终会影响农业的发展。

（三）农业与第三产业的关系

1. 农业为第三产业的发展提供基础保障

农业为第三产业的发展提供基础保障，比如餐饮服务业的有形产品要以农产品为主要原料。

2. 农业发展离不开第三产业的支持

无论是购买农业生产资料还是销售农产品，都需要交通运输业、邮电通信业、商业和仓储业的服务支持；金融、保险、地质勘查、水利、气象等部门都可以直接为农业部门提供服务；文化、科技、教育部门有助于提高农业劳动者的素质和技能；社会公共服务部门通过维护社会经济、政治的安定以及生产生活的正常秩序，直接或间接地为农业生产提供服务。

3. 农业与第三产业相互依赖

除了为餐饮业提供食品原料以外，农业还为新兴的生态旅游、乡村旅游、休闲观光等旅游业提供载体和服务；同时服务业对现代农业发展发挥着重要的支撑作用。

综上所述，农业在国民经济中具有重要的地位，发挥着其他经济部门无法替代的作用。这是我们学习和研究农业经济首先要明确的。

第三节　农业经济学

一、农业经济学的起源与发展

（一）西方农业经济思想的产生与发展

西方的农业经济思想至少可以追溯到古希腊和罗马时期，当时许多思想家在其论著中都对农业进行过论述，如古希腊色诺芬所著的《经济论》，古罗马加图所著的《农业志》和瓦罗所著的《论农业》。虽然古代的农业经济思想并没有形成完整的体系，但是这些论著包括对农业重要性及其作用的认识、对农业生产经营的分析以及农产品价格等方面的丰富内容，是现代西方农业经济思想理论发展的源头。

近代西方农业经济思想主要产生于英国、法国和德国，在古典经济学产生和发展的基础上，产生了相对独立的农业经济思想体系。1770年，英国经济学家阿瑟·扬（Arthur Young，1741—1820）出版了《农业经济论》，详细地论述了农业生产要素配合比例、生产费用和经营效率的关系，他被认为是农业经济学的创始人之一。农业经济思想在18世纪的德国获得了进一步发展，出现了一批重要的农业经济学家，如尤斯蒂（J.H.G.von Justi）、贝克曼（J.Beckmann）等。18世纪末19世纪初德国最重要的农业经济学家泰尔（A.D.Thaer），于1809—1821年出版《合理的农业原理（四卷）》，确定了追求最大利润的农业经营目标，被尊为"农业经营的创始人""欧洲大陆农业学界的泰斗"。泰尔的学生杜能（J.H.von Thünen，1783—1850）发展了他的思想，提出著名的农业区位理论，对以后的农业经济思想产生了重大影响。

农业经济科学是在19世纪末20世纪初从一般经济学体系中分离出来的。19世纪70年代以后的"边际革命"使西方经济学理论发生了重大变化。以马歇尔（Alfred Marshall，1842—1924）为代表的新古典经济学派的产生奠定了现代微观经济学的基础，也为农业经济学的发展奠定了理论基础。进入20世纪以后，现代农业科学形成一个完整的体系，人们把农业科学研究领域分为四大类，即农业生物科学、农业环境科学、农业工程科学和农业经济科学。现代农业经济科学是在现代西方基础经济理论尤其是微观经济学运用于农业研究的过程中进一步分化、成熟和完善起来的。在美国，泰勒（H.C.Taylor）的《农业经济学概论》和博伊尔（I. Boyle）的《农业经济学》是早期运用微观经济学原理研究农业经济的主要著作。

20世纪50年代至今，西方农业经济理论进一步深化并形成比较完整的学科体系。这一阶段农业经济学的发展呈现出以下特征：①更加系统地运用一般经济学理论和方法研究农业中的经济问题；②强化了定量分析，除了更加广泛地使用统计方法以外，还把数学方法作为分析和阐明农业经济问题的工具；③扩大了研究领域，建立了一个有机联系的农业经济学体系，研究内容扩展到农业与其他产业部门的关系、农业经济管理体制和农业政策、私人决策与公共决策、农业生产结构布局和规划、农产品国内贸易和国际贸易、农产品价格、农户生产与消费决策等与农业经济发展密切相关的各个领域。总的来说，现代农业经济学研究涉及农业经济系统的各个方面，已逐步发展成一个有基础理论和科学方法、各分支联系紧密的学科体系。

（二）中国近现代农业经济学的产生与发展

中国作为一个古老的农业大国，农业经济问题一直受到人们的高度重视。在历代经济思想中，农业经济思想一直占有重要的位置；但我国封建社会延续了两千多年，农业中的商品经济很不发达，决定了当时的农业经济思想不可能形成科学的体系。

到了20世纪20年代，一些西方学者开始用西方经济学的观点和方法考察中国的农村问题，如泰勒的《中国农村经济研究》（1924）和卜凯（J. L. Buck）的《中国农家经济》（1930）。以毛泽东为代表的马克思主义者也开始用马克思主义的理论和方法研究中国农村的实际问题，如毛泽东的《中国社会各阶级的分析》（1925）、《湖南农民运动考察报告》（1927）和《我们的经济政策》（1934）等。之后，在中国共产党的领导下，由中国农村经济研究会主办的《中国农村》在

1934—1943 年发表了一系列以马克思主义为指导的农村经济调查报告，论述了当时中国的租佃制度、农产品运销、农业合作、农产品成本与价格等农业和农村问题。与此同时，一些大学也开设了农业经济学课程。最早开设农业经济系的是当时的南京的金陵大学，该校于 1922 年开设"农业经济学"课程，1923 年成立农业经济系。此后，一些大学陆续开课设系，基本上都是采用西方的农业经济学教科书。

中华人民共和国成立后，逐步开始建设社会主义农业经济学。20 世纪 50 年代初期，我国一些大学的农业经济系基本上都是采用苏联的农业经济学教科书，到 20 世纪 50 年代末期才有了自己编写的农业经济学教科书。自 20 世纪 80 年代以来，随着改革开放的实施，我国进入由传统的计划经济向社会主义市场经济转型并与国际接轨的新时期。与此同时，我国加快了由传统的自给半自给农业向市场化农业转变、由传统农业向现代农业转变的步伐，针对新时期我国农业经济的诸多理论问题，学术界展开了深入、系统的研究，我国的农业经济学的内容和学科体系也处于不断发展与完善之中。

二、农业经济学的研究对象与方法

（一）农业经济学的研究对象

农业经济学作为一门应用经济学，其研究对象是农业经济活动方式的发展变化规律，包括农业生产力的发展变化规律、农业生产关系的发展变化规律以及两者相互作用的发展变化规律。在阐述农业一般经济规律的基础上，结合各国的实际情况，研究农业经济活动方式的发展变化规律发挥作用的条件和特殊性。

从生产力方面来看，要研究现代农业生产力的内容、特点及数量变化情况，分析现代农业生产力的内部结构及其功能，阐明其发展水平和趋势，以寻求科学组织和合理利用生产力要素的方法与途径；从生产关系方面来看，要研究现代农业生产中的产权关系、经营方式、管理体制、农产品市场与价格、农业收入分配、农产品消费及扩大再生产等问题，为建立科学的农村经济制度和管理体制提供依据。在当代经济中，农业经济学还要以整个国民经济为背景，从全局出发，研究农业同国民经济其他部门之间的相互关系，为制定国家宏观经济政策和发展战略提供参考和借鉴，实现对农业的正确指导，保证农业同整个国民经济协调一致发展。

总之，现阶段的农业经济学是从生产力和生产关系、经济基础和上层建筑的相互作用与联系方面，研究并阐明当代农业生产力和生产关系发展变化的规律及其应用的科学。

（二）农业经济学的研究方法

农业经济学是一门应用性很强的部门经济学，"农业经济管理学科"也是一门与生产实际联系密切的应用性学科。作为一门培养农业经济管理人才的课程，农业经济学强调以下几种研究方法的导入。

1. 辩证的方法

对于农业经济中的各种问题及现象，要善于运用辩证唯物主义和历史唯物主义的观点，进行全面的考察与分析，客观地认识和把握其发展变化的规律及趋势。

2. 比较与借鉴的方法

农业经济学的理论具有历史的继承性和广泛的包容性，关于现代农业经济的实践，各个国家和地区具有各自的特色，这就要求我们对现代农业经济的发展理论和实践经验进行认真的比较分析，结合各国和各地区的实际，吸收理论精华和有益的经验，因地制宜指导农业经济发展实践。

第一节　农村经济制度产生与演变的理论基础

一、马克思主义经济学中有关经济制度的理论

马克思主义经济学理论认为，社会制度由经济基础和上层建筑构成。经济基础即社会的经济结构，包括生产资料所有制、生产关系、经济制度、生产力水平和社会经济结构等多个方面，其中生产资料所有制处于基础地位，具有导向性作用。

上层建筑是指建立在一定经济基础之上的社会意识形态以及相应的政治法律制度、组织和设施的总和。经济基础决定上层建筑，上层建筑在一定条件下反作用于经济基础，但上层建筑必须适应经济基础的发展状况，一切社会形态都是上层建筑和经济基础具体历史的统一。

马克思主义经济学认为，制度的本质是在社会分工协作体中不同集团、阶层和阶级之间的利益关系。对制度的研究，首先要理解作为整个社会制度基础的生产力以及与之相适应的生产关系，然后才能对建立在这个基础上的道德和法律等上层建筑做出说明。

上层建筑作为一种通过人们的生活方式可以识别的制度形式，是对经济基础这种深层次的、难以直接识别的制度形式的反映；上层建筑的产生、发展和变革，不能从它本身来解释，只能由它的经济基础来说明。

二、制度经济学理论中有关经济制度的理论观点

制度经济学认为,制度涉及社会、政治和经济等人类社会的各个方面,是集体行动控制个人行动的一系列行动准则或规范,包括一定社会形态的全部规则、守法秩序、行为道德、伦理规范,其作用是合理约束片面追求个体福利最大化或者效用最大化的个人行为,规范人们的相互关系。

按照形式不同,可以把制度分为正式规则和非正式规则。正式规则是指一个特定的社会形态中以法律和政策等国家权力意志工具呈现的政治规则、经济规则和契约等,这些可视为有形的制度。非正式规则是指一个特定社会形态中人们因为文化传统和历史原因形成的道德规范、宗教信仰、惯例和习俗等,这些可视为无形的制度。

按照功能不同,可以把制度分为以下几类:一是用于减少交易费用的制度,如货币和期货市场等;二是用于影响生产要素的所有者之间配置风险的制度,如合约、分成制、合作社、公司、保险及社会安全计划等;三是用于提供职能组织与个人收入流之间的联系的制度,如财产法,包括遗产法、资历及劳动者的其他权利等;四是用于确定公共产品和服务的生产与分配的框架的制度,如高速公路、机场、学校和农业试验站等。

三、经济制度对农业经济发展的作用

马克思主义认为,生产力决定生产关系是一切社会形态发展的基本规律,生产关系应当为适应社会生产力进一步发展的潜在要求而做出相应的改变。具体而言,生产资料所有制、社会生产组织制度和生产成果

分配制度要适应进一步发展社会生产力的要求，一定的社会生产力发展水平对应着特定形式的生产资料所有制、社会生产组织制度和生产成果分配制度。反言之，要进一步推动社会生产力发展，就要主动对生产资料所有制、社会生产组织制度和生产成果分配制度进行变革，以调动作为社会生产力能动因素的劳动者的积极性和创造性，在更高水平上提高社会分工效率和社会成员协作效率。因此，制度是社会经济发展的一个内生变量。制度发展的基本规律适用于一切社会经济形态的变革过程，也适用于国民经济各部门的变革过程，包括农业部门。

制度经济学认为，制度的主要作用是为经济发展服务。在一定条件下，即使没有增加投入要素，仅有制度创新也可以促使经济增长，据此，制度经济学认为，在一定程度上制度是经济增长的决定性因素，也是经济增长的内生变量。

制度经济学使用交易成本、经济组织和产权等理论工具来解释制度与经济发展的关系。由于存在交易费用，制度安排与资源配置及经济表现是相关的，因此解决市场失灵的关键在于制度安排。制度的建立是要减少交易成本，缩小个人收益与社会效益之间的差距，激励个人和组织从事生产性活动，最终实现经济增长。新制度经济学认为，有效率的经济组织是实现经济增长的关键因素。有效率的经济组织要求建立产权关系清晰的新制度，将个人经济效益最大化和社会公众经济效益最大化结合起来，使得个人收益率不断接近社会收益率，从而实现社会总体的经济增长。新制度经济学指出，制度主要是指产权制度，其中最重要的基本产权形式则是所有权。产权制度演进规律可以解释经济增长的原因。一种产权制度只有先创新产生足够的激励机制并降低交易费用，然后才能提高总产出，经济增长的过程就是不断出现新的降低交易费用的产权制度的过程。

综上所述，将制度经济学理论应用于农业经济发展规律的研究，要

从建立和变革适应农业生产力进一步发展需要的产权制度,尤其是农业主要生产资料所有制,以及促进农业生产力发展的有效率的经济组织形式入手,有效减少农业生产力进一步发展过程中的交易费用,从而有效推动农业生产力发展。

上述制度经济学意义上的农业主要生产资料所有制和农业部门有效率的经济组织,具体体现为农业土地所有权制度和农村基本经营制度。顺应农业生产力进一步发展需要而产生的农业部门的制度变迁,即农业土地所有权制度变迁和农村基本经营制度变迁能够减少农业生产力发展过程中的交易费用。根据对农业生产力的发展方向、水平和潜力的判断,以革命、政策、法律等形式引入和实现的制度变迁是强制性制度变迁,如土地改革和农村基本经营制度变革等主要农村产权制度改革;由农民群体和各类农村基层组织自发倡导、组织和实行的制度变迁是诱致性制度变迁,如先进农业产业化以及农业技术引进与应用等。

第二节 1949年以来农村经济制度演变的过程

一、1978年以前的农村经济制度

(一)土地改革

马克思主义理论和社会历史实践经验表明,传统农业占国民经济最大比重和以封建地主土地所有制作为农村基本经济制度的发展中国家,要想摆脱贫困地位并成为现代化国家,首先要对封建土地所有制进行彻底革命。

1947年7—9月，中共中央召开全国土地会议，制定了以没收地主土地、废除封建土地所有制为主要内容的《中国土地法大纲》，在1.5亿人口的解放区开始了大规模的土地革命运动。1950年6月《中华人民共和国土地改革法》颁布并实施，废除地主阶级封建剥削的土地所有制，实行农民所有的土地所有制，借以解放农村生产力，发展农业生产，为中国的工业化开辟道路。

土地改革极大地解放了农村生产力，使广大农民群众的生产积极性空前提高，改良土地、应用和推广新技术以提高土地产出率，组织劳动互助以最大限度地提高农业劳动生产率，使得农业生产力水平显著提高。农业发展和农村进步也为工业发展提供了更多的原料，开拓了国内工业品市场，从而创造了中国实现工业化的必要前提条件。

（二）农业合作化

我国土地改革基本完成后，农业生产迅速发展，但各地也出现了农户间贫富差距扩大的"两极分化"现象，为阻止中国历史上反复发生的土地所有权从平均化到兼并再到形成大地主的轮回，农村发展走上了农业合作化道路。

1951年9月，中央召开全国第一次农业互助合作会议，形成了中共中央《关于农业生产互助合作的决议（草案）》，这是中共中央关于农业互助合作运动的第一个指导性文件，此后农业生产合作社快速发展。

农业合作化道路，使农民从沿袭几千年的家庭生产经营模式转变为农村集体经济生产经营模式，将独立、分散和细小规模的千千万万个农户家庭组织成农村集体经济组织，这在中国历史上和人类历史上都是前所未有的巨大规模的制度创新，是中国和世界农业史上的一场伟大而深刻的制度革命，极大地促进了当时的农业生产力发展。

二、1978—1997 年：建立并稳定家庭联产承包责任制

1978 年改革开放后，中国农村经济走上改革之路。中国农村经济改革率先从基本经营制度方面取得突破，农村基本经营制度从农村集体经济制度转变为家庭联产承包责任制。

1980 年 9 月，中共中央颁布《关于进一步加强和完善农业生产责任制的几个问题》，明确了在农业领域普遍建立各种形式的生产责任制。

1997 年 8 月，中共中央办公厅、国务院办公厅发布《关于进一步稳定和完善农村土地承包关系的通知》，进一步明确了中央关于稳定和完善农村土地承包关系的政策。至此，在农村建立了稳定的家庭联产承包责任制。

三、1998—2004 年：农村基本经营制度法治建设

1998—2004 年，国家为稳定农民的土地承包经营关系，将农村基本经营制度建设纳入法治化轨道，使农民的土地承包经营权成为农户的合法权益，受到法律保护。

1998 年修订的《中华人民共和国土地管理法》明确规定，土地承包期限为 30 年，农民的土地承包经营权受法律保护。2003 年 3 月施行的《中华人民共和国农村土地承包法》规定，任何组织和个人不得剥夺和非法限制农村集体经济组织成员承包土地的权利；农村土地承包后，土地的所有权性质不变。《中华人民共和国农村土地承包法》使农村土地经营制度、土地承包方式、农民在本集体经济组织中对土地的基本权利以及保持长期稳定的土地承包关系都得到国家法律的有力保障。

四、2005—2012年：探索土地适度规模经营方式

2005—2012年，国家在明确现行农村基本经营制度长期不变的条件下，探索土地适度规模经营的实现方式，以克服小规模农户分散生产经营造成的市场竞争力低下的弊病，为进一步提高农业生产力创造有利条件。

2005年12月，中共中央、国务院印发《关于推进社会主义新农村建设的若干意见》，指出要稳定和完善以家庭承包经营为基础、统分结合的双层经营体制，健全在依法、自愿、有偿基础上建立的土地承包经营权流转机制。

2006年12月，中共中央、国务院《关于积极发展现代农业扎实推进社会主义新农村建设的若干意见》要求，坚持农村基本经营制度，稳定土地承包关系，规范土地承包经营权流转。

2007年3月，第十届全国人民代表大会第五次会议通过了《中华人民共和国物权法》，该法将土地承包权界定为用益物权，标志着中国农地物权制度的正式确立，为稳定农村基本经营制度提供了有力的法律保障。

2008年10月，中国共产党第十七届中央委员会第三次全体会议通过了《关于推进农村改革发展若干重大问题的决定》，要求稳定和完善农村基本经营制度，赋予农民更加充分而有保障的土地承包经营权。

2009年12月，中共中央、国务院《关于加大统筹城乡发展力度 进一步夯实农业农村发展基础的若干意见》要求：稳定和完善农村基本经营制度；完善农村土地承包法律法规和政策，加快制定具体办法，确保农村现有土地承包关系保持稳定并长久不变。

2011年12月，中共中央、国务院《关于加快推进农业科技创新持续增强农产品供给保障能力的若干意见》要求：稳定和完善农村土地政

策；加快修改完善相关法律，落实现有土地承包关系保持稳定并长久不变的政策；等等。

第三节 "三权分置"完善农村基本经营制度

农民集体土地所有制"三权分置"是指将土地承包经营权进一步分为承包权和经营权，实行所有权、承包权、经营权（以下简称"三权"）分置并行，这三种土地权利既相互依存，构成农民集体土地所有制下的土地产权整体，也存在一定的独立性，具有各自特定的功能。

"三权分置"是继家庭联产承包责任制后农村改革的又一重大制度创新，是农村基本经营制度的自我完善，符合生产关系适应生产力发展的客观规律，展现了农村基本经营制度的持久活力，有利于明晰土地产权关系，更好地维护农民集体、承包农户、经营主体的权益。

一、"三权分置"制度的演进过程

"三权分置"制度是建立在积累农村土地流转的实践经验以及总结提炼相应的政策理论的基础上的，是一个渐进的历史过程。

2013年11月，中共十八届三中全会通过《中共中央关于全面深化改革若干重大问题的决定》，该决定对农民集体土地所有制下的土地所有权、农户承包权和土地经营权各自的内涵做了界定，可以看作是政策层面对"三权分置"制度的早期酝酿。

2014年1月，中共中央、国务院印发《关于全面深化农村改革加快推进农业现代化的若干意见》，第一次将土地经营权从土地承包经营权中剥离出来，从而形成了农民集体土地所有制下土地集体所有权、承包权和经营权的三种产权格局。

2015年11月，中共中央办公厅、国务院办公厅颁发《深化农村改革综合性实施方案》，第一次提出"三权分置"的概念，并且对"三权分置"制度的内涵进行了明确阐述。

2016年10月，中共中央办公厅、国务院办公厅颁发《关于完善农村土地所有权承包权经营权分置办法的意见》，这是一部专门对"三权分置"制度进行全面阐述的政策文件。

2018年12月，第十三届全国人民代表大会常务委员会第七次会议通过《关于修改<中华人民共和国农村土地承包法>的决定》。2019年8月，第十三届全国人民代表大会常务委员会第十二次会议通过了《关于修改<中华人民共和国土地管理法><中华人民共和国城市房地产管理法>的决定》。

至此，在农村基本经营制度框架下，农村土地的"三权分置"制度在法律上和政策上形成了较为完善的基本制度框架，此后主要是在实践中依法依规有效落实的问题。

二、"三权分置"是农村基本经营制度的自我完善

"三权分置"是农村基本经营制度的自我完善，具体体现在以下5个方面。

（1）坚持农村土地集体所有权的根本地位不动摇是农村基本经营制度改革的根本原则。

《深化农村改革综合性实施方案》指出："以土地集体所有为基础

的农村集体所有制,是社会主义公有制的重要形式,是实现农民共同富裕的制度保障。"

《关于完善农村土地所有权承包权经营权分置办法的意见》指出:"农民集体是土地集体所有权的权利主体,在完善'三权分置'办法过程中,要充分维护农民集体对承包地发包、调整、监督、收回等各项权能,发挥土地集体所有的优势和作用。"

上述政策规定明确指出,农村基本经营制度在不断改革完善的进程中,要始终坚持农村土地集体所有制不能变,农村土地集体所有权的根本地位不能变。

(2)"长久不变"是农村基本经营制度稳定的保障。

2019年12月中共中央、国务院发布的《关于加大统筹城乡发展力度 进一步夯实农业农村发展基础的若干意见》指出:"完善农村土地承包法律法规和政策,加快制定具体办法,确保农村现有土地承包关系保持稳定并长久不变。"《关于完善农村土地所有权承包权经营权分置办法的意见》指出:"农户享有土地承包权是农村基本经营制度的基础,要稳定现有土地承包关系并保持长久不变。"

所谓"长久不变",就是土地承包期在"30年不变"的基础上继续延长,包括我国农村基本制度的核心——家庭联产承包责任制长久不变,也包括广大农民对第二轮承包以后承包经营的耕地(包括面积和具体地块)应拥有的权利和承担的义务长久不变,所承包的地块不应该再有调整,这是完善我国农村基本经营制度的重大举措,具有重大的现实意义和深远的历史意义。

(3)"两个转变"是农村基本经营制度稳定的基础。

《关于加大统筹城乡发展力度 进一步夯实农业农村发展基础的若干意见》明确指出:"着力提高农业生产经营组织化程度。推动家庭经营向采用先进科技和生产手段的方向转变,推动统一经营向发展农户联合与合作，形成多元化、多层次、多形式经营服务体系的方向转变。"
"两个转变"指明了中国农业现代化的道路。

（4）进一步推动和规范土地经营权流转是农村基本经营制度稳定的前提。

《关于加大统筹城乡发展力度 进一步夯实农业农村发展基础的若干意见》指出："加强土地承包经营权流转管理和服务，健全流转市场，在依法自愿有偿流转的基础上发展多种形式的适度规模经营。"

正是日渐活跃的农村土地承包经营权流转市场的建立和完善，才使以家庭承包经营为核心的农村基本经营制度不断趋于稳定。《关于完善农村土地所有权承包权经营权分置办法的意见》指出："赋予经营主体更有保障的土地经营权，是完善农村基本经营制度的关键。"

新型农业经营主体成为我国农产品生产的主体，成为我国农业现代化的主体。土地流转、新型农业经营主体的形成和发展提高了我国农业现代化水平。

（5）农民专业合作社建设是农村基本经营制度稳定的核心。

大力发展农民专业合作社是实现"两个转变"的中心环节，也是稳定农村基本经营制度的核心。农民专业合作社涉及产业广，主要分布在种植业、畜牧业，在服务内容上，逐步从技术互助、信息传播扩展到资金、技术、劳动等多方面的合作，从生产领域逐步向生产、流通、加工一体化经营发展。实践证明，农民专业合作社的蓬勃发展，很好地发挥了"统"的功能，在很多地区有效地填补了县、乡、村三级组织"统"的功能发挥不足的空白，成为稳定农村基本经营制度的核心环节。

3

第三章

新型农业经营体系

第一节 新型农业经营体系的内涵

一、新型农业经营体系的概念

新型农业经营体系是与以家庭为单一农业生产经营主体的原有农业经营体系相对应的一种新的农业经营体系,是对农村家庭联产承包责任制的继承与发展。具体而言,新型农业经营体系是指大力培育发展新型农业经营主体,逐步形成以家庭承包经营为基础,以专业大户、家庭农场、农民合作社、农业产业化龙头企业为骨干,以其他组织形式为补充的一种新型的农业经营体系。

二、新型农业经营体系的特征

新型农业经营体系是集约化、专业化、组织化和社会化四个方面有机结合的产物。

(一)集约化

集约化是相对于粗放化而言的一种经营体系。新型农业经营体系将集约化作为基本特征之一,一方面顺应了现代农业集约化发展的趋势,另一方面消除了部分地区农业粗放化发展的负面影响。在新型农业经营体系中,集约化包括三个方面的含义:一是单位面积土地上要素投入强

度的提高；二是要素投入质量的提高以及投入结构的改善，特别是现代科技、人力资本、现代信息、现代服务、现代发展理念、现代装备设施等创新要素的密集投入及其对传统要素投入的替代；三是农业经营方式的改善，包括要素组合关系的优化以及要素利用效率、效益的提高。农业集约化的发展，有利于增强农业产业链和价值链的创新能力，但也对农业节本增效和降低风险提出了更高的要求。推进农业集约化是发展内涵型农业规模经营的重要途径。

（二）专业化

专业化是相对于兼业化，特别是"小而全、小而散"的农业经营方式而言的，旨在顺应发展现代农业的要求，通过深化分工协作，更好地促进现代农业的发展，提高农业的资源利用率和要素生产率。从国际经验来看，现代性的专业化实际上包括两层含义。第一，农业生产经营或服务主体的专业化。例如，鼓励"小而全、小而散"的农户家庭经营向专业化发展，形成"小而专、专而协"的农业经营格局。结合支持土地流转，促进农业生产经营的规模化，发展专业大户、家庭农场等，有利于促进农业生产经营专业化。培育信息服务、农机服务等专业服务提供商，也是推进农业专业化的重要内容。第二，农业的区域专业化，如建设优势农产品产业带、产业区。从以往经验来看，农业区域专业化的发展可以带动农业区域规模经济的发展，是发展区域农业规模经营的重要途径。专业化的深化，有利于发挥分工协作效应，提高生产和服务的社会化。

（三）组织化

组织化与分散化相对应，包括三个方面的含义：第一，新型农业生产经营主体或服务主体的发育以及与此相关的农业组织创新；第二，引导农业生产经营或服务主体之间加强横向联合与合作，包括发展农民专业合作社、农民专业协会等，支持发展农民专业合作社联合社、农产品行业协会；第三，顺应现代农业的发展要求，提高农业产业链的分工协作水平和纵向一体化程度。培育农业产业链核心企业对农业产业链、价值链的整合能力以及带动农业产业链、价值链升级的能力，促进涉农三次产业融合发展，增进农业产业链不同参与者之间的合作伙伴关系。

（四）社会化

社会化往往建立在专业化的基础之上。社会化是新型农业经营体系的基本特征之一，主要强调两个方面：一是农业发展过程的社会参与，二是农业发展成果的社会分享。农业产业链，换个角度来看，也是农产品供应链和农业价值链。农业发展过程的社会参与，顺应了农业产业链一体化的趋势。随着现代农业的发展，农业产业链主要驱动力呈现出由生产环节向加工环节及流通等服务环节转移的趋势，农业生产性服务业对现代农业产业链的引领支撑作用不断增强。这些均是农业发展过程中社会参与程度提高的重要表现。农业发展成果的社会分享，不仅表现为农业商品化程度的提高，而且表现为随着传统农业向现代农业转变，农业产业链逐步升级，并与全球农业价值链有效对接。在现代农业发展中，农业产业链消费者主权的强化和产业融合关系的深化，农业产前、产后环节利益主体参与农业产业链利益分配的深化，以及农业产业链与能源产业链、金融服务链的交融渗透，都是农业发展成果社会分享程度提高的表现。农业发展过程社会参与和农业发展成果分享程度的提高，凸显了提高农业组织化程度的必要性和紧迫性。因为提高农业组织化程度，促进新型农业生产经营主体或服务主体成长，增进各参与主体之间的联合与合作，有利于保护农业生产环节参与主体的利益，避免农业产业链的利益分配过度向加工、流通、农资供应等产前、产后环节倾斜，有利

于提高农业综合生产能力和可持续发展能力。

在新型农业经营体系中，集约化、专业化、组织化和社会化强调的重点不同。集约化和专业化更多地强调微观或区域中观层面，重点在于强调农业经营方式的选择。组织化横跨微观层面和产业链中观层面，致力于提高农业产业组织的竞争力，增强农业的市场竞争力和资源要素竞争力，提高利益相关者参与农业产业链利益分配的能力。社会化主要强调宏观方面，也是现代农业产业体系运行的外在表现，其直接结果是促进现代农业产业体系的发育。在新型农业产业体系的运行中，集约化、专业化、组织化和社会化应该是相互作用、不可分割的，它们是支撑新型农业经营体系"大厦"的"基石"，缺一不可。

第二节 新型农业经营主体

一、专业大户

（一）专业大户的内涵

1. 大户

大户原指有技术、会经营的勤劳致富的人家。与农业联系后，大户的定义就超出了原来的定义范围，其农业经营形式更加广泛。

与农业相关的，人们对"大户"的提法不尽相同，大体有以下几种：一是龙头企业，是指主要从事农副产品加工和农产品运销的大户；二是庄园经济，是指丘陵山区专业化种养大户和"四荒"治理大户；三是产业大户，是指通过"四荒"开发形成主导产业，进行综合经营的大户；四是农业经营大户，泛指从事种植、养殖、加工、销售、林业、水产生产经营的大户；五是农业产业化经营大户，与第四种提法基本相同。大户的提法涵盖面广，符合现代经营的概念，契合事物的本质。这里涉及龙头企业与大户两种提法的关系问题。有人会问：大户不就是龙头企业吗？可以说，"大户"都是"龙头"，但"龙头"不一定都是企业。农业产业化经营中的龙头企业，一般是农副产品加工和运销企业，而大户包括种植、养殖、加工、销售各类经营大户，其中部分还没有升级为企业，有的原本就是注册企业。因此，龙头企业并非大户的一般标准，而是大户发展过程中的一个较高阶段的标志。农业产业化经营中的龙头企业是大户的一种高级形式。辨别大户的主要标准是，它是否具有示范、组织和带动功能。

2. 专业大户

专业大户包括种养大户、农机大户等。种养大户是指以农业某一产业的专业化生产为主，初步实现规模经营的农户。农机大户是指有一定经济实力，在农村中有一定威望和影响力，并有农机化基础和农机运用管理经验的农机户。

3. 专业大户的特点

专业大户一般具有以下特点：①自筹资金的能力较强，能吸引城镇工商企业积累和居民储蓄投入农业开发；②产业选定和产品定位符合市场需求；③有适度的经营规模；④采用新的生产经营方式，能组织和带动农民增收致富；⑤产品的科技含量较高；⑥产品的销售渠道较稳定，有一定的市场竞争力。

相比传统分散的一家一户经营方式，专业大户规模化、集约化、产业化程度高，在提高农民专业化程度、建设现代农业、促进农民增收等方面发挥了重要作用，为现代农业发展和农业经营体制创新注入了新的活力。专业大户凭借较大的经营规模、较强的生产能力和较高的综合效益，成为现代农业的一支生力军。

（二）专业大户的标准

我国还没有专业大户的评定标准。各地各行业的评定标准是根据本地实际制定的，具有一定的差别，但是划定专业大户的依据是相同的，即主要看其规模，其计量单位分别是：种植大户以亩数计，养殖大户以头数计，农产品加工大户以投资额计，"四荒"开发大户以亩数计。这样划定既是必要的，又是可行的。

二、家庭农场

（一）家庭农场的内涵

家庭农场是指在家庭联产承包责任制的基础上，以农民家庭成员为主要劳动力，运用现代农业生产方式，在农村进行土地规模化、标准化、商品化农业生产，并以农业经营收入为家庭主要收入来源的新型农业经营主体。家庭农场一般是独立的市场法人。

中共中央、国务院《关于加快发展现代农业进一步增强农村发展活力的若干意见》（2013年中央一号文件）明确提出，鼓励和支持承包土地向专业大户、家庭农场、农民合作社流转。可以说"家庭农场"一直是农业领域的一个热词，也是国家培育和发展的重点。积极发展家庭农场，是培育新型农业经营主体，进行新农村经济建设的重要一环。

发展家庭农场的重要意义在于，随着我国工业化和城镇化水平的逐步提高，农村经济结构发生了巨大变化，农村劳动力大规模转移，部分农村出现了弃耕、休耕现象。一家一户的小规模农业经营已经不适应当前农业生产力发展的状况。为了进一步发展现代农业，增强农业发展活力，农村涌现出农业合作组织、家庭农场、种植大户、集体经营等不同的经营模式，各种经营模式的效果逐渐显现出来，发展家庭农场的意义尤为突出。

发展家庭农场的意义有以下几个。一是有利于激发农业生产活力。通过发展家庭农场可以加速农村土地合理流转，减少弃耕和休耕现象，提高了农村土地利用率和经营效率；同时能够有效解决农村家庭承包经营效率低、规模小、管理散的问题。二是有利于农业科技的推广应用。通过家庭农场适度的规模经营，能够机智灵活地应用先进的机械设备、信息技术和生产手段，促进农业科技新成果集成开发以及新技术的推广应用，降低生产成本，大幅提高农业生产能力，加快传统农业向现代农业的转变。三是有利于农业产业结构调整。通过专业化生产和集约化经营，发展高效特色农业，可较好地解决一般农户在结构调整中不敢调、不会调的问题。四是有利于保障农产品质量安全。家庭农场有一定的规模，并进行了工商登记，更加注重农产品安全且具有更强的品牌意识，能有效保障农产品质量。

（二）家庭农场的特征

1. 家庭经营

家庭农场是在家庭承包经营基础上发展起来的，它保留了家庭承包经营的传统优势，同时吸纳了现代农业要素。经营主体仍然是家庭，家庭农场主仍是所有者、劳动者和经营者的统一体。因此，可以说家庭农场是完善家庭承包经营的有效途径，是对家庭承包经营制度的发展和完善。

2. 适度规模

家庭农场是一种适应土地流转与适度规模经营的组织形式，是对农村土地流转制度的创新。家庭农场必须达到一定的规模，才能融合现代

农业生产要素，具备产业化经营的特征；同时，由于家庭仍旧是经营主体，受到资源动员能力、经营管理能力和风险防范能力的限制，经营规模必须处在可控的范围之内，既不能太小也不能太大，体现出适度规模性。

3. 市场化经营

为了增加收益和规避风险，农户同时从事市场性和非市场性农业生产活动。市场化程度的不统一与不均衡是农户的突出特征之一。家庭农场则是不考虑生计层次的均衡，通过提高市场化程度和商品化水平来追求盈利的经济组织。市场化经营成为家庭农场经营与家庭农户经营的主要区别。

4. 企业化管理

家庭农场是经过登记注册的法人组织。家庭农场主首先是经营管理者，其次才是生产劳动者。从企业成长理论来看，家庭农户与家庭农场的区别在于，农场主是否具有协调与管理资源的能力。因此，家庭农场的基本特征之一，是以现代企业标准化管理方式从事农业生产经营。

（三）家庭农场的功能

家庭农场的功能与专业大户基本一样，承担着农产品生产尤其是商品生产的功能，发挥规模农户的示范效应，引导农户向采用先进科技知识和生产手段的方向转变，增加技术、资本等生产要素投入，着力提高农业生产集约化水平。

三、农民专业合作社

（一）农民专业合作社的概念

农民专业合作社是在农村家庭承包经营的基础上，同类农产品的生产经营者或者同类农业生产经营服务的提供者、利用者，自愿联合、民主管理的互助性经济组织。

上述定义包含三个方面的内容：第一，农民专业合作社坚持以家庭承包经营为基础；第二，农民专业合作社由同类农产品的生产经营者或者同类农业生产经营服务的提供者、利用者组成；第三，农民专业合作社的组织性质和功能是自愿联合、民主管理的互助性经济组织。在相关法律法规中将农民专业合作社称为"农民合作社"，并给予很高的发展定位，农民专业合作社是带动农户进入市场的基本主体，是发展农村集体经济的新型实体，是创新农村社会管理的有效载体。

（二）农民专业合作社产生的原因

1. 社会分工与生产专业化需要农民专业合作社

社会分工是商品生产存在的基本前提之一，农业生产专业化、商品化程度越高，就越是要求进行各种形式的合作与联合。在自给自足的自然经济的基础上农户的农业生产出现了剩余，产生了农户之间进行合作的需求；同时，在农业生产发展过程中，也只有在各个农户之间出现了一定程度的社会分工和专业化，生产的各个不同环节、阶段由不同的生产组织去完成的情况下，彼此之间的合作才显得尤为必要。

2. 市场风险和自然风险需要农民专业合作社

农业生产的商品化把众多的农户推向了市场，随着市场经济的深入发展，资源的配置由市场价值规律调节来实现，从而进一步引导农业生

产。分散的农户市场风险抵御能力不足，此外还要受自然灾害的影响，彼此合作是抵御市场风险和自然风险最有效的办法。

3. 农业生产规模化经营需要农民专业合作社

通常家庭农户的经营规模较小，单独采购生产资料难以获得价格优惠，单独出售农产品也难以卖出好价格，在生产中单独使用某种大型机械或采用某项先进生产技术也可能不够经济。为了享受买卖环节的价格优势以及降低生产成本，分散农户需要通过合作社联合起来，扩大外部交易规模，以节约交易成本，实现规模经济。

4. 市场经济的快速发展需要农民专业合作社

市场经济的发展是农民专业合作社发展的基础和社会条件，市场经济的扩张是农民专业合作社不断发展的土壤，并对其进一步协调发展起到推动作用。

（三）农民专业合作社运行的基本原则

对于农民专业合作社的运行，当前大多数合作社组织及合作学者仍信奉传统原则，即国际合作社联盟于1966年提出的六项基本原则，其中最重要的四项原则如下。

1. 入社自由原则

任何人只要能从合作社的服务中获益并履行社员的义务、承担社员的责任都可入社，不得有任何人为的限制以及社会、政治和宗教上的歧视。

2. 民主管理原则

管理人员由社员选举产生或以社员同意的方式指派，管理人员对社员负责。基层合作社的社员有平等的投票权，每人一票，并参与决策。其他层次的合作社应在民主的基础上以适当方式进行管理。

3.公平原则

公平原则主要是指合作经济组织的分配应当是公平合理的。农民专业合作社成员是为了合作收益走到一起的,因此,他们对合作收益的分配会给予最大的关注。

4.互利原则

互利原则包含两层含义:一是每个社员都必须对农业专业合作社、对他人做出基本限额以上的贡献,二是每个社员都能从农民专业合作社得到自己所需要的帮助。"我为人人,人人为我",就是互利原则的具体表现。

(四)农民专业合作社的特征

自愿、自治和民主管理是合作社制度的基本特征。农民专业合作社作为一种独特的经济组织形式,其内部制度与公司型企业有着本质区别。股份公司制度的本质特征是建立在企业利润基础上的资本联合,目的是追求利润的最大化,资本量的多寡直接决定盈余分配情况,但在农民专业合作社内部,起决定作用的不是社员在本社中的股金额,而是在为社员提供服务过程中发生的成员交易量。农民专业合作社的主要功能是为社员提供交易所需的服务,与社员的交易不以盈利为目的。年度经营中所获得的盈余,除了小部分留作公共积累以外,大部分要根据社员与合作社发生的交易额的多少进行分配。按股分配与按交易额分配相结合,以按交易额分配返还为主,是农民专业合作社分配制度的基本特征。农民专业合作社与外部其他经济主体的交易要坚持以盈利最大化为目的的市场法则,因此,农民专业合作社的基本特征表现在以下几个方面。

1.在组织构成上

农民专业合作社以农民作为合作经营与开展服务的主体,主要由进行同类农产品生产、销售等环节的公民、企业、事业单位联合而成,农

民要占合作社成员总人数的80%以上，从而构建起新的组织形式。

2. 在所有制结构上

农民专业合作社在不改变家庭承包经营的基础上实现了劳动和资本的联合，形成了新的所有制结构。

3. 在盈余分配上

农民专业合作社对内部成员不以盈利为目的，将可分配盈余大部分返还给内部成员，形成了新的盈余分配制度。

4. 在管理机制上

农民专业合作社遵循入社自愿、退社自由、民主选举、民主决策等原则，建构了新的经营管理体制。

（五）农民专业合作社的功能

农民专业合作社集生产主体和服务主体于一身，将普通农户和新型主体融合于一体，具有联系农民、服务自我的独特功能。农民专业合作社发挥带动散户、组织大户、对接企业、联结市场的功能，提升农民组织化程度。在农业供给侧结构性改革中，农民专业合作社自身既能根据市场需求做出有效响应，也能发挥传导市场信息、统一组织生产、运用新型科技的载体作用，把分散的农户组织起来开展农业生产，还能让农户享受到低成本、便利化的自我服务，有效弥补了分散农户经营能力上的不足。

四、农业龙头企业

(一)农业产业化的含义

1. 农业产业化的概念

农业产业化是指在市场经济条件下,以经济利益为目标,将农产品生产、加工和销售等不同环境的主体联结起来,实行农工商、产供销的一体化、专业化、规模化、商品化经营。农业产业化促进传统农业向现代农业转变,能够解决一系列农业经营和农村经济深层次的问题与矛盾。

农业产业化是针对传统的农业经济而言的。传统农业经济是建立在小农经济基础上的以满足自身需要为主要目的的自给或半自给经济。其特点是小规模、低效益、封闭性。农业产业化是指按照现代商品经济的发展要求,以国内外市场为导向,以资源开发为基础,以提高经济效益为中心,对农业和农村经济的主导产业、产品,按照产供销、种养加、贸工农、经科教一体化的经营原则,实行多层次、多形式、多元化的优化组合,形成区域化布局、专业化生产、企业化管理、一体化经营、社会化服务,实现农业生产的现代化、社会化、商品化。

"农业产业化"的概念是20世纪90年代由我国提出的,这种经营方式在西方发达国家称为"农工商综合经营(agribusiness)"。"农工商综合经营"这个概念是由美国戴维斯于1955年提出的,此后这一概念得到广泛使用。农工商综合经营是指以农业生产为中心,把农业生产同产前部门(农用生产资料的制造和供应部门)和产后部门(农业产品的加工贮存和销售部门)组成一体,综合进行生产经营活动的一种体系。农工商综合经营形式的出现反映了该国农业同其关联产业部门互相结合、彼此依存的关系日益紧密,农业专业化和社会化已达到相当高的水

平。从微观上来看，农工商综合经营是农业生产企业与其关联部门（工业、商业、物流业、金融业、服务业）在专业化协作的基础上紧密地联系在一起，协调发展的一种经营形式。它是在社会分工进一步深化和生产专业化、集约化水平比较高的条件下发展起来的。

在市场经济发达的条件下，这种经营形式的出现意味着农业资本和非农资本相互结合、渗透，工商企业能直接掌握或间接控制农产品原料的供应；而农业生产者可以从中获得相对稳定的产品销售渠道和社会平均利润。

2. 农业产业化的要素

农业产业化包含以下要素。

（1）市场是导向。

市场是导向，也是起点和前提。要发展龙型经济必须把产品推向市场，占领市场，这是形成龙型经济的前提，市场是制约龙型经济发展的主要因素。农户采取多种措施，使自己的产品通过龙型产业在市场上体现其价值，真正成为市场活动的主体。为此，要建设好地方市场，积极开拓外地市场。地方市场要与发展龙型产业相结合，有一个龙型产业，就建设和发展一个批发或专业市场，并创造条件使之向更高的层次发展；建设好一个市场就能带动一批产业的兴起，实现产销相互促进，共同发展；同时要积极开拓境外市场和国际市场，充分发挥优势产品和地区资源优势。

（2）中介组织是连接农户与市场的纽带和桥梁。

中介组织形式多样，龙头企业是中介组织的主要形式。在经济发达地区龙头企业可追求"高、大、外、深、强"。在经济欠发达地区，更适合"低、小、内、粗"企业。除此以外，还有农民专业协会、农民自办流通组织等中介组织。

（3）农户是农业产业化的主体。

在农业生产经营领域之内，农户的家庭经营使农业生产和经营管理两种职能统一于农户的家庭之内，这种经营管理费用少，生产管理者责任心强，最符合农业生产经营的特点，初级农产品经过加工在市场上销售可得到较高的利润。当前，在市场经济条件下，我国亿万农民不但成为农业生产的主体，而且成为农业经营主体。现在农村问题不在家庭经营上，而是作为市场主体的农户在走向市场过程中遇到阻力，亿万农民与大市场连接遇到困难。此时各种中介组织将农民与市场联系起来。农户既是农业产业化的基础，又是农业产业化的主体。他们利用股份合作制等多种形式，创办加工、流通、科技等各类中介组织，将农产品的产加销、贸工农环节连接起来，形成大规模产业群并拉长产业链，实现农产品深度开发，多层次转化增值，不断推进农业产业化的深度发展。

（4）规模化是基础。

从一定意义上讲，龙头经济是规模经济，只有规模生产，才有利于利用先进技术，产生技术效益；只有规模生产，才有大量优质产品。提高市场竞争力，才能占领市场。形成规模经济，要靠龙头带基地，基地连农户，主要是公司与农户形成利益均等、风险共担的经济共同体，使农户与公司之间建立起比较稳定的协作关系。公司保证提供相应的配套服务，农民种植有指导，生产过程有服务，销售产品有保证，降低了农民生产的市场风险，使农户间竞争变成规模联合优势，实现了公司、农户效益双丰收。

3. 农业产业化的基本特征

农业产业化经营是把农产品生产、加工、销售诸环节联结成完整的农业产业链的一种经营体制，与传统封闭的农业生产方式和经营方式相比，农业产业化具有以下基本特征。

（1）产业专业化。

农业产业化经营把农产品生产、加工、销售等环节联结为一个完整的产业体系，这就要求农产品生产、加工、销售等环节实行分工分业和专业化生产；农业产业化经营以规模化的农产品基地为基础，这就要求农业生产实行区域化布局和专业化生产；农业产业化经营以基地农户增加收入和持续生产为保障，这就要求农户生产实行规模化经营和专业化生产。只有做到各主体专业化、各环节专业化和各区域专业化，农业产业化经营的格局才能形成，更大范围的农业专业化分工与社会化协作的格局才能形成。

（2）产品市场化。

与传统自给或半自给的农业生产不同，农业产业化要求农产品有很高的商品率。因此，其经营应以市场为导向，根据市场供求状况制定相应的生产经营决策，确定经营内容和发展方向。

（3）经营一体化。

农业产业化经营是农业与其相关产业的一体化经营。我国较为常见的一种形式是专业化生产方向相同的农户，根据龙头企业的要求，联合起来建立商品性的农产品生产基地，龙头企业根据市场供求状况，与基地农户协商，共同制定生产经营决策，并为基地提供技术指导和相关服务。通过这种一体化经营，使部分市场交易内部化，降低了市场交易的不确定性和交易成本，提高了农业的整体效益。

（4）管理企业化。

农业产业化经营把农业生产当作农业产业链的"第一车间"进行科学管理，这既能使分散的农户生产及其产品逐步走向规范化和标准化，又能及时组织生产资料供应和全程社会化服务，还能对农产品进行产后筛选、储存、加工和销售。

（5）服务社会化。

农业产业化经营各个环节的专业化，使龙头组织、社会中介组织和科技机构能够为农业产业化经营体系各组成部分提供产前、产中、产后的信息，以及技术、经营、管理等全方位的服务，促进各生产要素直接、紧密、有效地结合。

（6）布局区域化。

农业生产在根据比较优势原理优化布局的基础上，实行区域化集中种植，发展专业农产品生产基地，充分发挥规模经济和范围经济效益，防止生产布局过于分散造成管理不便和生产不稳定。

（二）农业产业化龙头企业

1. 农业产业化龙头企业的概念

农业产业化龙头企业是指以农产品生产、加工或流通为主业，通过订单合同、合作方式等各种利益联结机制与农户相互联系，带动农户进入市场，实现产供销、贸工农一体化，使农产品生产、加工、销售有机结合、相互促进，具有开拓市场、促进农民增收、带动相关产业发展等作用，在规模和经营指标方面达到规定标准并经过政府有关部门认定的企业。

2. 农业产业化龙头企业的优势

农业产业化龙头企业弥补了农户分散经营的劣势，将农户分散经营与社会化大市场有效对接，利用企业优势进行农产品加工和市场营销，增加了农产品的附加值，弥补了农户生产规模小、竞争力有限的不足，延长了农业产业链条，改变了农产品直接进入市场、农产品附加值较低的局面。农业产业化将技术服务、市场信息带给农户，提高了农产品精深加工水平和科技含量，以及农产品市场开拓能力，降低了经营风险，提供了生产销售的通畅渠道，通过解决农产品销售问题刺激了种植业和

养殖业的发展，提升了农产品竞争力。

农业产业化龙头企业能够适应复杂多变的市场环境，具有较为雄厚的资金、技术和人才优势。农业产业化龙头企业改变了传统农业生产自给自足的落后局面，用工业发展理念来经营农业，加强了专业分工，增强了市场意识，为农户农业生产的各个环节提供"一条龙"服务，为农户提供生产技术、金融服务、人才培训、农资服务、品牌宣传等生产性服务，实现了企业与农户之间的利益联结，能够显著提高农业经济效益，促进农业可持续发展。

农业产业化龙头企业的发展有利于促进农民增收。一方面，龙头企业通过收购农产品直接带动农民增收，企业与农户建立契约关系，结成利益共同体，向农民提供必要的生产技术指导；提高农业生产的标准化水平，促进农产品质量和产量的提升；保证了农民的生产销售收入，同时增强了我国农产品的国际竞争力，创造了更多的市场需求。农户可以以资金等多种要素的形式入股农业产业化龙头企业，获得企业分红，鼓励团队合作，从而促进了农户之间的相互监督和良性竞争。另一方面，农业产业化龙头企业的发展创造了大量的劳动就业岗位，解决了部分农村劳动力的就业问题。

农业产业化龙头企业的发展提高了农业产业化水平，促进了农产品产供销一体化经营。通过技术创新和农产品深加工，提高了资源利用率及农产品质量，解决了农产品销售难的问题；改造传统农业，促进大产业、大基地和大市场的形成，形成从资源开发到高附加值的良性循环，提升了农业产业竞争力，起到了农产品结构调整的示范作用以及市场开发的辐射作用，带动农户走向农业现代化。

农业产业化龙头企业是农村的有机组成部分，具有一定的社会责任。农业产业化龙头企业参与农村村庄规划，配合农村建设，合理规划生产区、技术示范区、生活区、公共设施等区域，并且制定必要的环境保护标准，推广节能环保的设施建设。农业产业化龙头企业培养企业的核心竞争力，增强自身抗风险能力，在形成完全的公司化管理后，还可以将农民纳入社会保障体系，维护了农村社会的稳定发展。

（三）农业产业化龙头企业的认定标准

农业产业化龙头企业包括国家级、省级和市级三种级别，分别有一定的认定标准。

1. 农业产业化国家级龙头企业的认定标准

农业产业化国家级龙头企业是指以农产品加工或流通为主业，通过各种利益联结机制与农户相联系，带动农户进入市场，使农产品生产、加工、销售有机结合、相互促进，在规模和经营指标上达到规定标准并经认定的企业。农业产业化国家级龙头企业必须达到以下标准。

（1）企业组织形式。

农业产业化国家级龙头企业是依法设立的以农产品生产、加工或流通为主业，具有独立法人资格的企业。企业组织形式包括依照规定设立的公司，其他形式的国有、集体、私营企业以及中外合资经营、中外合作经营、外商独资企业，直接在工商管理部门注册登记的农产品专业批发市场，等等。

（2）企业经营的产品。

企业中农产品生产、加工、流通的销售收入（交易额）占总销售收入（总交易额）的70%以上。

（3）生产、加工、流通企业的规模。

总资产规模应该根据不同地区的实际情况有针对性地进行标准规模划定，同时对固定资产规模的划定应该以总资产作为参考标准，以保证年销售收入目标的设定能够满足各个地区的发展要求。农产品专业批发市场年交易规模同样需要根据不同地区的综合发展条件与预期发展

规划目标设定。

（4）企业效益。

企业的总资产报酬率应高于现行1年期银行贷款基准利率；企业应不欠工资、不欠社会保险金、不欠折旧，无涉税违法行为，产销率达到93%以上。

（5）企业负债与信用。

企业资产负债率一般应低于60%；有银行贷款的企业，近2年内不得有不良信用记录。

（6）企业带动能力。

鼓励农业产业化龙头企业通过农民专业合作社、专业大户直接带动农户。通过建立合同、合作、股份合作等利益联结方式带动农户的数量一般应达到不同地区综合销售与实际收入之间的合理配比。企业从事农产品生产、加工、流通过程中，通过建立合同、合作和股份合作方式从农民、合作社或自建基地直接采购的原料或购进的货物占所需原料或所销售货物总量的70%以上。

（7）企业产品竞争力。

在同行业中企业的产品质量、产品的科技含量、新产品开发能力处于领先水平，企业有注册商标和品牌。产品符合国家产业政策、环保政策和绿色发展要求，并获得相关质量管理标准体系认证，近两年内没有发生产品质量安全事件。

2. 农业产业化省级龙头企业认定的标准

农业产业化省级龙头企业是指以农产品加工或流通为主业，通过各种利益联结机制与农户联系，带动农户进入市场，使农产品生产、加工、销售有机结合、相互促进，在规模和经营指标上达到规定标准，经省人民政府审定的企业。不同的省设定的农业产业化龙头企业认定标准有所不同。

3. 农业产业化市级龙头企业认定的标准

农业产业化市级龙头企业是指以农产品生产、加工、流通以及农业新型业态为主业，通过各种利益联结机制，带动其他相关产业和新型农业经营主体发展，促进当地农业主导产业壮大，促进农民增收，经营规模、经济效益、带动能力等各项指标达到市级龙头企业认定和监测标准，并经市人民政府认定的企业。

（四）农业产业化龙头企业的功能定位

在某个行业中，对同行业的其他企业具有很强的影响力、号召力以及一定的引导示范作用，并对该地区、该行业或者国家做出突出贡献的企业，被称为"龙头企业"。龙头企业产权关系明晰，治理结构完善，管理效率较高，在高端农产品生产方面有显著的引导示范效应。当前，有近90%的国家重点龙头企业建有专门的研发中心。省级以上的农业产业化龙头企业中，来自订单和自建基地的采购额占农产品原料采购总额的2/3，获得省级以上名牌产品和著名商标的产品超过50%，"微笑曲线"的弯曲度越来越大，不断向农业产业价值链的高端跃升。

五、新型农业经营主体之间的联系与区别

（一）新型农业经营主体之间的联系

专业大户、家庭农场、农民专业合作社和农业产业化龙头企业是新型农业经营体系的骨干力量，是在坚持以家庭承包经营为基础上的创新，是现代农业建设、保障国家粮食安全和重要农产品有效供给的重要主体。随着农民进城落户的步伐加快以及土地流转速度加快、流转面积增加，专业大户和家庭农场有很大的发展空间，或将成为职业农民的中坚力量，形成以种养大户和家庭农场为基础，以农民专业合作社、农业

产业化龙头企业和各类经营性服务组织为支持，多种生产经营组织共同协作、相互融合的具有中国特色的新型经营体系，推动传统农业向现代农业转变。

专业大户、家庭农场、农民专业合作社和农业产业化龙头企业之间有紧密的利益联结，其紧密程度视利益链的长短而定，形式多样。例如：专业大户、家庭农场为了扩大种植影响，增强在市场上的话语权，牵头组建"农民合作社+专业大户+农户""农民合作社+家庭农场+专业大户+农户"等形式的合作社，这种形式在各地都占有很大比例，甚至在一些地区已成为合作社的主要形式；农业产业化龙头企业为了保障稳定、质优价廉的原料供应，组建"龙头企业+家庭农场+农户""龙头企业+家庭农场+专业大户+农户""龙头企业+合作社+家庭农场+专业大户+农户"等形式的农民合作社。它们之间也有不同之处。

（二）新型农业经营主体之间的区别

新型农业经营主体的主要指标如表3-1所示。

表3-1 新型农业经营主体主要指标对照表

类型	领办人身份	雇工	其他
种养大户	没有限制	没有限制	规模要求
家庭农场	农民+其他长期从事农业生产的人	雇工不超过家庭劳动力数	规模要求、收入要求
农民专业合作社	执行内容与合作社有关的公务人员不能担任理事长，管理公共事务的单位不能加入合作社	没有限制	20人以上农民数量须占80%；5～20人农民数量须占5%，5人以下农民数量为1人
农业产业化龙头企业	没有要求	没有限制	注册资金要求

第三节　推进新型农业经营主体建设

一、以新理念引领新型农业经营主体

我国农业经营是专业大户、家庭农场、农民专业合作社、农业企业等多元经营主体共存。在此基础上培育新型农业经营主体，发展适度规模经营，构建多元复合、功能互补、配套协作的新机制，必须遵循融合、共享、开放等新发展理念。

不同经营主体有不同的功能和作用，融合发展可以实现优势和效率倍增。既要鼓励发挥各自的独特作用，又要引导各主体相互融合，积极培育和发展家庭农场联盟、合作社联合社、产业化联合体等。各主体分工协作，相互制约，形成合力，实现经营的专业化、标准化，产出的规模化以及共同利益的最大化，是实现第一、第二、第三产业融合发展的有效形式。

农民的钱袋子是否鼓起来，是检验新型农业经营主体发展成效的重要标准。一定要避免强者越强、弱者越弱，以及主体富了、农民却依然原地踏步的情况发生，特别是在企业与农民的合作与联合中，一定要建立共享机制，促进要素资源互联互通，密切企业与农民、合作社与合作社、企业与家庭农场、企业与合作社等之间的合作，从简单的买卖、雇用、租赁行为，逐步向保底收购、合作、股份合作、交叉持股等紧密关系转变，形成利益共同体、责任共同体和命运共同体。

开放是大势所趋，是农业农村改革发展的活力所在。建设现代化农业，要把握好国内外两个市场，畅通市场渠道，以更加开放、包容的姿态迎接各类有利资源要素。在土地流转、农地经营、农业生产服务、农产品加工营销等方面，应鼓励多元主体积极参与，以市场为导向，一视同仁，公平竞争，做到农地农用、新型经营主体用、新型职业农民用、新农人用。土地流转可以跨主体进行，实现资源优化配置；农业社会化服务可以跨区域展开，实现降本增效的目的；城市工商资本按照有关规定可以流转土地参与农业经营，引领现代农业发展；电子商务等IT企业也可以发展生鲜电商、智慧农业等，培育新业态，发展新产业。同时，各类新型主体要严守政策底线和"红线"，不得改变土地集体所有的性质，不得改变土地农业用途，不得损害农民土地承包权益。

二、搞好新型农业经营主体规范化建设

规模是规范的基础，规范是质量和声誉的保障。由于多年来的自我发育和政策支持，各类新型农业经营主体蓬勃发展，总体数量和规模不断扩大，成为建设现代化农业的骨干力量。这些农业经营主体也存在一些问题，影响了新型农业经营主体的整体质量和外在形象。要把规范化建设作为促进新型农业经营主体可持续发展的"生命线"，把规范和质量摆在更重要的位置。

（一）还原家庭农场本质特征

家庭农场的本源是家庭经营，是指由夫妇双方和子女组成的核心家庭的经营。家庭农场的本质内涵是家庭经营，规模适度，以专一农业为主，集约化生产。

1. 家庭经营

从全球范围来看，家庭农场应是核心家庭的劳动力经营，是经营者自耕，不能将所经营的土地转包、转租给第三方经营。要积极倡导独户农场，而不应将雇工农场、合伙农场、兼业农场、企业农场等作为规范化、示范性农场。农忙时可以雇短工，可以有1～2个辅助经营者，但核心家庭成员的劳动和劳动时间占比要达到60%以上。

2. 规模适度

家庭经营的上述特征决定了其只能发展适度规模经营，几千亩（1亩≈666.67平方米）、上万亩土地的经营规模反过来会导致报酬递减。我们提倡的家庭农场土地平均规模是当地农户土地平均规模的10～15倍，就是这个道理。

3. 以专一农业为主

家庭农场要规避低效率的"小而全、大而全"的生产经营方式，应根据自身的能力和职业素质选择主导产业，依托社会化服务，实现标准化、专业化生产，如此才能更充分地体现家庭农场经营的优越性。

4. 集约化生产

家庭农场重要的内涵是使其劳动力与其他资源要素的配置效率达到最优，最大限度地发挥规模经营效益和家庭经营优势。因此，家庭农场要秉承科技创新理念，在生产的整个过程中节约资源投入，科学经营产业，降低生产成本，提升产品质量和效益，实现可持续发展。

（二）扩大农民合作社规模

从国际合作社发展情况来看，合作社个体数量减少，但单一经营或服务的规模不断扩张，呈现出规模化的趋势。要遵循农民合作社的本质，坚持农民合作社归农户所有、由农户控制、按章程分配的办社原则，并

在此基础上，按照合作社同类合并、规模扩大、质量提升的发展之路，扩大经营规模，积极发展联合社以及生产、供销、信用"三位一体"的综合社，以提高综合竞争力。

（三）发挥农业产业化龙头企业的作用

农业产业化龙头企业与一般企业的本质区别，就在于要带动农民发展，通过建立利益联结机制，让农民分享产业链的增值收益。这也是中央扶持农业产业化龙头企业的重要原因。农业产业化龙头企业必须坚持服务农民、帮助农民、富裕农民的原则，在自愿、平等、互利的基础上规范发展订单农业，为农户提供质优价廉的生产服务，吸引农民以多种形式入股，形成经济共同体、责任共同体和命运共同体。

（四）规范引导工商资本进入农业

正面看待工商资本进入农业的积极性及所取得的显著成效，鼓励和支持城市工商资本进入农村、投资农业，涉足农户和农民合作社干不了、干不好、干不起来的领域，如种养业产前产后服务、设施农业、规模化养殖和"四荒"资源开发等产业，种苗、饲料、储藏、保鲜、加工、购销等环节，发展农业产业化经营，与农民实现共生、共舞、共赢；同时加强监管和风险防范，坚决制止个别工商资本以搞农业为名，行圈地之实。不提倡工商企业长时间、大面积租赁农户承包地，加强事前审查、事中监管、事后查处和风险防范。保护农民利益，对非法挤占农民利益，甚至坑农害农的行为，要严肃查处，追究责任。

4

第四章

"互联网+农业"经济管理创新模式

第一节 "互联网+"时代对农业发展的影响

一、农业发展迈入信息化时代

从社会发展史来看，人类经历了农业革命、工业革命，正在经历信息革命。农业革命增强了人类的生存能力，使人类从采食捕猎走向栽种畜养，从野蛮时代走向文明社会；工业革命拓展了人类的体力，以机器取代了人力，以大规模工厂化生产取代了个体工场手工生产；信息革命则增强了人类的脑力，带来生产力的又一次质的飞跃，世界经济、文化、生态等领域的发展产生了深刻影响。

进入21世纪以来，以数字化、网络化、智能化为特征的信息化浪潮蓬勃兴起，信息技术与生物技术、新能源技术、新材料技术等的跨界交叉融合，催生了以物联网、大数据、云计算、移动互联、人工智能等为代表的新一代网络信息技术与经济社会各领域的深入渗透融合，引发了以绿色、智能、泛在性为特征的群体性技术突破。

没有信息化就没有现代化，没有农业信息化就没有农业现代化。我国经济发展进入新常态，只有主动适应新常态，重视农业、稳定农业，着力解决农业农村经济发展面临的突出问题，加快推进农业转方式、调结构，农业农村经济才能实现持续、健康、快速发展。推动现代农业与信息化加速融合，找到它们之间的契合点，是在新一轮农业变革中抢占先机的重要举措，是我国转变农业增长方式、调整农业结构布局的

重要途径。

"互联网+"现代农业作为我国农业信息化的主要内容,是新时期深入推进农业供给侧结构性改革的重要手段,是推动我国由农业大国向农业强国迈进的必由之路,是网络强国战略的重要组成部分。

(一)信息化成为现代农业发展的制高点

科学技术是推动生产力发展的主要动力,是人类社会进步的重要标志。纵观全球农业生产史,每一次科技和工具上的重大突破,都将农业推上一个新的台阶,推向一个新的历史时期。

综观互联网在 21 世纪的纵深发展,信息化技术在我国农业生产经营中得到广泛应用,农业信息化在农业生产经营管理、农业信息获取及处理、农业专家系统、农业系统模拟、农业决策支持系统、农业计算机网络等方面表现尤为突出,极大地提高了我国农业生产的科技水平和经营效益,加快了我国农业现代化发展进程。农业信息化的应用和发展主要呈现出以下特征。

首先,农业信息网络化呈现出飞速发展态势。农业信息网络化的发展,使广大农业生产者能够广泛获取各种先进的农业科技信息,选择和学习最适用的先进农业技术,准确、完整地了解市场行情、政策信息,及时做出农业生产经营决策,从而有效地减少农业经营风险,获取最佳的经济效益。

其次,"数字农业"成为农业信息化的具体表现形式。农业大数据是大数据理念、技术和方法在农业领域的具体实践。我国已进入传统农业向现代农业加快转变的关键时期,突破资源和环境两道"紧箍咒"的制约、破解成本"地板"和价格"天花板"的双重挤压、提升我国农业国际竞争力等都需要农业大数据服务作为支撑。

最后,农业信息化正在向农业全产业链扩散。随着农业信息化的发展，信息技术的应用不再局限于农业系统中某一有限的区域、某一生产技术环节或某一独立的经营管理行为。信息技术的应用扩展到农业生产、农业经营管理、农产品销售及生态环境等整个农业产业链的各个环节和领域。

"互联网+"现代农业正在加快信息化技术与农业现代化的深度融合，在农业生产的各个领域展现出新的活力，以物联网、大数据、云计算、移动互联、人工智能等为主要特征的信息技术和科技手段与我国农业、农村、农民深度跨界融合，为我国由传统农业向现代化农业的转型升级不断积蓄力量。

（二）信息技术助推农业全产业链改造升级

从农业全产业链来看，信息技术与现代农业全产业链的跨界融合，助推农业全产业链不断改造升级，不断提升我国农业生产智能化、经营网络化、管理数据化和服务在线化的水平。

首先，物联网是新一代信息技术的重要组成部分，物联网技术与农业生产融合，催生了农业自动化控制、智能化管理，提高了我国农业生产效率。物联网技术基于信息感知设备和数据采集系统获取作物生长的各种环境因子信息（感知层），结合无线和有线网络等完成信息的传送与共享（传输层），将信息保存到信息服务平台（平台层），基于模型分析，通过计算机技术与自动化控制技术实现对作物生长的精准调控及病虫害防治（应用层），降低农业资源成本和劳动力成本，提高农业生产效率。随着芯片、传感器等硬件价格的不断下降，通信网络、云计算与智能处理技术的不断革新和进步，物联网迎来了快速发展期。物联网在农业生产领域发挥着越来越重要的作用。

其次，电子商务是以网络信息技术为手段、以商品交换为中心的商务活动。电子商务与农产品经营深度融合，依托互联网突破了时间和空间上的限制，正在逐步转变我国农产品的经营方式，农业电子商务成为推动我国农业农村经济发展的新引擎。一是电子商务加速农产品经营网络化，解决了农产品销售难的问题，增加了农产品销售数量，倒逼农业生产标准化、规模化，大大提高了农产品供给的质量效益以及农民的收入水平；二是电子商务促进了农业"小生产"与"大市场"的有效对接，一定程度上改变了以往农产品产销信息不对称的局面，农民可以主动调整农业生产结构，规避生产风险，从而提升了农业生产效率；三是电子商务拓展了农产品分销渠道，解决了农产品销路不畅的问题，提高了农民生产农产品的积极性。我国已经成为全球规模最大、发展速度最快的电子商务市场之一。

最后，大数据是海量数据的集合，作为国家基础性战略资源，已发展成发现新知识、创造新价值、提升新能力的新一代信息技术和服务业态。农业大数据作为大数据的重要实践，正在加速我国农业农村服务体系的革新。利用农业大数据技术对农业各主要生产领域在生产过程中采集的大量数据进行分析处理，可以提供精准化的农资配方、智慧化的管理决策和设施控制，达到农业增产、农民增收的目的；基于农村大数据技术的电子政务系统的应用，可以提升政府办事效能，提高政务工作效率和公共服务水平；通过对农业农村海量数据监测统计和关联分析，实现对当前农业形势的科学判断以及对未来形势的科学预判，为科学决策提供支撑，成为我国农业监测预警工作的主攻方向。农业大数据在我国已具备从概念到应用落地的条件，迎来飞速发展的黄金机遇期。

（三）精准农业促进农业生产过程高效管理

从农业生产过程来看，作为当代最活跃的生产力影响要素，信息技术在农业发展中的作用日益显著，基于信息技术和互联网结合的精准农业深刻影响着农业生产的整个过程。精准农业是按照田间每一操作单元的环境条件和作物产量的时空差异性,精准地调整各种农艺措施,最大限度地优化水、肥、农药等投入的数量和时机,以期获得最高产量和最大经济效益,同时保护农业生态环境和土地等农业自然资源。

信息技术在农业生产全过程中的优势逐渐显现出来。在产前阶段,通过传感器、卫星通信等感应导航技术,可以实现对农机作业的精准控制,提高农机作业效率;在生产过程中的各个阶段,应用施肥、打药控制技术可以实现肥料的精确投放,提高肥料利用效率;在产后阶段,利用采摘机器人,可以实现对设施园艺作物果实的采摘,降低工人劳动强度和生产费用。

(四)信息化成为破解农业发展"瓶颈"的重要途径

自改革开放以来,我国农业取得了举世瞩目的成就,农业综合生产能力得到了快速提升,但是人口增长、资源短缺及环境污染问题日趋严重,制约着我国农业的可持续发展,迫切需要转变农业发展方式,加快农业结构调整,而农业农村信息化建设成为破解以上难题的重要途径。

第一,人口增长、资源短缺,对我国农业生产能力提出了更高的要求。改变传统生产方式,迫切需要突破产业发展的技术"瓶颈",而信息技术在这方面大有可为。我国农业信息化建设在数据库、信息网络、精准农业以及农业多媒体技术等领域取得了一定突破,成为破解我国农业发展"瓶颈"、提质增效的新引擎。

第二,我国农业属弱势产业,受自然因素、经济因素、市场因素、人为因素影响较大,对信息的需求程度要高于其他行业。开发农产品供需分析系统、市场价格预测系统和农业生产决策系统等,可以辅助农业生产者合理安排相关生产,减少生产的盲目性,最大限度地规避来自各个方面的风险。

第三,受基础知识和技术支撑限制,我国农民的信息资源利用意识和积极性不足，缺乏有效利用信息技术的知识和能力，农业信息传播效率不高。信息进村入户工程通过开展农业公益服务、便民服务、电子商务服务、培训体验服务等途径，提高农民的现代信息技术应用水平，成为破解农村信息化"最后一公里"问题的重点农业工程。在互联网的带动之下，益农信息社的数量不断增加，为农民打通了信息获取通道，探索出一系列切实可行的农业农村信息化商业运行模式。

二、"互联网+"发展战略

信息化是当今世界发展的大势所趋，是推动经济社会变革的重要力量。大力推进信息化，是事关我国现代化建设全局的战略举措，是贯彻落实国家网络强国战略、建设创新型国家的迫切需要和必然选择。一直以来，党中央、国务院高度重视我国信息化发展，先后做出一系列战略部署，"互联网+"成为我国农业未来发展的重要方向和战略目标。

（一）信息化发展战略部署

信息化成为我国发展中"四化"同步的重要内容之一，强调推动信息化与农业现代化、工业化和城镇化的深度融合，推进"四化"同步、协调、快速、健康发展。

农业信息化是国家信息化的重要组成部分。培育互联网农业，建立健全智能化、网络化的农业生产经营体系，加快农业产业化进程。健全农业信息监测预警和服务体系，提高农业生产全过程信息管理服务能力，确保国家粮食安全和农产品质量安全。

（二）网络强国发展战略

科学技术是第一生产力，而网络信息技术已经成为人类社会发展的前沿科学技术。没有网络安全就没有国家安全，没有信息化就没有现代化。网络安全和信息化是一体之两翼、驱动之双轮。信息化对网络安全的重要影响与网络安全对信息化的驱动作用之间存在辩证关系。

网络强国成为我国未来发展规划的战略体系之一。实施网络强国战略，要求加快构建高速、移动、安全、泛在的新一代信息基础设施；围绕农业信息化建设加快补齐农业信息化短板，全面加强农村信息化能力建设，建立空间化、智能化的新型农村统计信息综合服务系统；着力发展精准农业、智慧农业，提高农业生产智能化、经营网络化、管理数据化、服务在线化水平，促进农业转型升级和农民持续增收，为加快农业现代化发展提供强大的创新动力。农业信息化作为我国社会经济发展的主攻方向，是我国网络强国发展战略的重要议程之一。

（三）"互联网+"行动计划

"互联网+"是把互联网的创新成果与经济社会各领域深度融合，推动技术进步、效率提升和组织变革，提升实体经济创新力和生产力，形成以互联网为基础设施和创新要素的更广泛的经济社会发展形态。

"互联网+"行动计划推动移动互联网、云计算、大数据、物联网等与现代制造业结合，促进电子商务、工业互联网和互联网金融健康发展，引导互联网企业进行拓展；同时，"互联网+"作为信息化战略的重要组成部分深刻改造传统农业，成为中国农业必须跨越的门槛。

"互联网+"行动计划以利用互联网提升农业生产、经营、管理和服务水平，促进农业现代化水平明显提升为总体目标，部署了构建新型农业生产经营体系、发展精准化生产方式、提升网络化服务水平、完善农副产品质量安全追溯体系等具体的实施策略。

要拓展发展新空间，用发展新空间培育发展新动力，用发展新动力开拓发展新空间。"互联网+"成为发展农业的规划主线，拓展网络经

济空间，实施"互联网+"行动计划，发展物联网技术和应用，发展分享经济，促进互联网和经济社会融合发展。实施国家大数据战略，推进数据资源开放共享。

三、互联网时代现代农业发展成效

"互联网 +"在现代农业发展初期呈现出快速发展态势。各行业、各领域和主要环节的信息技术应用取得显著成效，为农业农村信息化发展奠定了坚实的基础。

（一）生产信息化提升农业生产智能化水平

农业作为影响国计民生的基础产业，其信息化、智慧化的程度和发展水平尤为重要。物联网技术在农业生产和科学研究中的应用，是现代农业依托现代信息化技术应用迈出的一大步。物联网技术与农业结合可以改变粗放的农业经营管理方式，提高动植物疫情、疫病防控能力，确保农产品质量安全，保障现代农业可持续发展。

国家物联网应用示范工程智能农业项目和农业物联网区域试验工程建设正在积极推进中，是我国建设农业信息化的重要探索之一，且已经取得重要的阶段性成果。我国在众多省、市、地区相继开展国家物联网应用示范工程智能农业项目，在部分地区开展农业物联网区域试验工程，总结推广了众多农业物联网软硬件产品、技术和模式，节本增效作用凸显。

物联网设备在不同农业生产领域的广泛应用，使得农业智能化水平有了较大提升。在大田种植方面，大田种植物联网在"四情"监测、水稻智能催芽、农机精准作业等方面实现广泛应用，大幅提升了生产设备装备的数字化、智能化水平，加快推广节本增效信息化应用技术，提高了农业投入品利用率，改善了生态环境，提高了产出品的产量和品质。在畜禽养殖方面，畜禽养殖物联网在畜禽体征监测、科学繁育、精准饲喂、疫病预警等方面得到了广泛应用。例如，建设的"物联牧场"工程，实现了畜禽养殖的身份智能识别、体征智能监测、环境智能监控、饲喂护理智能决策。在水产养殖方面，水产养殖物联网在水体监控、精准投喂、鱼病预警、远程诊断等方面得到了大规模应用。例如，将物联网设备用于养殖水质实时监控、工厂化养殖监测、水产品质量安全追溯、养殖专家在线指导等方面，实现养殖全产业链的实时监控以及重点养殖区养殖生产的智能化管理，有效提高了水产养殖生产效率，促进了水产养殖业转型升级。在设施园艺方面，设施园艺物联网在环境监控、生理监测、水肥一体化、病虫害预测预警等方面的智能化水平明显提升。

此外，在物联网公共服务平台建设方面，推动农业物联网公共服务平台逐步完善和标准化，为农业物联网技术应用、集成创新、仿真测试、主体服务提供了良好的硬件设施和软件环境。

（二）经营网络化加速农产品电子商务发展

农业是典型的传统行业，具有地域性强、季节性强、产品标准化程度低、生产者分散且素质低等特点，具有较大的自然风险和市场风险。电子商务（以下简称电商）是指通过电子数据传输技术开展的商务活动，能够消除传统商务活动中信息传递与交流的时空障碍。农业电子商务把线下交易流程完全"搬"到网上，加快了农业产业化的步伐，促进了农村经济发展，最终实现传统农业交易方式的转变。

农业电子商务已经成为我国电子商务领域发展最为迅速的产业形态之一，农业电子商务的发展推动了我国农业产业化的加速发展。农业电子商务异军突起，农产品电子商务保持高速增长，电商平台不断增加，农产品电商模式呈现多样化发展，正在形成跨区域电商平台与本地电商

平台共同发展、东中西部竞相迸发、农产品进城与工业品下乡双向流通的发展格局。

农产品质量安全追溯体系初步建成，有效支撑了农产品电子商务健康、快速发展。在技术层面，二维码作为农产品"身份证"开始投入应用，移动终端的扫码引擎结合移动互联网、Wi-Fi应用环境，配合平台数据库、云计算等形成数字防伪系统，使农产品质量安全信息追溯有了技术保证。在主客体层面，农产品质量安全追溯体系开始用于农产品质量安全管理、产销管理、渠道推广和品牌经营，基地直供、基地加工、基地营销式企业追溯体系覆盖的农产品逐步增加。在标准制定层面，标准和多项行业标准的制定与出台落实，为规范农产品质量安全追溯体系建设创造了基础性的条件。在监管服务层面，除了建立群众举报、投诉渠道以外，政府主管部门还专门搭建并向用户开放了"12312"产品追溯管理服务平台，成立了专业的信息公共服务平台和农业追溯公共服务平台等。农产品质量安全追溯体系建设不断完善，最终实现农副产品从农田到餐桌全过程可追溯，保障了人们"舌尖上的安全"。

此外，农业生产资料、休闲农业及民宿旅游电子商务平台和模式不断涌现，丰富了我国电商发展的模式和理论；农产品网上期货交易稳步发展，批发市场电子交易逐步推广，促进了大宗商品交易市场电子商务的发展；新型农业经营主体信息化应用的广度和深度不断拓展，大大提升了我国农业产业化经营水平。

（三）信息化管理、服务和基础支撑能力不断加强

农业大数据作为农业管理的重要工具，在我国农业现代化建设中发挥着重要功能，具有巨大潜力，逐步成为支撑和服务我国农业现代化发展的又一类重要基础性资源。

农业管理信息化不断深化，初步实现了农业管理过程规范化、自动

化和智能化。一是金农工程建设成效显著，建成运行大量的行业应用系统、国家农业"互联网+"时代的农业选择数据中心以及多个省级农业数据中心、延伸到部分地市县的视频会议系统等。信息系统覆盖农业行业统计监测、监管评估、信息管理、预警防控、指挥调度、行政执法、行政办公七类重要业务。部省之间、行业之间业务协同能力明显增强。二是中华人民共和国农业农村部（以下简称农业农村部）行政审批事项全部实现网上办理，信息化对种子、农药、兽药等农资市场监管能力的支撑作用日益强化。三是建成了中国渔政管理指挥系统和海洋渔船安全通信保障系统，有效促进了渔船管理流程的规范化以及"船、港、人"管理的精准化。四是农业数据采集、分析、发布、服务的在线化水平不断提升，市场监测预警的及时性、准确性明显提高，创立了中国农业展望制度并持续发布相关发展报告，影响力不断增强。

农业服务信息化水平全面提升，促使农业信息服务体系、平台和机构的不断完善。首先，"三农"信息服务的组织体系和工作体系不断完善，初步形成了政府统筹、部门协作、社会参与的多元化、市场化推进格局，实现了由单一生产向综合全面、由泛化复杂向精准便捷、由固定网络向移动互联的转变。其次，12316"三农"综合信息服务平台投入运行，形成了部省协同服务网络，服务范围覆盖全国。最后，启动信息进村入户试点项目，试点范围覆盖全国，开展信息进村入户工作，整省推进，公益服务、便民服务、电子商务和培训体验进到村、落到户，信息惠农的广度和深度不断拓展。

农业基础支撑能力明显增强，持续支撑我国农业农村信息化建设。一是部省地市县五级贯通的农业网站群基本建成，行政村通宽带比例达到95%。二是农业信息化科研体系初步形成，建成农业农村部农业信息技术综合性重点实验室、专业性重点实验室和科学观测实验站，大批科研院所、高等院校、IT企业相继建立了涉农信息技术研发机构，并研

发推出了一批核心技术产品，农业科技创新能力明显增强。三是农业监测预警团队和信息员队伍初具规模，监测预警人员从最初的少数品种分析员，逐步发展到由首席分析师、省级分析师、会商分析师、基层信息员组成的全产业链监测预警人才梯队。农业信息化标准体系建设有序推进，启动了一批国家、行业标准制修订项目，初步构建了农业信息化评价指标体系。

四、"互联网+"现代农业面临的机遇与选择

创新、跨界、融合、开放、共享的互联网思维已成为当今时代的共识，深化互联网思维，推进线上、线下融合的"互联网+"发展思维模式，标志着互联网发展进入了一个新的历史阶段。以"互联网+"为驱动，打造信息支撑、管理协同、产出高效、产品安全、资源节约、环境友好的现代农业，已经成为21世纪以来各国发展现代化农业的重要选择和发展趋势。随着"四化"同步、网络强国战略的深入实施，信息化与农业现代化加快融合，为我国农业的生产、经营、管理和服务带来了重大历史性机遇和选择。

（一）"互联网+"现代农业面临的新机遇

"互联网+"现代农业正在转变农业发展方式，为我国农业发展带来新的活力。信息化与现代化农业生产加速融合，深刻改变着我国农业的生产方式，扭转了我国不适应持续性农业增产的方式，成为打造资源节约型、环境友好型现代农业的典范。

互联网与农业加速融合，改变了农业以往依靠高投入高产出的增产方式，帮助农业发展提速增效。中国传统农业生产过程主要依靠投入更多的人力和生产资料来获得产量的增加，不仅导致了大量资源的浪费，

也引起了严重的生态环境问题。随着互联网的普及，农民开始借助信息化手段来指导农业生产实践，减少生产盲目性，实现粗放型农业向精准型农业的转变，开启了打破传统农业弊端的新农业生产模式。精准农业包含精细种植、精细养殖和精细加工等方面，与传统农业相比最大的特点就是借助信息技术手段进行精耕细作，以获取农业产出的最佳效益。精准农业最大的价值就在于能够为农业生产提供精确、动态、科学的全方位信息服务，实现农业的科学化与标准化，从而提高农业生产效率和农产品品质。

"互联网+"现代农业正在重构农业产业结构，为我国农业经营管理带来了新动力。一是信息化与电商平台加速融合，通过精准产销对接，实现农业与二、三产业的融合发展。基于电商平台，依托农业大数据服务大宗农产品采购商，结合农村金融和产业保险服务，实现农业生产者、产品采购商和乡村合作社的合作共赢。二是信息化与农业产业链加速融合，通过优化资源配置，破解农业供给侧结构性改革难题。当前我国农业生产效益不高，农产品质量安全问题不容忽视，农业竞争力不高，价格方面的优势不明显。"互联网+"与现代农业融合应更加注重提高农业质量、效益和产品品质竞争力，通过加快建立农产品溯源体系和保障体系，优化资源要素配置，提高农产品质量、生产效率、土地产出率和劳动生产率。三是信息化与农产品流通加速融合，通过提升农产品流通效率，促进经济增长方式转变。造成农产品流通中的效率和损耗问题的原因有很多，包括信息流通受阻，中间步骤烦琐，传统操作模式落后，农产品本身不易储存，等等，"农鲜生"基于平台模式简化了流通中的烦琐过程，实现了信息的有效沟通和管理，解决了效率和损耗问题。

"互联网+"现代农业正在转变传统政务管理方式，为全面提升我国农业政务管理服务水平提供了新途径。网络环境下电子政务的推行，使政府部门的管理理念发生变化，政府职能从管理型转向管理服务型。

首先，在管理方式和服务方面，电子政务打破了传统的政府办公管理方式，其工作机制、工作方法、工作思路都有很大改变。其次，在管理效能方面，经过电子政务改造后，全面提升了政府行政人员的管理能力，提高了行政运行效率，简化了行政运行程序，从而降低了行政运作的成本。电子政务改变了现有环境下政府的角色，以更有效的行政流程，为公众提供高效服务，提升了政府与民众的沟通效率。最后，在管理决策方面，网络环境下的数据库建设和计算机决策支持系统全面提高了政府决策水平。服务型政府的理念借助网络手段在现实世界中得以贯彻，政府在公共管理中的服务者的角色最终得到强化。

"互联网+"现代农业正在改善农业信息服务体系建设，为提升我国农业信息服务水平提供了新范式。一是通过推进信息进村入户试点工作加快完善农业信息服务体系。农业农村部开展信息进村入户工作，以建设村级信息服务站益农信息社为重点，为农民提供信息服务，促进现代农业发展和农民增收致富。二是通过"12316"热线电话和手机 App 联系农业专家，进一步缩短农民和专家之间的距离，让农民有问题可以第一时间找到身边的专家，及时获得技术服务，解决农业生产经营等方面的难题。三是在全国范围内开展农民手机应用技能培训，力争在短时间内大幅提升农民查询信息的能力、网络营销的能力、获取服务的能力及便捷生活的能力，打通农业农村信息服务"最后一公里"，最终实现农业农村信息化"弯道超车"，促进城乡协同发展。

（二）"互联网+"现代农业的选择

我国资源环境"瓶颈"约束愈发显著，劳动密集型、资源高投入型、环境高排放型的小农经济与我国现代化农业经济的发展方向相背离，我国农业产业结构迫切需要转型升级。随着我国城镇化的快速推进，农村剩余劳动力不断向城市转移，社会主义新农村建设、现代化农业发展以及新型农民培育，迫切需要加大改革创新力度。我国经济发展进入新常态，新常态要有新动力，互联网在这方面可以大有作为。以互联网为媒介的信息化与现代农业的不断融合成为我国高效和持续发展现代化农业的重要选择。

第一，信息不对称是造成城乡差距的一个重要原因，通过"互联网+"思维整合各种农业资源信息，成为打破城乡信息不对称的重要抓手。

我国农业生产经营过程中，由于市场信息不对称，农民很难根据市场需求及时调整种植结构与产品产量，生产决策有较大的盲目性，容易造成低水平重复或压价竞争，使农产品供给短缺或过剩现象交替出现。我国大蒜、绿豆等农产品市场价格"过山车"的现象在一定程度上也是由于市场信息不对称导致的。随着我国农业监测预警体系建设的不断深入，农业信息发布制度建设不断完善，农业市场信息不对称的局面逐年改善。由于科技信息不对称，农业技术成果与技术项目在农村推广迟缓，虚假信息、假化肥、假农药坑害农民，严重影响农产品品质和销路。由于政策信息不对称，农民难以了解现阶段党和政府支持农业经济发展的各种惠农政策、措施等信息，降低了农民农业生产的积极性。政府通过推进信息进村入户，建设农业大数据仓库，依托网络平台，农民可以方便地获得"三农"政策、农业技术、农资产品、农产品市场、城市用工等各种信息，实现了双向交流。农村互联网的普及打破了长期以来农村信息闭塞、城乡信息不对称的局面，"互联网+"与现代农业的深入融合成为缩小城乡"数字鸿沟"的重要选择。

第二，资源配置错位是阻碍现代农业持续发展的主要因素，通过"互联网+"思维整合各种农业资源信息，合理配置各种农业资源，成为破解农村资源配置问题的利器。

在农业资源配置过程中，无论是自然资源、优质农产品资源还是青壮年劳动力资源，城乡之间资源的流动均以农村向城市的单向流动为

主，而互联网在农村的发展和普及正在改变这一态势。首先，电子商务的发展极大地拓展了农村创新创业的空间，吸引了大量人才回归农村。以新农民群体为重要特征的创业大军，依靠互联网、电商平台，在我国农村创新创业中扮演着越来越重要的角色。其次，互联网金融逐步扭转了金融资源从农村流失的局面。一大批互联网金融企业在城市募集闲余资金，以农村、农业作为主要对象发放贷款。这些互联网金融企业形成了与传统金融相反的金融资源流动方向，推动资金从城市流向农村、从东部发达地区流向中西部农村地区，农民的支付结算、资金获得比过去方便、快捷了很多。最后，利用互联网营销发展乡村旅游是积极开发农业多种功能的重要体现。利用互联网营销的农村旅游等服务项目，吸引了大量居民从去城市、国外旅游转向去农村旅游。部分村庄致力于发展旅游产业，不仅发展了经济，改善了农民生活，而且通过农村建设带来农村环境的极大改善。

第三，农民文化素质水平偏低是阻碍新农村建设的重要因素。通过"互联网+"思维以文字、音频和视频等形式向农民推送知识，增加了农民获取知识的渠道，提高了农民实时获取知识的能力，广大农民文化素质水平不断提高。首先，通过网络在线教育、在线课堂等为农村居民提供了与城市居民同等的学习机会，农民通过在互联网上学习农业知识，解决在农业生产过程中遇到的各种疑难问题，破解了一系列农业增效、农民增收过程中遇到的难题。其次，通过互联网，农民可以和城市居民同时观看网络新闻、在线电影、电视剧等，各种在线书城可以在较短时间内通过物流将教材等书籍送到农民手中，农村居民的精神文化需求得到了极大的满足。最后，通过手机上网，农民可以实时了解农情、气象等信息，合理安排农事操作。农业农村部通过对农民开展手机应用技能和信息化能力培训，提升农民利用现代信息技术，特别是运用手机上网发展生产、便利生活和增收致富的能力。

抢占农业现代化的制高点，将信息化与现代农业的深度融合作为驱动农业"跨越发展"、助力农民"弯道超车"、缩小城乡"数字鸿沟"的新动能，已经成为农业农村工作者的共识。要以发展电子商务为重点提高农产品流通效率，把发展农产品电子商务作为推动农业市场化、倒逼标准化、促进规模化、提升组织化、引领品牌化的重要举措，抓好市场信息服务、试点示范和信息进村入户工作，利用互联网等现代信息技术推动农业转型升级，实现"互联网+"现代农业。

第二节 "互联网+"时代农业产业链和创新模式

一、"互联网+"时代农业全景

农业同其他行业一样，从农业企业的信息化开始，经历着农业的企业互联网化，一些有资源、有实力的企业已经开始尝试农业产业的互联网化布局，农业必将走向"互联网+智慧"的新时代。

（一）"互联网+农业企业"

农业是一个看上去简单却蕴藏着巨大商机的产业，信息沟通的"瓶颈"、组织能力低、产业链上下游分散等问题比比皆是，并且农业的规模化和标准化程度比较低，整个产业链上下游之间的供需信息存在不对称现象。另外，物流水平不高、金融资源不充分、品牌意识相对薄弱、食品安全风险等问题都是农业行业发展面临的挑战。

在当前机遇与挑战并存的现状之下,众多企业开始行动,逐步探索农业企业互联网化新兴商业模式。

(二)"互联网+农业产业"

中国农业产业的互联网化应该说仍处于初步探索阶段。覆盖农业产业链上下游,在农产品流通、农业互联网金融、农产品生产加工方面尚未出现颠覆式的创新商业模式。即便是参与者众多的农产品流通,也仅停留在农产品流通 2.0、农产品流通 3.0 模式下,尚未真正借助互联网实现全部农产品从生产企业与农户直接到零售终端,或直接到达消费者手里的模式,随着农产品监管政策、溯源体系、仓储物流体系等一系列制约因素的健全和完善,"互联网+农业产业"会蓬勃发展起来。

(三)"互联网+智慧"

随着互联网技术的不断发展,出现了"大数据"的概念,大数据是指需要新处理模式才能获得更强的决策力、洞察发现力和流程优化能力的海量、高增长率、多样化的信息资产,在各行各业寻求与互联网结合的大趋势下,智慧农业、农业大数据应运而生。

虽然有众多从事农业的人对"大数据"一词津津乐道,但有多少人懂得它们对农业的真正意义?中国农业网专家认为,"互联网+"和大数据本身只是一种工具,没有特殊意义,只有准确作用在实体经济上才能显现出价值;"互联网+"也是一种思维,意味着开放、共享的胸怀以及创新、和平共赢的精神。在农业领域中,互联网与大数据的应用可以节约农产品资源、提升农产品流通率、促进农业生产力发展,有利于实现农业可持续发展。那么中国的"互联网+农业"时代,农业的哪些方面可以与大数据应用相结合,打造智慧农业,进而引领中国农业互联网化的发展呢?

1. 种业市场大数据应用

在种业市场，对购买方来说，他们面临的最大问题是买到假种子、坏种子，蒙受经济损失。对销售方来说，他们面临的最大问题是研发能力弱，新技术、好品种少，没有竞争优势。结合这样的种业现状，我们可以看到两大投资热点：一是规避种子质量风险的大数据应用，二是有助于新技术、好品种交流的大数据应用。

（1）规避种子质量风险的大数据应用。

假种子、坏种子很难避免，由于种子市场规模庞大，监管难度极大。有大数据应用可以有效降低种子质量风险，弥补种业市场监管难的问题。

规避种子质量风险的大数据应用在国内就有案例。第一个案例是覆盖面较广的全国种子可追溯试点查询平台。该平台提供种子品种名称、包装式样、审定编号、适宜区域、企业资质等多种信息。一方面，农民可以通过计算机和智能手机输入相关产品追溯代码，辨别种子真伪；另一方面，种子商能够收集农民对所购种子的反馈及评价信息，从而更合理地制订制种计划、调整育种方向、维护知识产权。第二个案例是中国农业网开发的"云种"App，该数据库对种子的发芽率、田间表现等数据都有详细记录，开发它的目的之一就在于让种子种植者可以有效规避种子质量风险，买到更优质的种子。

（2）有助于新技术、好品种交流的大数据应用。

研发能力是种子企业的核心竞争力。大数据应用可以帮助种子企业快速实现对于新品种、好品种的开发、研究和交流，增强种子企业核心竞争力，各大种子企业必定推崇这样的数据库应用。

国家种业科技成果产权交易平台就是一个不错的新技术、好品种的交流平台。通过该平台用户不仅能知道种子企业所需要的品种和技术，也能获得科研机构提供的科研成果信息。建设该平台的目的是最大限度地发现品种和技术的价值,让种子企业拥有更多新技术和好品种,帮助育种专家拓宽自己的研究方向。

2. 种植过程大数据应用

我国城镇化进程不断推进,我国农业人口日渐减少,农业人力成本增加,传统种植模式已不适应农业的可持续发展,这对农作物种植提出了新要求,即在减少人力成本的基础上,提高农作物种植效率,适应新农业发展的需要。作用于高效率、低风险种植的大数据应用成为种植领域的投资热点。

种植过程大数据应用有以下两类。

(1)大数据智能控制,实现高效种植。

从土壤分析到作物种植,从水分分布、天气监测到施肥撒药等数据的智能控制,智能化农业可以有效节约人工成本,提高种植效率。

北京"农场云"智能系统利用实时传输数据进行智能化管理。该系统通过参数传感器实时监测大棚内的空气温度、湿度及土壤干燥度等并设置预警信号,把作物生长、温湿度、病虫害等视频及图片信息实时上传到"农场云"系统。"农场云"还专门分析了每种蔬菜每个月的市场需求量和合作社的排产供给量,以及两者之间的缺口量,这些数据通过"云农场"系统变成了合作社排产计划的缺口分析统计图,有了这个缺口分析统计图,合作社的蔬菜供给就有了计划,蔬菜积压问题明显减少。针对病虫害问题,有一个专门的 App,当哪个棚里的农作物产生了病虫害,或者到了成熟期,农户都可以在 App 上拍照并注明,生产部门在计算机或手机上打开"农场云"智能系统,看到这些信息后会及时做出判断和处理。

(2)天气数据预见农作物损失。

极端天气对农作物影响巨大,如果能对整个天气数据进行整合处理,预见天气数据对农作物的损失程度,对农民来说,既可以提前做好预防工作，也可以做好保险工作，把损失降到最低。

我国一直在加强对农业保险的政策补贴力度，如果有数据库应用能够对农民面临的风险进行综合判断，对农民参加农业保险有更大的参考意义，也能帮助农民防御极端天气灾害。

3. 农产品市场大数据应用

我国农产品市场大数据应用有以下几类。

（1）对接生产和市场信息，缓解供求矛盾。

在我国农产品市场，农产品滞销情况频现，农产品卖不出，市民买不起，主要是因为生产和市场信息不对称导致农产品资源分布不平衡。通过生产数据和市场数据的整合，实现生产信息和市场信息的有效对接，平衡各地农产品供求数量，成为解决资源分布不平衡的关键。对接生产信息和市场信息，缓解供求矛盾的数据库成为投资热点。

将各地农产品滞销情况和各地农产品市场需求情况转化为可以利用的数据库，对滞销地区、滞销产品、滞销数量以及各地对农产品的需求量等进行准确记录，并利用这个数据库实现点对点分销，既可以及时解决农产品滞销问题，又可以实现市场资源平衡。

（2）保证农产品品质的可追溯系统。

农产品市场竞争激烈，不良商家的农产品质量无法保证。"可溯查"农产品信息追溯系统旨在以信息化数据追溯来消除食品安全隐患，通过农场到餐桌的数据采集与收集，为人们在生鲜与蔬菜方面的消费提供标准化的选择依据。农产品品质的可追溯系统有利于增加农产品附加值，增强农产品竞争力。实现更加准确、更值得信任的农产品品质的可追溯系统成为农业投资热点。

（3）大数据管理控制生鲜损耗，向损耗要利润。

生鲜市场越来越火，损耗大成为制约生鲜市场发展的"瓶颈"。将生鲜损耗控制到最低，成为生鲜企业盈利的关键。在这样的背景下，大

数据管理控制农产品损耗成为农业投资热点。

整个农业生产过程围绕农民、土地、农资、农产品交易等会产生大量的数据，可以产生土地流转数据库、土壤数据库、农资交易数据库、病虫害数据库、农产品交易数据库等，除了大数据以外，农业行业的物联网、云计算技术也发挥着同等重要的作用，如何更全面地将农业互联网化、智慧化，需要在发展中去发现和探索。

二、"互联网+"时代农业的产业链

伴随着土地经营进一步规模化，家庭农场、农民专业合作社等新型经营主体崛起，从国内外农业发展趋势来看，互联网与农业加速融合，以提高种植效率和产品品质，并实现农产品优质优价销售。互联网正在潜移默化地改造着中国农业产业链，农业互联网时代已然到来。

到底互联网对中国农业会产生怎样的影响，首先我们从农业产业链入手，来探寻产业链各环节的"互联网+"现状。

（一）"互联网+农资农机"

我国农资行业流通环节繁多、交易成本高，很大程度上制约着农业产业整体效益的提高。农资电商可有效压缩中间环节成本，消除假冒伪劣生存空间，解决农资行业当前矛盾。农资行业进入电子商务领域至少比其他行业晚了10年，是"互联网+"领域中极有开发价值的"蓝海"。"云农场"等农资电商平台经过发展和改进，对传统农资流通模式产生很大冲击，已经为农资电商行业的发展树立了典范。

长期以来，农资流通模式是从生产企业，经过市、县农资部门，再到乡镇、村经销商，最后才到达农民手中。由于流通环节多，产销两端不见面，厂家不能按农民的需要生产，农民也不能对厂家的产品生产施加影响。更为严重的是，农资生产厂家、经营企业、基层经销户都自建网点，自寻仓库。如此层层加价，产品销售成本提高了，农民的负担增加了，优质的农资产品竞争不过质量差、价格低的假冒伪劣产品，农民深受其害。显然，这种农资流通模式已经成为阻碍我国实现农业现代化的一大"瓶颈"。

整体来看，当前农资行业存在四大核心"痛点"，即终端成本高、价格波动大、信用不健全、资金常短缺。从整个价值链来看，当前农资渠道成本太高，利润分配不合理。从市场供求关系来看，农资行业产能过剩问题日益凸显。由于市场集中度较低，导致行业无序竞争，行业毛利率较低。农资产品价格波动较大成为常态，导致农资产品生产企业和经销商利润不稳定。此外，产品体系缺乏信用、交易链条资金短缺也是农资行业生产和流通领域的较大"痛点"。

以上问题在传统农业生产经营模式下很难解决，因此，农资行业要实现行业经营方式的转型升级，就需要迭代运营思维和模式；但农资行业线上业务仍处于探索期，呈现出参与主体少、业务不精深、交易规模小等特点，没有从根本上解决制约农资行业发展的上述四大问题。

（二）"互联网+农业生产"

作为农业产业链上的关键环节，农业生产承载着产业链上下游农资、农产品流通两大领域的发展，在互联网深刻影响各行业发展的今天，农业生产环节同样没有被遗忘，与互联网结合后的农业生产更具活力和效率，GPS（全球定位系统）、遥感、物联网、溯源体系等一系列互联网技术已逐步应用于农业生产环节。

随着互联网向农业领域的不断拓展，建设类似的智能化控制系统已不再是什么难事。物联网、GPS卫星定位检测以及RS（遥感影像）卫星遥感等技术逐步被应用到农业生产中，实现了作物种植、估产、病虫害

预警等方面的网络化、数字化管理。

随着智能手机和宽带网络的逐步普及，在开展智能项目研发、推广的同时，种植户也开始将互联网信息服务应用到农业生产中。在生产中种植户遇到问题，就可以在网络上进行交流提问，会有专门的技术人员做出详细解答，广大种植户可以通过此平台及时获取农业生产各个阶段的科技信息。由于互联网传输技术不受时间和空间限制，许多种植户通过使用微信、QQ等工具与农技人员进行线上信息、技术交流，同时利用这些信息平台实现资源信息的共享，从而更加方便快捷地解决种植过程中遇到的问题。

此外，利用大数据、云计算等技术逐步建立起农业信息网络监测体系，实现灾害预警、耕地质量和农作物生长种植的全程监测，继续发挥互联网技术在农业生产种植中的作用，让更多的"互联网+农业"技术给农业插上腾飞的翅膀，让互联网成为农业发展和种植户增收致富的新引擎。

（三）"互联网+农产品流通"

农产品流通对于互联网的应用，自1995年以来主要经历了三个发展阶段。

1. 第一阶段：1995—2005年

1995年郑州商品交易所集诚现货网成立，开始探索农产品网上交易。1999年全国棉花交易市场成立，2000年中华粮网（更名）成立，2005年开创中央储备粮网上交易探索新途径。此阶段主要是一些资讯网站，也有部分大宗商品的网上交易。

2. 第二阶段：2005—2012年

2005年易果网成立，2008年出现了专注做有机食品的和乐康和沱沱工社，这几个企业开始都是做小众市场。2009—2012年涌现出一大批生鲜电商企业。随着大量商家进入这个行业，行业泡沫逐渐产生。当时的市场需求尚小，生鲜电商模式也只是照搬其他电商的运作模式，最终导致很多企业倒闭。

3. 第三阶段：2012年至今

2012年被誉为"生鲜电商元年"，生鲜电商领域风起云涌，成为电商领域的浪潮之巅。当时刚成立一年的本来生活凭"褚橙进京"事件营销一炮走红，随后又在2013年春挑起了"京城荔枝大战"，从此生鲜电商引发热议。在此期间，市场中涌现出顺丰优选、1号生鲜、本来生活、沱沱工社、中粮我买网、美味七七、菜管家等一大批优秀生鲜电商平台。C2C（个人与个人之间的电子商务）、C2B（企业与消费者之间的电子商务）、O2O（线上到线下的商业模式）等模式也竞相推出。与此同时，大批电商企业下线，且大部分生鲜电商企业仍处于亏损状态。

中国农产品流通电商起步至今，已经过多年的发展，中国农产品网站的电子商务功能和信息服务日益增强。农产品在电子商务中的交易额与交易占比呈现出环比增长态势，互联网时代下的大数据的便捷性与优势不言而喻。

在农产品在电子商务中的交易额与交易占比不断增长的过程中，有大量问题出现，其背后隐藏的是综合性的问题。我国农产品流通电商亟待解决的问题主要有四项，包括物流配送问题、标准化问题、品牌问题、信任问题。

（1）物流配送问题。

我国冷藏车的拥有量与实际需求量之间有一定的差距。冷链物流体系的构建速度与农产品电商发展之间存在一定差距，造成了一定的损耗，产生了高昂的物流成本。此外，高昂的物流成本让农产品电商相较传统的超市分销模式而言变得缺乏竞争力。

（2）标准化问题。

据不完全统计，大量的生鲜电商平台上进口食品品类众多。这和我国农产品的非标准化息息相关。

农产品标准化可分为三个方面。

①品质标准化。向农产品原产地靠近，考虑相关的认证配套，考虑作业流程标准化，用综合的方式及数据指标来固化农产品质量。

②工艺标准化。比如把鱼剁碎了卖还是切片卖，肥瘦搭配适宜。

③规格标准化。比如重量有300克、500克、1000克之分，外包装有简易装或礼盒装之分，这些需要根据市场定位做相应调整。

从当前农产品行业发展现状来看，市场上农产品标准体系构建不完善，要在短期之内解决这些问题有一定的难度。

（3）品牌问题。

我国农产品品种多、产量高，不同地域特色催生了一大批特色农产品，如神农架野生板栗、东北大米、山西小米、西湖龙井等，但综观这些农业品牌，只有地域品牌，无企业品牌，而且存在以次充好、品牌混乱、质量参差不齐的情况，很难形成规模效应和经济效应，更难以形成标准化产品。在品牌价值传递方面就显得非常乏力。

（4）信任问题。

农产品很难解决信任问题。任何一个"三品一标"（"三品"是指无公害农产品、绿色食品、有机食品；"一标"是指农产品地理标志产品，统称为"三品一标"）产品都有无数的店在销售，但消费者很难鉴别哪个是真的，哪个是高品质的，市场上也缺乏有效的认证手段。以次充好的产品很多，电商企业在采购时也面临同样的问题。

我国农产品电商起步较晚，整体还处于市场探索期。一方面欧美成熟的农产品体系值得我们深入学习与借鉴，与互联网充分结合；另一方面要注意，农产品电商发展前景广阔，我国农产品电商规模飞速扩张的同时，应当谨防出现农产品电商泡沫。

农产品电商市场的竞争者越来越多，企业同质化经营明显，未来可能面临泡沫风险。因此，我国应当谨防农产品电商市场风险和泡沫，农产品电商企业应当明确供应链的综合一体化发展以及技术的投资是获得市场竞争优势的源泉。农产品电商企业专业化经营是可参考的发展方向。针对我国农产品电商企业同质化经营的问题以及电商泡沫风险上升的现状，发展多样化农产品电子商务交易模式。随着基础设施建设的逐步完善，以及电商企业技术水平的逐渐提升，我国初步具备了多领域发展农产品电子商务交易的基础。一是可以将农产品电子商务与农产品期货合约相结合，推动我国农产品期货市场的发展。二是可以设置农产品国际贸易平台，提供信息、交易谈判、支付、物流等服务，减少农产品国际贸易中的谈判成本、信息搜寻成本和支付成本，提高农产品国际贸易效率。三是注重农产品零售业对电子商务交易的应用，建立起区域内或跨区域的农产品零售网络商店，提高农产品零售业电商交易规模，推动农业电子商务的整体协调发展。通过全面配套的农业电子商务体系来保障下游营销及流通端的农产品电子商务健康有序发展。农场化的集团运作组织方式有利于农产品电子商务的发展，降低农产品电商供应链的管理难度，减少供应链成本。健全完善的冷链物流体系、高效的管理模式带来的低损耗率促进了农产品电商的快速发展。

三、"互联网+"时代农业的创新模式

（一）"互联网+休闲农业"

我国的游客，尤其是来自城市的广大游客，已不满足于传统的观光旅游，个性化、人性化、亲情化的休闲、体验和度假活动渐成新宠。目

前，农村地区集聚了我国大约70%的旅游资源，农村有着优美的田园风光、恬淡的生活气息，是延展旅游业、发展休闲产业的主要地区。在"互联网+"已经上升为国家战略的当下，面对如此规模的市场，互联网与休闲农业的结合势在必行。

农业休闲旅游行业市场空间巨大，但与互联网结合尚处于发展阶段，受限于线下中国休闲旅游实体发展相对滞后，大多数平台属于信息发布、交易撮合型电子商务平台，在与互联网相结合的模式上创新性不足，但未来休闲农业势必在互联网的推动下获得飞速发展，这一市场非常值得关注。

（二）"互联网+淘宝村"

随着互联网的飞速发展，在整个农业产业链条尝试互联网化的同时，不断有新兴的商业模式或新型的商业群体涌现，淘宝村便是基于旧农村业态，通过与互联网的紧密结合衍生出的新型农村业态。

淘宝村在量化的定义中是指活跃网店数量达到当地家庭户数10%以上、电子商务年交易额达到1000万元以上的村庄。淘宝村是阿里巴巴集团农村战略的重要组成部分。阿里巴巴集团农村战略已经形成"双核+N"的架构，"双核"指的是农村淘宝和淘宝村，"N"则是指阿里平台上多元化的涉农业务。

随着电子商务的蓬勃发展，淘宝村的经济社会价值日益凸显，孵化出大批"草根"创业者，创造出规模化就业机会，部分网商收入增加，摆脱了贫困。一个淘宝村就是一个"草根创业孵化器"。淘宝村平均每新增1个活跃网店，可以创造约2.8个直接就业机会。

（三）"互联网+农村金融"

互联网金融出现"井喷式"发展并引发社会各界的广泛关注。互联网金融是指依托云支付、云计算、社交网络以及搜索引擎、App等互联网工具，实现资金融通、支付和信息中介等业务的一种新兴金融。互联网金融不是互联网和金融业的简单结合，而是在实现安全、移动等网络技术的基础上，被用户熟悉接受后（尤其是对电子商务的接受），自然而然为适应新的需求而产生的新模式及新业务，是传统金融行业与互联网精神相结合的新兴领域。互联网金融的出现在一定程度上解决了多年来传统银行始终没有解决的中小微企业融资难的问题，但也对传统金融形成了较大的冲击。基于农业行业，"互联网+农村金融"主要表现出以下两种特性。

第一，农村金融不仅指扶贫金融、慈善金融，不可能要求金融机构不顾自身的盈利一味地扶持农村金融。扶贫金融和慈善金融可以作为农村金融的有益补充，但绝不是农村金融的全部。

第二，农村金融也不完全是农业金融，而是涵盖了农村、农业和农民的"三农金融"，相较传统金融，"互联网+农村金融"更加强调生态系统的概念，能更好地将农村、农业和农民作为一个整体提供服务，从而更充分地发挥金融服务的大协同作用，促进农村新经济实现跨越式发展。农业电子商务的浪潮已经形成，客观上要求具备与之相匹配的金融服务，这就如同工业革命进军的号角鼓舞了传统金融的高歌猛进一样，农业新经济也呼唤着可以引领新时代的金融"弄潮儿"。

传统金融在过去发展中出现众多的理论体系和创新产品，然而从本质上看，金融的核心功能无非资源配置、支付清算、风险控制、财富管理、成本核算几大类，基于上述几个维度对传统农村金融与互联网农村金融进行对比，探寻互联网农村金融较传统农村金融的优势所在。

1. 资源配置维度

无论是传统的农业生产还是如今的农业互联网经济，获取资源的主要渠道都是信贷；然而，传统金融在保证农村大企业信贷供给的同时，

对小微企业和普通农户的供给明显不足。作为农村金融服务的核心部分，对农村住户贷款的业务面临三个方面的现实挑战：一是农村住户储蓄转化为农村住户信贷的比例不高，二是农村住户信贷中转化为固定资产投资的比例不高，三是农村住户贷款与农村住户偿还能力的匹配度不高。这三个"不高"集中反映了传统金融在农村资源配置方面的能力不足。

购置固定资产的比例不高显示出贷款用途进一步复杂化，在银行类金融机构不掌握相关数据的情况下，这一变化将增加贷后管理的难度和潜在的坏账风险。有数据显示，农村信贷资金用于购置固定资产的比例仅为0.8%，几乎可以忽略不计。

农村住户贷款与农村住户偿还能力的匹配度不高会直接导致违约风险上升。从实际情况来看，农村信贷的贷前管理主要强调抵押和担保，也就是强调农户的还款意愿。强调还款意愿是信贷中的一项重要技术，然而，仅强调还款意愿而忽视还款能力也很难保证农户按期还款。一旦短期借款远远超过农户的短期收入，就会造成违约的发生，在实践中即使存在合格的抵押品，处置难度也很大。由于一旦发生坏账会给金融机构带来较大的损失，所以金融机构借贷的意愿很难提高。

互联网金融在农村资源配置方面要优于传统金融。首先，互联网金融基本不会产生传统金融"抽水机"的负面作用。相反，由于农村地区的项目能够提供更高的回报率，互联网金融会吸引来自城市的资金，投资在农村地区，从而创造出比城市、大企业高得多的边际投资回报率。需要指出的是，虽然利率高，但是由于期限和金额相对灵活，放款速度快，互联网金融发放的信贷资金实际成本未必很高。其次，从匹配的准确性的角度来看，互联网金融掌握海量的高频交易数据，可以更好地确定放贷的客户群体，通过线上监控资金流向，做好贷中、贷后管理，在很大程度上克服了农村金融中资金流向不明、贷后管理不力的问题。

2. 支付清算维度

我国农村地区现金支付比例长期较高。从支付本身的角度来看，现金支付的成本很高。现金支付比例越高，网络经济、信息经济的发展就越滞后，会影响农村地区的产业升级和城镇化进程。我国农村地区现金支付比例高是长期以来形成的传统，是因为传统金融没有发展出适合农村支付的"非现金化"模式。中国邮政储蓄银行的按实际地址进行汇款、中国农业银行的惠农卡以及各商业银行都在努力推进的无卡交易改善了农村的支付环境，降低了现金的使用比例；但是，这些创新还是要基于网点的建立和电子机具的布设，不能很好地适应农村地区对现代化支付手段的需求，也就无法切实解决农村支付问题。

"互联网+农村金融"在支付方面已经做出了巨大突破。在互联网金融中，支付以移动支付和第三方支付为基础，很大程度上活跃在银行主导的传统支付清算体系之外，且显著降低了交易成本。在互联网金融中，支付还与金融产品挂钩，带来了丰富的商业模式，这种"支付+金融产品+商业模式"的组合，与中国广大农村正在兴起的电商新经济高度契合，缔造出巨大的"蓝海"市场。

3. 风险控制维度

"三农"领域风险集中且频发。人类的科技发展至今尚未能改变农业、农村"看天吃饭"的问题。旱涝灾害、疫病风险以及市场流通过程中的运输问题都会给农民造成巨大的经济损失。传统金融采用"农业保险+期货"的方式对冲此类风险。国家对农业保险给予了大量政策性补贴，取得了一定的效果。互联网金融"以小为美"的特征在这方面大有作为，新的大数据方式将非结构数据纳入模型后，将为有效处理小样本数据、完善风险识别和管理提供新的可能。

4. 财富管理维度

传统金融经过多年努力，在农村地区建立起了广覆盖的服务网络，

但是这种广覆盖的服务网络不仅成本高,而且水平低,其综合金融覆盖也基本不包括理财服务。对传统金融机构而言,理财业务门槛较高,流程复杂,占用的人力资本较多,在农村地区的推广有限,互联网金融已经做出了很好的尝试。类似余额宝的创新产品开创了简单、便捷、小额、零散且几乎无门槛的全新理财模式,在提升农民财富水平的同时,也对农村住户进行了一场很好的金融启蒙。

5. 成本核算维度

金融机构的成本可以划分为人员成本和非人员成本。对传统金融机构而言,非人员成本主要指金融机构网点的租金、装修与维护费用,电子机具的购置、维护费用,现金的押解费用,等等;人员成本主要指人员的薪金、培训费用等。互联网金融在农村可以不设网点,没有现金往来,完全通过网络完成相关工作。即使需要一些业务人员在农村值守并进行业务拓展,其服务半径比固定的银行网点人员的服务半径也大得多,因而单位成本更低。另外,互联网金融通过云计算的方式极大地降低了科技设备的投入和运维成本,将为中小金融机构开展农村金融业务提供有力支撑。

互联网金融本身是新生事物,在农村发展的时间相对较短,但由于互联网金融与农村场景天然的耦合性,在我国已经出现了若干种"互联网+农村金融"模式,包括传统金融机构"触网"、信息撮合平台、P2P(个人对个人)借贷平台、农产品和农场众筹平台以及正在探索中的农村互联网保险五种主要形式。

(1)传统金融机构"触网"。

传统金融机构做了很多有益的尝试。中国农业银行的助农取款服务就是一种接近O2O的业务模式。通过与农村小卖部、村委会合作,利用固定电话线及相对简易的机具布设,农户就可以进行小额取现。

（2）信息撮合平台。

信息撮合平台是利用网络技术将资金供给方和需求方的相关信息集中到同一个平台上，帮助双方达成信贷协议的一种方式，是一种初级的互联网金融业务模式。

（3）P2P借贷平台。

相对于简单的信息共享平台，P2P平台要复杂得多，资金需求方会在网站上详细展示资金需求额、用途、期限以及信用情况等资料，资金提供方则根据个人风险偏好和借款人的信用情况进行选择。

（4）农产品和农场众筹。

众筹是一种互联网属性很强的融资和投资模式，充分体现了互联网自由、崇尚创新的精神，早期主要服务于文化、科技、创意和公益等领域。简单来看，众筹类似一个网上的预订系统，项目发起人可以在平台上预售产品和创意，产品获得足够的"订单"，项目才能成立，发起者还需要根据支持的意见不断改进项目。众筹更加注重互动体验，回报方式也更加灵活，投资收益不局限于金钱，也可能是项目成果。就农业方面而言，众筹的投资收益可能是结出的苹果、樱桃甚至是挤出的牛奶，也可能是受邀前往"自己"的农场采摘。如果项目失败，先期募集的资金要全部退还给投资者。

（5）农村互联网保险。

农业保险和农产品期货发展迅速但作用不大，究其原因主要有两个方面：一是中国的农业保险产品对中央财政补贴具有依赖性，商业化运作匮乏；二是小农经济长期存在，大农场、标准化的农产品少，在大工业基础上发展起来的传统金融在对接零散的农业需求时显得力不从心。真正对接农村的互联网保险还在探索中。

随着互联网技术的不断进步，以及大数据、云计算和保险精算的进一步融合，针对农业、农村、农民的互联网保险产品会大量涌现，并更

好地服务于国内农村新经济环境。

第三节 智慧农业经营管理

早在 2015 年，国务院颁布的《关于积极推进"互联网+"行动的指导意见》特别指出："利用互联网提升农业生产、经营、管理和服务水平，培育一批网络化、智能化、精细化的现代'种养加'生态农业新模式，形成示范带动效应，加快完善新型农业生产经营体系，培育多样化农业互联网管理服务模式，逐步建立农副产品、农资质量安全追溯体系，促进农业现代化水平明显提升。"互联网已经成为助力农业现代化水平提升的重要途径，将互联网与农业相结合，让农业拥有"智慧"，是现代农业发展的重要方向。

所谓"智慧农业"就是充分应用现代信息技术成果，集成应用计算机与网络技术、物联网技术、音视频技术、3S 技术（地理信息技术）、无线通信技术以及专家智慧与知识，实现农业可视化远程诊断、远程控制、灾变预警等智能管理。

智慧农业是农业生产的高级阶段，集互联网、云计算和物联网技术于一体，依托部署在农业生产现场的各种传感节点（环境温湿度、土壤水分、二氧化碳、图像等）和无线通信网络实现农业生产环境的智能感知、智能预警、智能决策、智能分析、专家在线指导，为农业生产提供精准化种植、可视化管理、智能化决策。智慧农业是云计算、传感网、3S 等多种信息技术在农业中的综合应用，实现了更完备的信息化基础支撑、更透彻的农业信息感知、更集中的数据资源、更广泛的互联互通、更深入的智能控制、更贴心的公众服务。将智慧农业与现代生物技术、种植技术等高新技术融于一体，对建设高水平的农业具有重要意义。

一、新型农业生产经营主体服务平台

智慧农业生产经营的实质是用先进的管理办法来组织现代农业的生产和经营。智慧农业经营管理是农业和农村经济结构战略性调整的重要带动力量。解决分散农户适应市场、进入市场的问题，是经济结构战略性调整的难点，关系着结构调整的成败。智慧农业经营管理对优化农产品品种、品质结构和产业结构，带动农业的规模化生产和区域化布局具有重要的作用。

智慧农业经营管理的实现有助于提高农业竞争力。我国加入世界贸易组织后，国际农业竞争已经不再是单项产品、单个生产者之间的竞争，而是包括农产品质量、品牌、价值以及农业生产经营主体、经营方式在内的整个产业体系的综合性竞争。积极推进农业产业化经营的发展，有利于把农业生产、加工、销售环节连接起来，把分散经营的农户联合起来，有效地提高农业生产的组织化程度；有利于应对加入世界贸易组织的挑战，把农业标准和农产品质量标准引入农业生产加工、流通的全过程，创建自己的品牌；有利于扩大农业对外开放，实施"引进来，走出去"的战略，全面增强农业的市场竞争力。智慧农业经营管理对促进农业和农村经济发展，加快实现农业现代化具有重要意义。

构建新型农业生产经营体系是实现农业创新发展的首要条件，鼓励互联网企业建立新型农业生产经营主体服务平台，支撑专业大户、家庭农场、农民专业合作社、农业产业化龙头企业等新型农业生产经营主体加强产销衔接，实现农业生产由生产导向向消费导向转变。

构建新型农业生产经营体系就是要创新农业生产经营机制，探索出一条生产技术先进、适度规模经营、市场竞争力强、生态环境良好的新型农业现代化道路。农业的转型升级必须依靠科技创新的驱动，转变农业发展方式，要把现代社会中各种先进适用的生产要素引进和注入农业产业，从过度依赖资源向依靠科技人才、劳动者素质等转变。培育新型农业生产经营体系，首先，要支持和培育种植养殖大户、农民专业合作社、家庭农场、农业企业等新型生产经营与产业主体，它们是未来农业生产的主要承担者，是实现农业现代化的主要力量；其次，要依靠科技来发展农业，把物联网作为现代农业发展的重要渠道、平台和方向，加大研发、推广与应用力度；最后，必须把生态环境可持续作为实现农业现代化的重要目标，协调并兼顾农业高产高效与资源生态永续利用，以有效解决资源环境约束为导向，大力发展资源节约型和环境友好型农业。通过构建新型农业生产经营体系，为现代农业发展与农业现代化的实现插上翅膀，让百姓富与生态美在发展现代农业中实现有机统一。

现代农业对新型农业生产经营主体提出了更高的要求，由原来的个体农户只重视种植到需要对农业生产全产业链（采购、生产、流通等）的诸多环节进行整合。在新型农业生产经营主体整体实力较薄弱的情况下，如何培育新型主体，依靠新兴力量帮助农业新型主体发展壮大是一个亟待解决的问题。互联网的本质是分享、互动、虚拟、服务，充分发挥互联网的优势，通过互联网技术与外部资源对接，打开整体服务于新型农业生产经营主体的局面。以互联网为依托，构建新型农业生产经营主体服务平台，给农民带来更多便利的服务，让新型农业生产经营主体、农资厂商、农技推广人员等充分参与其中，共同实现其价值。

创新农业互联网服务平台，帮助新型农业生产经营主体成长，是构建智慧农业平台的重点与目标。从服务模式来看，智慧农业平台的构建可以独辟蹊径，采用业内领先的互联网"平台+社群"的模式，致力于用互联网整合农业供应链，打通上下游及周边服务，转变专业大户、家庭农场、农民专业合作社等新型农业生产经营主体的经营理念并提升其效益，帮助新型农业生产经营主体高质量发展。

（一）服务平台，深耕新型农业生产经营主体服务

通过创新的互联网供应链服务平台，输出财务管理、供应链管理、企业管理等知识，协助新型农业生产经营主体组织和管理农业供应链，同时嫁接政府、金融资源，以及与农产品加工企业、农资企业等上下游企业集中谈判获得的成本优势，将服务直接对接到新型农业生产经营主体。

通过将互联网金融成功对接到新型农业生产经营主体，将互联网资金100%引入农业生产中来，并通过按农时分布、灵活配置资金的方式，协助新型农业生产经营主体对资金的使用进行管控。

智慧农业平台可以将农业技术服务直接布局到移动互联网，进而为新型农业生产经营主体提供更好的农业技术服务。通过设置权威专家、农艺师、一线专家三层专家体系，以及南北方不同作物的维度，对先进、实用的课程进行层层渗透和传递。农户可以在智慧农业平台上自由创建讨论群组，建立自己的交流圈子，并在手机中上传种植作物的图片，描述作物生长情况和病情，几分钟后便可获得平台专家的解答。

通过智慧农业平台构建智能化应用软件与互联网服务平台，搭建农产品收购商和新型农业生产经营主体之间的桥梁，让农产品高效地流通起来，使"订单农业"成为农产品收购商和新型农业生产经营主体的一个契合点。

（二）社群化运营，构建新农人生态圈

互联网将散落在各地的分散需求聚拢在一个平台上，形成新的共同

需求，对用户来讲形成了新的社交关系。将高质量的农技内容、来自互联网金融的资金等服务嫁接到农管家的服务平台上，以此来支持新型农业生产经营主体进行土地流转以及组织职业农民进行农业生产。

应用软件的搭建与应用建立了种植户与专家对话的平台。专家和普通的种植户可以在 App 上自由问答，搭建自己的交流圈子，后期还可以帮助经营主体管理社员，组织农业生产活动，等等。

互联网"平台+社群"模式在国家"互联网+现代农业"的指导意见引导下，帮助新型农业生产经营主体快速成长起来，通过整合农业供应链，打通上下游及周边服务，嫁接到农民专业合作社、种植大户层面，传统农耕下较为分散的单一诉求点在这个互联网服务平台上得到了整体"打包服务"。

二、新型农产品电子商务平台

（一）农产品电子商务的发展

农产品电子商务是指在互联网开放的网络环境下，买卖双方不谋面地进行农产品商贸活动，实现消费者网上购物、商户之间网上交易、在线电子支付以及相关的综合服务活动的一种新型的商业运营模式。

1949 年后的我国农产品流通经历了四个主要阶段的历史演变。第一个阶段是 1949—1978 年，五大流通组织系统分工明确，行政体制代替市场体制，这个阶段重生产、轻流通，国民经济百废待兴，力求解决基本农产品购买难问题。第二个阶段是 1978—1992 年，我国恢复了农村集市贸易，政府积极促进城市农副产品市场设施建设。改革多层次批发体制、行政管理体制和企业所有制，此时生产力水平有所提高，开始考虑解决农产品销售难的问题。第三个阶段是 1992—2008 年，此时农产品流通基础设施主要依靠民间资本商业化投资，市场逐渐向社会化、民间化、微观化和市场化转变，在这个阶段商品市场繁荣，着力解决优质农产品购买难及突发性销售难的问题。第四个阶段是2008年至今，农产品电子商务逐渐成为农产品流通的新形式，相应地，新基础设施、新要素、新主导权倒逼农产品流通升级。

现阶段要彰显个性化需求，提高安全品质要求，同时解决农产品买好难和卖好难的问题，农产品电子商务平台无疑在生产者与消费者之间搭建了一个友好的桥梁。

中国是一个农业大国，农业生产是国民经济中必不可少的一个环节。当前，农产品电子商务发展迅速，成为促进农产品销售、拉动农民增收、带动经济社会发展的重要"引擎"。

（二）农产品电子商务的优势及特点

1. 农产品电子商务的优势

农产品电子商务具有信息化、网络化、交易便捷化等优势，特别是可以减少许多传统流通环节。农民能够以合理的价格出售农产品，提高收入；消费者能够买到物美价廉、新鲜度更高的农产品。

哪些商品适合做成电子商务呢？主要有以下几类：货值高、售价高的农产品更容易做成电子商务，因为物流成本占比相对较小，如松茸，容易形成价格优势；其他产品如新疆红枣、核桃等具有较强的地域特色、地域品牌知名度及认知度高的产品，也可以做成电子商务；除此之外，耐储存、易运输的产品，如忻州糯玉米、杂粮等有运输优势，做成电子商务也有一定的竞争力；上市周期较长的产品，如吉县苹果，适合做成电子商务；保质期短，对储存要求较高的产品适合做O2O同城电商配送。

以往，农产品销售与流通受商品低附加值、低流通效率等的影响，往往很难大规模生产与发展。我国的农产品流通、销售模式与特点如表

4-1 所示。

表4-1 我国主要农产品流通、销售模式与特点

模式	渠道关系	商品附加值	物流半径	物流成本	组织程度	流通效率	渠道关系
生产者主导	中间环节少、极不稳定	低	极其有限	高	低	规模较小、效率低	生产者主导
零售商主导	较稳定	较高	有限	较低	较低	较高	零售商主导
批发市场主导	不稳定	较高	大	高	较高	低	批发市场主导
龙头企业主导	契约约束，相对稳定	高	大	较低	产销关系紧密	一般	龙头企业主导

互联网为农产品流通重塑了一个流通主体，这里由生产者到消费者，中间经历了经纪人、批发商、服务商及零售商，稳定了渠道关系，加速了农产品流通。由类似阿里巴巴、淘宝这样的电商平台，带动了一大批地区农产品以"土特产"的形式加工、包装和销售。

2．农产品电商平台的特点

农产品电商平台将实现统一为客户提供信息、质检、交易、结算、运输等全程电子商务服务；支持网上挂牌、网上洽谈、竞价等交易模式，涵盖交易系统、交收系统、仓储物流系统和物资银行系统等；融物流配送服务、物流交易服务、信息服务、融资担保类金融服务等于一体。平台系统将实现基础业务、运营业务、平台管理和运营支持四个层面的业务功能，实现各层级会员管理、供应商商品发布、承销商在线下单交易、订单结算、交易管理、担保授信等全程电子商务管理。为支持平台业务向农产品产业链两端延伸，满足开展订单农业、跨国电子交易及跨国贸易融资等业务的发展需求，平台支持多种交易管理流程共存，支持标准及可灵活拓展商品，具备交易规则灵活性、结算多样性及管理复杂性的特点。在农产品配送和销售过程中，通过制定和实施符合现代物流要求的技术标准，对农产品在流通过程中的包装、搬运、库存等质量进行控制。形成"从田头到餐桌"的完整产业链，由市场有效需求带动农业产业化，提高农业生产区域化、专业化、规模化水平。

三、农村土地流转公共服务平台

土地流转和适度规模经营是发展现代农业的基础。土地流转服务体系是新型农业生产经营体系的重要组成部分，是农村土地流转规范、有序、高效进行的基本保障。建立健全农村土地流转服务体系，需要做到以下几点。

（一）健全信息交流机制

信息交流机制是否健全有效，直接关系到土地流转的质量和效率。当前由于农民土地流转信息渠道不畅，土地转出、转入双方选择空间小，土地流转范围小、成本高，质量不尽如人意。政府部门应加强土地流转信息机制建设，适应农村发展要求，着眼于满足农民需要，积极为农民土地流转提供信息服务与指导；适应信息化社会的要求，完善土地流转信息收集、处理、存储及传递方式，提高信息化、电子化水平。各地应建立区域土地流转信息服务中心，建立由县级土地流转综合服务中心、乡镇土地流转服务中心和村级土地流转服务站组成的县、乡、村三级土地流转市场服务体系。在此基础上，逐步建立覆盖全国的包括土地流转信息服务平台、网络通信平台和决策支持平台在内的土地流转信息管理系统。

（二）农业电子政务的特点

与传统政府的公共服务相比，电子政务除了具有公共物品属性，如广泛性、公开性、非排他性等本质属性以外，还具有直接性、便捷性、低成本性以及更好的平等性等特征。

我国农业生产和农业管理的特点决定了我国大力推进农业电子政务建设的必要性。我国农产品的国际竞争地位以及以市场为导向进行农业生产等方面还有待提高。通过大力发展农业电子政务，农业生产经营者可以从农业信息网及时获得生产预测和农产品市场行情信息，从而实现以市场需求为导向的生产，增强了生产的目的性，提高了农产品的竞争地位。大力发展农业电子政务可以促进我国农业管理体制不断走向完善，实现各涉农部门信息资源高度共享，为农业生产和农村经济发展服务。

（三）农业电子政务的应用

我国是农业大国，农村人口多，地理分布较为分散，人均耕地少，农产品在国际竞争中的地位有待提高。我国农业由传统农业向现代农业转变，对信息的要求高，迫切需要农业生产服务部门提供及时的指导信息和高效的服务。与传统农业相比，现代农业必须立足于国情，以产业理论为指导，以持续发展为目标，以市场为导向，依靠信息体系的支撑，广泛应用计算机与网络技术，推动农业科学研究和技术创新，在大力发展农业电子商务的同时，还应发展农业电子政务，以推动农产品营销方式的变革。

五、农业信息监测预警体系

改造传统农业的关键是采取以经济刺激为基础的市场方式，激励生产者采用现代生产要素。所谓市场方式就是以面积、产量、价格、库存、消费、贸易等产销信息的变化，引导生产者进行科学决策。不只是生产者的经营决策，消费者自由选择、商品和要素平等交换，也是以市场信息为依据的。公开、透明、全面的信息是现代市场体系、现代农业管理的数据基础。

发达国家都由政府主导，建立了从采集、分析到发布的农业信息监测预警体系；特别是对于农业部门而言，农业信息监测预警体系应该成为服务农场主、经营者和需求者决策的重要工具，成为农产品市场变化的"风向标"。由此可见，搭建农业信息监测预警体系对农业发展具有重要意义。

农业信息监测预警体系的主要内容包括农业灾害预警、耕地质量监测、重大动植物疫情防控、农产品市场波动预测、农业生产经营科学决策以及农机监理与农机跨区作业调度。

（一）农业灾害预警

农业灾害包括农业气象灾害、农业生物灾害及农业环境灾害三个部分，是灾害系统中最大的部门灾害。农业灾害的破坏作用是水、旱、风、虫、雹、霜、雪、病、火、侵蚀、污染等灾害侵害农用动植物、干扰农业生产正常进行、造成农业灾情的过程，也就是灾害载体与承灾体相互作用的过程。有些灾害的发生过程较长，如水土流失、土壤沙漠化等，称为"缓发性灾害"；大多数灾害则发生迅速，称为"突发性灾害"，如洪水、冰雹等。

农业灾害严重威胁到农业生产的正常顺利进行，对社会产生负面效

应。首先，对农户的生产生活造成危害。其次，导致与农业生产相关的工业、商业、金融等社会经济部门受到影响。资金被抽调、转移到农业领域用于抗灾、救灾，扶持生产，或用于灾后援助，解决灾区人民的生活问题，因为其他部门的生产计划会受到影响，不能如期执行；在建或计划建设项目被推迟或是驳回、延期或搁置；等等。综上所述，可以看出对农业灾害进行预警对于增强人们对农业灾害的认识，提前制定相应的减灾决策及防御措施，保障社会效益具有重要意义。

（二）耕地质量监测

耕地质量包含耕地自然质量、耕地利用质量和耕地经济质量三层含义，其主要内容涉及耕地对农作物的适宜性、生物生产力的大小（耕地地力）、耕地利用后经济效益的多少以及耕地环境是否被污染四个方面。通过耕地质量等级调查与评定，将全国耕地评定为 15 个质量等级，评定结果显示我国耕地质量等级总体偏低。

耕地质量监测是法律法规赋予农业部门的重要职责。为了实时掌握耕地质量变化情况及其驱动因素，并结合相应的整治措施来实现耕地质量的控制和提高，推进我国耕地质量建设、促进耕地的可持续利用，耕地质量监测成为不可或缺的重要环节。

（三）重大动植物疫情防控

随着动植物农产品流通日趋频繁，重大动植物疫情防控工作面临新的挑战，严重威胁着农业生产、农产品质量安全以及农业产业的健康发展。因此，将重大动植物疫情防控作为保障农民收入，加快农业经济结构调整，推进现代农业发展方式转变的重要任务具有重大意义。

对于动植物疫情防控工作，关键问题不是在具体的防疫工作和防疫技术上，而在于动植物群体疫病控制的疫情信息分析上，否则会使

"防——控——治——管"各个环节缺乏先导信息的指导，重大动植物防控行为的时效性、有效性、协调性和经济效益等方面都会受到极大的影响。要建立突发重大动植物疫情处理机制，加紧建立和完善动植物疫情监测网络，加强动植物防疫基础设施建设和基层防疫队伍建设。因此，建立动植物疫情风险分析与监测预警系统，将动植物疫情监测、信息管理、分析与预警预报等集于一体，利用现代信息分析管理技术、计算机模拟技术、GIS（地理信息系统）技术、建模技术、风险分析技术等信息技术，从不同角度、不同层次多方面对疫病的发生、发展及可能趋势进行分析、模拟和风险评估，可以提出在现实中可行、在经济上合理的优化防控策略和方案，为政府决策部门提供有效的决策支持。这对于从根本上防控与净化重大动植物疫病，确保畜牧业、农业、林业的可持续发展，推进新农村建设具有重大的现实意义和深远的历史意义。

（四）农产品市场波动预测

农产品市场价格事关民众生计和社会稳定。为避免农产品市场价格大幅度波动，应加强农产品市场波动监测预警。农产品市场价格受多种复杂因素的影响，使波动加剧、风险凸显，预测难度加大。农业生产经营者由于难以对市场供求和价格变化做出准确预期，时常要面临和承担价格波动所带来的市场风险；农业行政管理部门也常常因缺少有效的市场价格走势预判，难以采取有预见性的事前调控措施；消费者由于缺少权威信息的及时引导，在市场价格频繁波动的情况下极易产生恐慌心理，从而加速价格波动的恶性循环。因此，建设农产品市场波动预测体系对促进农业生产稳定、农民增收以及农产品市场有效供给具有重要意义。

（五）农业生产经营科学决策

科学决策是指决策者为了实现某种特定的目标，运用科学的理论和方法，系统地分析主客观条件做出正确决策的过程。科学决策的根本是实事求是，决策的依据要实在，决策的方案要实际，决策的结果要实惠。

我国农业生产水平较高，已摒弃传统的简单再生产，农民对于农业生产经营的目标已经由最初的自给自足转向谋求自身利益最大化。为此，农民必须考虑自身种植养殖条件、自身经济水平、所种植农产品的产量、农产品价格、相关政策等可能对其收益造成的影响；但农民自身很难全面分析上述相关信息，并制定相应的农业生产经营决策。农业信息监测预警体系采用科学的分析方法对影响农民收入的相关信息进行分析，为农民提供最优的农业生产经营决策。合理的农业生产经营决策不仅有利于提高农民的个人收入，对于社会资源的有效配置、国家粮食安全也具有重要意义。

（六）农机监理与农机跨区作业调度

农机监理是指对农业机械安全生产进行监督管理。跨区作业是市场经济条件下提高农机具利用率的有效途径，通过开展农机跨区作业，可以有力地促进机械化新技术、新机具的推广。

农业机械安全问题是整个农业安全生产的焦点之一。此外，由于外来的跨区作业队对当地的农业生产情况不了解，如何有序、高效地安排各个跨区作业队的作业地点及作业时间，引导农机具的有序流动，做到作业队"机不停"、农户不误农时等问题亟待解决。农业信息监测预警体系通过对农业机械事故发生的规律进行分析，找出其内在隐患，进一步将隐患消除在萌芽状态；通过对当地农业种植养殖现状进行分析，找出其最优作业实施流程,对于最终实现农业机械安全、优质、高效、低耗地为农业生产服务,提高农业机械化整体效益具有重要意义。

5

第五章

农业现代化

第五章 农业现代化

第一节 农业的发展阶段

人类农业总体上经历了原始农业、传统农业和现代农业三个发展阶段，各发展阶段之间由于生产力水平不同而具有本质的区别。这种区别是由生产工具、劳动者的生产技能和生产力的结合方式不同表现出来的。当今，一些发展中国家正处于从传统农业向现代农业转型的过程中，另一些发展中国家还停滞在传统农业阶段。

一、原始农业

原始农业是指以石器、棍棒等为生产工具，以传统的直接经验为生产技术，采用刀耕火种的耕作方法，依靠自然循环来恢复地力的农业。它是农业发展的初级阶段，始于新石器时代，到铁器农具出现时止。原始农业是由采掘农业发展而来的，其突出贡献是对野生动植物的驯化，实现了由采集向种植业、由狩猎向畜牧业的转变。

原始农业主要有以下特点。

（1）生产工具主要是简陋的石器、骨头和木棒等，这是原始农业的主要特点。

（2）生产方法主要是刀耕火种，广种薄收。原始农业的生产条件和生产技术非常简陋、低下，所进行的只是粗放的饲养和栽培，其生产力水平十分低下。

（3）只能利用自然而不能改造自然，只会从土地上掠取物质和能源，而不懂得良性循环、自然生态等。

（4）实行以简单协作为主的集体劳动，缺少社会分工，自给自足。农业是当时唯一的社会生产部门。

原始农业的发展扩大了人类的生活资料来源，是人类经济史上的第一次革命，它所驯化的一些动植物品种经过演变，一直延续至今。

二、传统农业

传统农业是以铁器农具为生产工具，以人力、畜力为动力，主要依靠手工操作的农业，它是农业的早期发展阶段。传统农业起源于新石器时代末期，止于19世纪后期。传统农业的重大成果主要有以下几项。

（1）精耕细作，用地和养地结合，基本维持了自然生态平衡，环境污染少，人力、畜力是农业生产的主要动力。

（2）传统农业的物质和能量主要是在狭小农业系统内部周而复始地转换，取之于农业，又返回农业。传统农业通过施肥、灌溉、轮作休闲等技术措施，使物质和能量形成农业内部的"半封闭循环"，投入的物质和能量较少，生产力虽有所提高，但产量仍较低。

（3）生产规模狭小，社会分工有了一定程度的发展，但"万物俱全"的自给自足的自然经济仍处于主导地位。

（4）人们所掌握的生产技巧全凭世代积累下来的经验，依靠人的器官直接观察和操作。

（5）在传统农业中形成的经济平衡是在长期的生产活动中建立了一套不变的制度，在这种制度下，生产要素基本上只是数量上的变化，很少有质量上的改进，生产方法长期不变，农业技术状态长期不变，农业生产只能维持简单再生产，很难进行扩大再生产。

三、现代农业

现代农业是与传统农业相对而言的,是指广泛应用现代科学技术、现代工业提供的生产资料和科学管理方法的社会化大生产的农业。它萌芽于资本主义的工业化时期,第二次世界大战以后,逐渐形成了完整的体系。现代农业有以下基本特征。

(1) 将一整套农业科学技术运用到生产实践中。在农业生产的各个领域和整个过程中,广泛应用育种、栽培、饲养、土壤改良、植物保护等农业技术。

(2) 机器在农业中得到广泛应用。

(3) 现代科学的尖端技术如电子、原子能、激光、遗传工程、无人机、智能机器人等开始为农业生产服务。

(4) 农业生产走上了专业化、区域化、社会化的道路。

(5) 逐渐形成了良性的农业生产系统和生态系统。

第二节 农业现代化的内涵

一、农业现代化的含义

农业现代化是一个包含多层次含义的概念。从技术含义来看,农业现代化是指在农业领域广泛采用现代化科学技术以及现代工业提供的技术装备,使落后的、传统的以体力劳动为主的农业转变为知识密集的

农业；从经济含义来看，农业现代化是指具有不断提高的农业劳动生产率、不断提高的土地生产率、高度的社会化分工以及掌握现代科学知识和经营管理方式的农业劳动者，这些目标不断实现的过程；从制度含义来看，农业现代化是指具有较为发达的市场经济制度、较为完善的政府干预农业的制度以及运行良好的农业服务体系，这些制度、体系不断实现的过程；从社会含义来看，农业现代化是农业社会化的过程，由封闭的、自给自足的小农经济转变为高度商品化、社会化的经济，并由此带动农村社会结构、文化结构以及农民知识结构和价值观念的改变；从生态含义来看，农业现代化是人类在认识自然和改造自然的基础上，推进人类文明发展的过程。

概括来说，农业现代化是用现代科学技术和生产手段装备农业，以先进的科学方法组织和管理农业，提高农业生产者的文化、科技素质，把落后的传统农业逐步改造成具有较高生产力水平且可持续发展的现代农业的过程。

二、农业现代化的内容

虽然农业现代化的具体内容和要求随着时代的进步和社会的发展不断更新与发展，但根据现代农业的特征，农业现代化的基本内容应包括以下几个方面。

（一）农业生产手段的现代化

农业生产受土地、动植物、气候等因素的影响和制约。因此，需要用现代化的物质技术装备来武装农业，为农业提供良好的生产条件和生产手段，用现代农业机械代替落后的手工操作，在一切能使用机器操作的部门和单位尽可能多地使用机器进行生产，实现农业的机械化、电气化、水利化和园林化。

（二）农业生产技术的现代化

科学技术是第一生产力。广泛运用先进的农业科学技术，实现农业生产技术现代化，是农业现代化的一项重要内容。农业机械、化肥、农药等生产资料的投入以及人们的劳动，只有符合生物本身的生长规律，才能取得良好的经济效果。为此，必须借助现代科学理论，特别是农业科学理论来指导农业生产，以实现传统农业向现代农业的转变。

（三）农业劳动者的现代化

劳动者是生产力中最活跃的因素。无论是先进的机器设备、生产技术，还是科学的管理方法，都需要高素质的农业劳动者来落实。实现传统农业向现代农业的转变，实质上是农业生产力系统的全面革新和进步，其中必然包括农业劳动者素质的全面提高。

（四）农业组织管理的现代化

农业组织管理的现代化主要是指在农业生产的过程中，即生产、交换、分配、消费等方面以及产前、产中、产后各环节的经营管理，采取先进的管理手段和科学的管理方法。农业组织管理的现代化是农业现代化的重要内容之一。

三、农业现代化的目标

虽然不同的国家在实现农业现代化的问题上有自己的特点，但农业现代化作为一个科学范畴和世界性的概念，具有共同的目标。从已经实现农业现代化的国家来看，农业现代化的主要目标可以概括为以下几个方面。

（一）建立一个高产、优质、低耗的农业生产系统

"高产"追求的不仅是各单项生产的土地生产率、劳动生产率和商品率的提高，而且要建立合理的农业生产结构，使各行业全面协调发展，提高农业生产系统的整体生产能力。"优质"是指在增加农产品数量的同时，不断提高农产品质量，以更好地满足市场和社会的需要。"低耗"是指努力降低单位农产品的个别劳动消耗，使一定的投入获得最大的产出，使有限的生产资源能够获得最大的经济效益。

（二）建立一个合理、高效、稳定的农业生态系统

农业生态系统的合理性是指在各生物因素之间、各非生物因素之间、生物因素与非生物因素之间以及所有这些因素与社会人口之间保持合理的比例关系，不超过各因素自身的负荷能力，以维持整个生态系统的自我调节能力与良性循环。农业生态系统的高效性是指在不断进行的能量转换和物质循环中，要通过各种措施减少生态系统的运转障碍，力求物质和能量的多级利用及综合利用，实现"无废料循环"，使系统的物质能量转换率最高、转换量最大。农业生态系统的稳定性是指其合理性和高效性能够动态地保持平衡，当一个因素发生变化时，其他因素能及时调节，在新的基础上实现新的平衡。人类应该尊重自然规律，但不应消极地对待自然，应该根据自然规律的客观要求，依靠科学技术，采用各种积极措施，不断促进生态系统在新的基础上实现新的平衡，使其合理性、高效性和稳定性有机地统一起来。

（三）建设一个繁荣、富庶、文明的现代农村

农业现代化的发展要从根本上改变传统农村的落后面貌，消除城乡二元社会经济结构，促进农村经济、社会的综合发展和全面繁荣，实现

农村生产、生态和生活环境的彻底改观，使广大农村居民过上富庶、文明的生活，并实现其自身的全面发展。

第三节　国外农业现代化

一、国外农业现代化的不同模式

一个国家实现农业现代化究竟采用哪种起步方式，主要是由其当时的土地、劳动力和工业化水平决定的。人少地多的国家首先从生产工具上进行改革，发展机械化，以节约劳动力；人多地少的国家则从多投入非耕地要素，充分利用土地以提高单产入手。在世界范围内，农业现代化的起步存在三种模式，即美国模式、日本模式和西欧模式。

（一）美国模式

美国地广人稀，人均土地资源丰富。这一资源禀赋特征，使美国的土地和机械的相对价格持续下降，而劳动力的相对价格不断上升，农场主不得不用土地和机械动力来替代人力，这种替代包含着农业机械技术的不断改进。在这种替代机制的作用下，美国农场中使用的大型机械和机械动力迅速增加，而使用的工人数量迅速减少，即人机比例在不断降低。这种替代是一个连续的过程。拖拉机的引进是农业中最重要的机械技术的进步，大功率拖拉机替代小功率拖拉机，多功能农业机械替代单一功能农业机械，使美国成为当今世界上农业机械化水平最高，从而劳

均负担耕地面积最多的国家。像美国这样的地广人稀、以机械技术的推广应用起步的农业现代化国家，还有加拿大、澳大利亚、俄罗斯等。

（二）日本模式

日本的资源禀赋特征与美国正好相反，由于资源禀赋的差异，其土地和劳动力的比价也与美国不同。随着农用工业的快速发展，化肥价格相对于土地价格持续下降，生物技术不断进步，给日本农业现代化提供了契机。人口的增加需要更多的谷物，而化肥在传统作物体系下不能大幅提高产量，化肥对土地的替代弹性很小，迫使日本使用先进的农业生物技术，不断改良品种，以提高土地生产率。在日本，机械技术进步的主要意义在于改善农作物生长的环境条件。

日本在农业现代化过程中，以生物技术为农业技术创新的重点，缓解土地资源不足，提高单产，增加农产品供给。与日本类似，人地资源紧张的荷兰也由于采用生物技术提高单产，成为重要的农产品出口国。

（三）西欧模式

西欧的一些国家，既不像美国那样劳动力短缺，也不像日本那样耕地短缺，在农业现代化过程中机械技术与生物技术并进，把农业生产技术现代化和农业生产手段现代化置于同等重要的地位，"物力投资"和"智力投资"并举，实现农业机械化、电气化、水利化、园林化，既提高了土地生产率，也提高了劳动生产率。采取西欧模式的国家以英国、法国、德国、意大利等为典型。西欧国家的农业现代化程度高，产出效率高，农业生产方式卫生环保，可持续发展性强，能向消费者提供优质产品。农业为农村社区服务，其功能不仅在于生产食物，而且在于保证乡村作为人们工作生活的地方而存在，保证乡村作为环境本身而存在。

二、国外农业现代化的发展趋势

到了20世纪60年代后期,石油农业导致的一系列恶果引起人们的关注。许多农学家、农场管理者都在寻找新的办法来替代石油农业。在这种形势下,对于农业的发展提出了许多新的思路,使农业又一次处在了发展的转折点上。

(一) 有机农业

有机农业在美国也称为"再生农业",在欧洲称为"生物农业""生物有机农业""生态动力农业",在日本称为"自然农业"。由于这些国家都从总体上反对石油农业,因而又称之为"超工业农业""超石油农业""低投入农业"等。有机农业由于使用有机肥料如绿肥以补充肥源,用畜力代替机械,耗费的人力比石油农业更多,所以有机农业成本高、产量低,在发达国家发展缓慢。受可持续发展潮流的影响,以及消费者对食品健康及安全性的日益关注,有机农业在西方发达国家发展迅速。

(二) 生态农业

简单地说,生态农业就是在良好的生态条件下所生产的农产品,达到经济效益、社会效益、生态效益的高度统一,使整个农业生产步入可持续发展的良性循环轨道。生态农业的最鲜明特点是其纯自然性,主要表现在以下几个方面。

(1) 不使用转基因作物。

(2) 不使用化肥和杀虫剂,不用污泥作肥料。

(3) 不使用辐射技术。

(4) 实行作物轮作制,饲养业必须用生态农产品作为饲料,并禁

止对牲畜注射荷尔蒙和抗生素。

农业生产与自然环境之间存在着相互依赖的关系，农业与自然环境是同处在一个大系统之中的整体。农业的发展依靠与自然环境保持良好的关系，也就是使农业的小生态系统与自然环境的大生态系统保持协调的关系，从而创造良好的生产环境，这是发展生态农业的基本条件。

（三）现代生物技术农业

从广义上讲，生物技术是利用有机体、死细胞、活细胞以及细胞内含物，采用特殊的过程生产出特殊的产品并应用到农业、医药以及环境修复治理中，尤其是 20 世纪 70 年代基因工程的出现，使改变、取代物种的基因成为可能。农业生物技术在世界范围内取得了飞速的发展，一批抗虫、抗病、耐除草剂和高产优质的农作物新品种培育成功。农业生物技术不仅从根本上改变了传统农作物的培育和种植，也为农业生产带来了新一轮的革命。

如果说石油农业是农业现代化的一个阶段，有机农业就已经把传统农业中符合科学规律的内容综合在现代概念中，生态农业则是在更大范围内，综合农业和生态科学中符合科学规律的成分，形成的一种更高层次的农业。现代生物技术是以对生命规律认识的突破作为基础来彻底改造农业，从而进一步解放了农业的生产力，使农业实现新一轮革命。农业的发展方向是把生态系统的概念以及生物技术在农业上的应用和发展进行更高层次的综合，使农业走出石油农业的困境，使农业成为高产、优质、无污染、环境优美的文明的生产产业部门，为人类提供营养全面、丰富的洁净的食品和原料。

第四节　我国农业现代化

一、我国实现农业现代化的战略方针

我国农业现代化遵循以下战略方针。

（1）必须坚持以家庭承包经营为基础、统分结合的经营制度。

以家庭承包经营为基础、统分结合的双层经营体制，是40多年农村改革最重要的成果。实践证明，它符合农业生产自身的特点，符合生产关系要适应生产力发展的规律，能够极大地调动农民的积极性，具有广泛的适应性和旺盛的生命力。家庭经营不仅适应以人力、畜力耕作为主的农业，也适应以机械耕作为主的现代农业。因此，如何既不改变以家庭承包经营为基础、统分结合的双层经营体制，又实现农业商品化、专业化、社会化，是中国农业现代化面临的重大课题。在家庭承包经营的基础上实现农业现代化，必须在转移农业剩余劳动力的过程中逐步发展规模经营。

（2）必须以科技进步为农业现代化的基本动力。

农业现代化说到底是农业科技化。没有现代科技成果的不断开发和深入应用，就谈不上农业现代化。因此，要把增加对农业科研的投入作为增加农业投入的重点，把对研究尤其是基础性研究的投入作为农业科技投入的重点，在继续深化政府农业推广体系改革的基础上，逐步形成以企业、专业协会、农民专业合作社和各种产业化组织为主的多元农业

科技推广体系。

（3）必须兼顾土地生产率目标和劳动生产率目标。

提高农业劳动生产率，符合农业现代化的一般规律；但是，由于我国人多地少，增加农产品有效供给、确保国家粮食安全，是一项长期的任务。因此，在农业现代化的过程中，必须兼顾土地生产率目标和劳动生产率目标。

（4）要以加强基础设施建设和产业化组织建设为条件。

加强道路、水利、农田等基础设施方面的建设，是实现农业现代化的硬件基础。产业化组织建设是实现农业现代化的软件基础。"小生产、大市场"的矛盾在我国表现得尤为突出，必须通过市场组织的发育，通过产业化的链条，通过各种新型的合作社等农民自己的组织，将农户与市场更好地连接起来。

（5）必须突破就农业论农业的局限性。

拓宽农业的发展领域，向产前和产后延伸，促进农产品加工增值转化，是加快农业现代化建设的有效途径。要通过发展产业化经营，把现代工业、商业乃至运输、金融、保险等产业同农业的种植业、养殖业紧密结合起来，构建利益共享、风险共担的企业共同体，使农业在家庭承包经营的基础上实现社会化、专业化和一体化，把农业的产前、产中、产后各环节融为一体，形成一套从生产初级产品到最终产品的销售管理体制以及公平合理的利润分配制度，促进资源合理配置，有效开拓市场空间，提高资源的利用率和产出率。

（6）必须以推进城市化为依托。

在农业现代化进程中，随着劳动生产率的不断提高，必然有大量的人口和劳动力从农业中分离出来，因此必须推进城市化的发展。

（7）必须以可持续发展为基本准则。

坚持可持续发展战略，把经济、社会、技术同农业自然资源与环境保护结合起来，促进资源、环境和现代生产要素优化配置，是实现 21 世纪我国农业和农村经济发展目标以及农业实现现代化的基本保证。因此，我国农业不能再走破坏生态环境、掠夺自然资源、追求短期效益的老路，必须树立"绿水青山就是金山银山"的理念，选择培育和保护资源、优化生态环境、提高综合生产能力的可持续发展道路。

二、我国实现农业现代化的道路

（一）推进农业机械化

在农业现代化的进程中，机械化是不可逾越的发展阶段。发达国家大多在 20 世纪 40—60 年代基本实现了农业机械化，20 世纪 70 年代后期先后实现了农业现代化。从某种意义上来说，机械化是现代化的先行因素而不是同步因素，农业现代化是在农业机械化基础上达到的高级发展阶段。

我国的农业现代化，要坚持走中国特色农业机械化道路，着力推进技术创新、组织创新和制度创新，着力促进农机、农艺、农业经营方式协调发展，着力加强农机社会化服务体系建设，着力提高农机工业创新能力和制造水平，加大政策支持力度，促进农业机械化以及农机工业又好又快发展。

（二）发展现代生物技术

生物技术的突破是从 20 世纪 50 年代 DNA（脱氧核糖核酸）双螺旋结构的发现开始的。从那时起，人类开始从分子水平上了解遗传发育等行为，对生命活动规律的认识也有了质的飞跃，以解决人类面临的人口、粮食、健康、环境等重大难题为目标的生物工程技术及产业应运而生。基因分离、扩增、重组以及体细胞克隆技术都已实现，生物界逐步将研

究重点由单个基因测序转到有计划、大规模地对人类、水稻等重要生物体的全基因图谱进行测序和诠译。生物技术在农业领域发挥着越来越重要的作用。

（三）促进生态建设现代化

传统农业由于生产力水平低下，难以承载大量增殖的人口，造成了对生态环境的破坏。现代农业由于化肥、农药的残留以及工农产品废弃物对环境及农产品的污染，已经成为制约农业和农村经济可持续发展的重要因素。生态农业是遏制生态环境恶化和资源退化的有效途径，是实现农业和农村经济可持续发展的必然选择。

（四）发展农业信息化

农业是利用光、热、水、气、土等自然资源从事有生命物质生产的一种产业，因而具有分散性、区域性、时变性、经验性，以及稳定程度和可控程度低的行业弱势。信息技术成为克服农业行业弱势的有力武器。

（五）推广应用适用农业技术

要突出东、中、西部不同区域重点和不同作物的技术重点，紧紧围绕敏感作物、敏感地区及优势作物，按照区域化布局、专业化生产、产业化经营的总体要求，以提高农产品品质、安全性和降低生产成本为主要目标，组织关键技术的示范和推广，进一步推进产业化经营和种植业可持续发展。

（六）完善农业科学技术研究开发及推广体系

经过半个多世纪的建设，我国拥有了一个涉及农业产前、产中、产后不同学科领域，中央、省、地、县（市）、乡、集体、个人等多个层次，研究、开发、应用等不同环节的较为完善的农业科学技术研究开发及推广体系，具备了一定的农业科学技术研究开发及推广基础和实力；但是，我国农业科学技术研究开发及推广体系也存在一些问题，如科技队伍不稳定，专业人员比例偏低，缺乏突破性重大科技成果，经费投入不足，等等。因此，今后应重点做好以下几方面的工作：①构建新型农业科研体系，提高科研水平；②广开筹资渠道，加大对农业科学技术的研发投入；③培养跨世纪的农业科技队伍；④改善农业科技工作条件。

6

第六章

农业现代化种植技术
——以中药农业为例

第一节 中药农业的概念与特征

我国认识和利用中草药的历史悠久。远古即有"神农尝百草，一日遇七十二毒"的传说，《诗经》中就记载了130多种植物。传统中药采集和种植历经数千年发展，特别是现代社会，由于社会化分工裂变而催生的中药农业，已成为与食物农业、饲料农业、加工原料农业并列的重要分支，是现代化大农业的有机组成部分。

中药农业中药材产业既是传统产业，也是新兴产业，更是优势产业，是推动我国农业供给侧结构性改革、加快农业现代化建设的现实路径和理性选择，是具有中国特色的生态农业。现代农业与传统中医药的跨界融合、协同创新，既为中医药的传承和发展提供了有效的保障，也为提高农业发展水平、促进动植物健康生长、保障农产品的有效供给和质量安全探索了一条可持续发展的崭新路径。

我们必须应时而动、顺势而为，在习近平新时代中国特色社会主义思想的指引下，抓紧构建独特的中药农业产业体系，推进中药农业高质量、跨越式发展，努力建设中药农业强国和中医药强国。

一、中药农业的基本特征

生产中药材的特殊农业范畴可称之为"中药农业"，其稳定持续发展事关医疗健康民生工程。中药农业是利用药用植物、动物、菌物等生

物的生长发育规律，通过人工培育来获得中药材产品的生产活动。它既有"母体"普通农业的属性基因，又有其独特的功能、属性。中药农业的独特性主要表现在以下十一个方面。

（一）生长环境特殊

中药材的分布和生产离不开一定的自然条件，无论是品种、产量和质量都有一定的地域性，这是生物进化的结果以及天地自然最佳组合的产物。药王孙思邈所言"用药必依土地"，说的是药材的道地性，对土地的要求比普通农作物更高。现代科学研究证明，中药产地不同，土壤的理化性质、微量元素含量也不同，药效就有差异。例如，产于河南焦作的怀地黄，其有效成分梓醇的含量为 0.435%～0.811%，而粤、鲁、陕等地所产，梓醇含量仅为 0.01%～0.06%，故怀地黄以焦作产为优。20 世纪 50 年代末，全国各地道地药材曾集中在北京市昌平区进行培育，但不管怎样精心种植，药材长势都令人失望，药用价值更是无从谈起，其原因就是离开了原来的生态环境，中药的药性会受到极大的影响。

（二）管理要求不同

普通农作物种植多为大田种植，而中草药多不与粮争地，喜欢长于深山峻岭、田边地头或水岸。与大田作物追求新品种、大产量不同，中药材生产提倡挖掘老品种，回归传统，以保证道地性和药性；普通作物追求快产快出，但中药材必须达到一定的种植时间。大田作物是"顺境"出产量，管理上要精心呵护，而中药材是"逆境"出品质，管理上要求仿照天然生境，以保持其抗逆性。

（三）采收加工条件特殊

中药农业的栽培、采收及加工方式比普通农业更为讲究。孙思邈说：

"夫药采取,不知时节,不知阴干暴干,虽有药名,终无药实,故不依时采取,与朽木不殊,需费人功,卒无裨益。"指出药材采收在有效成分含量最高时最为适宜,否则必然会影响药效,甚至变成次劣药材,因而民间有"适时是宝,过时是草""三月茵陈四月蒿,五月砍来当柴烧""知母黄芪随时采,唯有春秋质量高"等说法。至于炮制与加工,也对道地药材的质量有着非常重要的影响,用料、火候、生熟都极为精细、讲究。道地阿胶制作时,需要东阿当地的纯种黑驴皮、东阿水及特殊的熬制工艺,才能使东阿阿胶具备特殊功效。

(四)基本功能特殊

普通农业的基本功能是保障人民的基本生活需求,一是温饱,二是口感;而中药农业是为了丰富和满足人们的健康需求,即防未病、治已病,活得健康,延长寿命,这是更高层次的需求。中药农业的这一特殊功能,成为中华民族生存和延续的秘宝。人类历史上曾发生大大小小无数次瘟疫,我国仅从西汉到清末就发生过321次大规模瘟疫。中医药庇佑着我国人民,并发展成世界上人口众多的族群,使我国数千年文明得以传承。

(五)经济价值更高

中药农业的收益往往高于普通种植和畜禽养殖,其加工效益更加显著。古人即有"一亩药、十亩田"之说。据湖南省调查,普通药材每亩纯收益上千元,种得好的珍稀品种每亩纯收益可达5000元,实行GAP(良好农业规范)种植,销售收入至少可以提高30%。在黑龙江省,干贝种植效益是玉米种植效益的100倍。据安徽省食用菌行业协会调查显示,一亩标准化赤灵芝大棚,孢子粉和子实体年产值在7万元左右,高于大棚蔬菜收入数倍;加工成破壁孢子粉,品牌产品年产值上百万元。

（六）市场需求更广

从古至今，中药不仅中国人在用，外国人也在用。中药在国内有庞大的消费群体，有众多中药材交易市场和数千家药厂的原料需求。在国外，中药农业的国际市场也日益扩大。我国中药类商品已出口193个国家和地区。

（七）资源禀赋独特

据第三次全国中药资源普查结果显示，我国现有中药资源12 807种，远比普通农作物资源丰富。按地域，中药古有南药、北药之分；按民族，有藏药、蒙药、维药、傣药、苗药等之别，构成了绚丽多彩的中药资源宝藏版图。普通农产品如粮、棉、油、肉、蛋、奶等，大多数国家都能生产，而中药虽有部分进口品种（如檀香、砂仁、公丁香、肉豆蔻等），但绝大多数药材原产地都在中国，其生产、加工及使用的理论、方法、技术基本上都掌握在我国人民手中。这种独特的资源禀赋，决定了中药农业在世界农业市场上独一无二的竞争优势，非普通农业所能比拟。

（八）品种相对稳定

大多数农作物需要不断改良品种，通过选育、杂交、细胞融合、基因工程等技术进行良种培育、品种更替；而中药材不同，其基原非常稳定，不会随意变更。按照《中华人民共和国药典》的规定，一个新品种要成为中药品种的基原，需要经过复杂的药理、毒理实验，甚至要通过等效性研究。因此，应用诸如远缘杂交、转基因等现代技术培育的新品种，很难成为药材的品种基原。可见，药材品种具有更强的稳定性。虽然常规育种方式也是药材品种品质进化的手段，但必须严格遵循《中华人民共和国药典》的有关规定，以确保药材药性，技术突破难度较大，试验周期较长。

（九）本质属性独特

普通农业属自然科学，其发展要遵循自然规律和经济规律。中医药自古被称为"生生之学"，中药农业的属性既是自然科学，又是人体生命科学，必须同时遵循自然、经济和人体生命科学规律。中药的药性，本质是药症对应，即对人的生命运动进行生态性调理，进而防病治病，保护人体健康。医生的大爱仁心，就是通过中药的这种机制来实现的，这正是中药农业特殊作用和本质属性的体现。

（十）社会认同度高

我国有着数千年的药食同源的传统，国人对中药农业及其产品的养生、治病作用认同度很高。童叟妇孺也能顺口说出几味药材并知晓其基本功效。一些流传千年的民谚，一句话就是一剂"简、便、廉、验"的单方，如"冬吃萝卜夏吃姜，不劳医生开药方"。其中，一些药食同源的普通农产品，人们是从药的视角、从自身健康的需要进行提炼和概括的。这种源于民族基因传承的社会公认度，给中药农业烙上了特有的鲜明历史印记，绝非耗巨资进行品牌宣传能得到的。

（十一）文化元素独特

中药是有内涵、有灵魂、有文化传承的健康产品，也是包括哲学、艺术、宗教等在内的一种综合性的人文生命学，其中凝聚着中华民族精神血脉的中国式原创思维。中医药学包含着中华民族几千年的健康养生理念及其实践经验，是中华文明的一个瑰宝，凝聚着中国人民和中华民族的博大智慧。中药成为代表国家形象的特色文化元素。

鉴于中药农业的特殊性以及当前发展中药农业的紧迫性、重要性，将中药农业从大农业领域中分离出来，独立构建完整的中药农业产业体系，这是一条发展中药农业可尝试的路径。

二、构建中药农业产业体系面临的问题

与普通农业相比，中药农业要落后很多年。

造成我国中药农业发展相对滞后的原因固然很多，但深层原因是支撑中药农业发展的产业体系尚未建立。把脉我国中药农业发展中存在的问题，因体系构建缺失而致的"病灶"，至少有以下五点。

（一）管理上"九龙治水"

中药农业包含一、二、三产业，管理线长、面广，涉及中华人民共和国农业农村部（以下简称农业农村部）、国家林业和草原局、中华人民共和国自然资源部（以下简称自然资源部）、国家中医药管理局、中华人民共和国地质矿产部（以下简称地质矿产部）等十多个部门，业内称之为"九龙治水"。比如，中药材及其饮片总体上属于国家药品监督管理局负责，但在其进入饮片厂之前，中药种植（包括食药用菌）归农业农村部主管，野生动植物（包括林下中药材经济）归国家林业和草原局管理，矿物药归地质矿产部管理，海洋药归自然资源部管理，而中药饮片的生产和流通，又涉及国家中医药管理局、国家市场监督管理总局等多个部门。部门职能有交叉、分割而治，中药农业的统筹协调机制尚未建立，严重制约了中药农业的发展。

（二）药材质量保障问题

中药的生命力在于疗效，而疗效的一端是药性，药性取决于药材的

道地性。就药材而言，毁掉一个药材品种的最好方法就是换地方栽种；而现在药材种植的突出问题恰恰是，道地药材非适宜区无序引种、大面积扩种，一些道地药材不地道，药性弱、品质差。中药材种植普遍套用大田生产模式，大肥、大水、打农药；部分药农受利益驱动，缩短药材生长年限"抢青"，进行非适宜季节采挖；等等。治病救人的中药材"病"了，即使大夫再好，开的方子再好，吃了也没用。

（三）药材良种短缺

药材良种缺乏的突出表现是品种短缺。历史上中药材的种子种苗，主要依靠野生资源。从20世纪50年代开始，我国大力发展药材人工种养，种子种苗"自繁自用"。如今70多年过去了，药材的种子种苗供应仍有70%以上是"自繁自用"，盲目引种、无序扩种药材，对道地中药材品种影响很大；同时，种子种苗基地和市场规模较小，管理水平不高。中药材良种繁育研发力量薄弱，成果转化难，现有良种推广率不足10%。中药材大县安徽省阜阳市太和县历时5年所做的资源调查表明，境内中草药野生资源的种群、品类和数量，较20年前大幅减少，有些已难觅踪影。药材种质是生物传递给后代的一整套基因，也是保证药材品质及道地性的基础和前提，丢了种源，就是丢了中药农业的核心竞争力。

（四）生产水平有待提高

中药农业生产水平有待提高主要体现在以下几个方面。首先，中药农业生产基础条件较差，田间生产、采收和产地初加工环节的机械化水平较低，仓储物流等配套基础设施匮乏。其次，中药农业组织化程度不高，仍以家庭分散种植为主，大部分种植户对药材营养元素的需求种类、需求量、需求时期，对水分的需求量、需求时期等特点不清楚；播种、除草、采收、清洗、干燥大部分环节依赖手工操作，按 GAP（良好农业规范）严格实施规范化生产的基地占比不到 10%。目前人工种植的 200 个重要品种，仅有 70 个左右建立了 GAP 基地。再次，中药农业加工体系不完善。产地初加工水平落后，加工方式和规格混乱，很多道地药材遗失了传统的炮制方法，造成药性减损。中药材原料利用率低于 30%，70% 的剩余物作为废料被丢弃。至于深加工更是产业短板，中药制剂水平不高。

（五）市场信息相对滞后

中药农业市场信息滞后的突出表现是产供销严重脱节，未形成产业利益共同体。中药农业信息化特别是中药质量安全追溯应用普遍落后于设施种养业。药农种植普遍缺乏有效的透明信息指导，种什么、种多少、怎么种，基本都是凭经验。传统中药材市场交易方式落后，市场持续萎缩。由于药材品类繁多、专业性强，大型综合电商平台普遍关注度不够；专业电商平台又缺乏相应的交易规范和标准，影响了线上线下对接。中药材市场信息扭曲失真，时常出现药材周期性过剩或短缺的波动，严重影响了药农增收。

以上种种弊端，制约了中药农业的持续健康发展，成为我国中药农业参与国际竞争的障碍。抓紧构建中药农业产业体系，无疑是做大做强中药农业的当务之急。

三、大力推进中药农业体系建设

要遵循中医药发展规律，传承精华，守正创新，加快推进中医药现代化、产业化。这既是中医药的发展方向，也是建设中药农业产业体系的指南针。要树立"加快推进"的紧迫感、责任感，瞄准中药农业的现代化、产业化，采取有力措施，大力推进中药农业产业体系建设，加快中药农业大国向中药农业强国的跨越。

（一）加强顶层设计

建立完善三项制度。一是成立专门的管理机构。为了改变中药农业"九龙治水"现状，应建立健全统一的协调机制，推进中药农业的全产业链发展。二是建立中药专卖制度。中药资源是我国的战略资源，必须采取非常规的战略举措。建立中药专卖制度，打破部门藩篱，让老百姓吃上放心药、安全药。三是建立中药国家战略储备制度。建立中药材战略储备库，实行分类管理，选择具备一定实力的中药制药企业或大型中药材企业为储备单位，建立紧急调运体系，优化重要中药的生产、加工能力和区域布局，提升储备效能，做到关键时刻拿得出、调得快、用得上，以确保人民的生命安全和国家安全。

（二）加强理论和政策研究

设立国家哲学社会科学重点科研课题，组织高端智库深入开展关于中医药发展理论创新体系的研究。开展健康农业、中药农业的理论、政策、规划、标准和产业发展研究，以理论创新和政策创新指导中药农业发展；组织编辑出版中药农业系列专著、音像制品，加强研究成果传播；等等。借鉴贵州省把中药农业列入推进农村产业项目的做法，自上而下统筹专项规划，建立专项组织（行政）、专项班子（技术）、专项资金、专项制度、专项研究，推进中药农业裂变式发展。

（三）推进绿色发展

1.建设中药材良种体系

加快建立中药材资源动态监测体系，开展野生中药材资源利用的生

态环境影响评估，在全国道地药材七大产区建立区域性或省级良种选育工程技术研究中心，建立国家级道地药材种质资源保护区、菌物药资源保育区，开展中药材良种选育工作，建设一批示范性种子种苗基地，依法加强良种保护工作。

2. 发展生态中药农业

大力宣传"不向农田抢地，不与草虫为敌，不惧山高林密，不负山水常绿"的生态中药农业宣言，集中建设一批绿色生产基地、稀缺药材生产基地，完善基地初加工、仓储物流配套设施，建设一批中药农业重点县和专业集群。规范中药材生态种植、野生抚育和仿生栽培，将道地药材生态种植技术纳入地方主推技术指南，推广一批配套中药材绿色高效生产技术。

3. 发展循环经济

根据道地药材产区多在山区和偏远农村的特点，力推中药材无公害生产与精准扶贫有机结合，发展林下药材种养。因地制宜，利用废弃农林作物和畜禽废弃资源，发展珍稀药用菌产业。加强药材资源循环利用，推广中草药下脚料、菌物药废弃物综合利用技术，生产加工"一药两料"（生物农药、生物肥料、动物饲料）。近年来，部分药材产区的新农人利用加工后的黄芪、香菇、灵芝等下脚料和废弃菌棒喂养畜禽，饲养的菌菇鸡、中药猪等成为"网红"品种，供不应求，值得推广。

（四）强化质量监管

药材好，药才好，好药材靠"种（养）出来""管出来"两手抓。要突出道地药材地理标志保护工作，依法推进地标产品保护，实现道地药材产区"地理标志专用标志"全覆盖。以药材生产、收购、流通为重点，推进药材质量安全追溯体系建设，尽快实现道地药材产品标准化、标识化、可溯化。鉴于药材种养、加工品规繁多，追溯难度大，应分批实施，首选迫切需要追溯的大宗品种、高价品种、食药品种，建立覆盖药材生产销售全过程的监管制度。加强中药农企的主体责任，保障药材生产用药、施肥安全。选择规模化、组织化程度较高的企业，在资金投入、基础建设、人才培养、品牌塑造等方面提供鼎力支持，推动建立严格的企业标准，尽快实现药材"三无"（无硫磺加工、无黄曲霉素、无农药和重金属残留）及全程可追溯。推广 RFID（射频识别）电子标签、赋码技术、可视化监控等技术手段，加快开展区块链技术落地应用试点，打造可视、可控、可溯、可信的中药农业品牌。

（五）补齐科技短板

按照中医药原创思维与现代科技融合的思路，加强产学研、农科教结合，狠抓科技攻关，解决产业发展关键技术难题。

1. 补生产科技短板

在种植上，深入开展道地药材野生资源保护、优良品种选育、绿色生产技术等研究，加快中药材快繁技术、连作障碍、生态防控、产地环境控制以及产品加工、运输、储藏等共性技术攻关，积极开展重点大品种和菌物药"植物工厂"的技术研发推广，深入开展中药材成分、药理药效等研究，制定完善中药材绿色生产技术规程。

2. 补产品科技短板

中药农业补产品科技短板需要从中药剂型创新上取得突破。李时珍的《本草纲目》中收录了近 40 种中药剂型，除了现代应用的片剂、滴丸、胶囊、注射剂之外，其他剂型几乎齐备；而今天的中药剂型也不过 40 多种，只比李时珍时前进了一小步。要聚焦中药剂型的研发应用，突破技术"瓶颈"，加强植物药和菌物药生物提取、发酵技术研发。

3.补人才资源短板

农业、医学院校开设中药农业专业,扩大农村订单定向培养中药专业学生规模,让"中药味"飘香"象牙塔"。加强药材种养、炮制等非物质文化遗产传承人培养,广泛推行中药"田间学校"建设,开展"专家讲座+直播"线上培训,促进药农培训规范化、常态化。

(六)创新产业体系

以建立三产融合新业态为切入点,探索新的产业模式。大力培育中药农业新型经营主体,探索推行"龙头企业+合作社+农户"模式,促进分散的小药农与大市场对接。打造现代中药农业产业化联合体,不断完善订单种植、利润分红、股份合作等利益联结机制,强化购种、播种、管理、采收、销售"五统一"社会化服务,实施标准化栽培技术规程,提高中药生产组织化水平。大力发展药材加工业,鼓励道地药材产区招大引强,吸引中医药头部企业到产区建立采后鲜加工基地,加强仓储、晾晒场、烘干室、冷藏库建设。引导产地初加工企业按照药品级、食品级、工业级标准升级加工设施,提高中药材初加工水平,拉长中药农业产业链、价值链。大力发展中药农业体验经济,探索"中草药+"新模式,将中药种养与产业扶贫、休闲旅游、美丽乡村、田园综合体、康养小镇建设相结合,大力发展养生保健旅游、药材科普、中医养生体验、中医保健产品开发、中医文化宣传,推广大众参与式评价、数字中药农业地图、数字创意漫游、沉浸式体验,把药味、土味、品味融为一体,让顾客变游客,药园变乐园,线下连线上,提升中药农业产品附加值。

(七) 推动中药入美食

"食中有医、医中有食"是我国传统的养生观。中药、食物一经碰撞,就是美妙的结合。近十多年来,我国 109 个药食同源品种(不含赤小豆、大枣）贡献了80.6%的中药材增长，化作人们口中的美食和饮品，打造了猴菇饼干、东阿阿胶、王老吉饮料等一批中药美食品牌。大力推动中药入食，推动中药农企与医药、食品企业建立健康产业联盟，合作开发，不断推出适应现代人生活节奏的各类强身健体的健康食品，让人们美食新吃，吃出健康、吃出美丽。我国中医药典籍中蕴藏着大量食疗方子，李时珍《本草纲目》中就记载了上千种食疗方法。元代以后流传下来不少药膳专著。元太医忽思慧著有《饮膳正要》，其中记载了230种宫廷菜。明代专门的食疗著作就有30多部。这是一座巨大的宝库，要组织中医药、烹饪、营养学专家深入挖掘，研发适应不同年龄和消费阶层消费者的新美食。出台相关政策、标准，引领和推动中餐文化与中医药文化融合。通过药店、餐饮店示范、媒体推介、协会组织、电商推广等形式，让中药美食进入千家万户。

（八）建设数字中药农业地图

中药农业信息化水平偏低，落后于普通农业的信息化水平。要抓住"新基建"的机遇，采取倾斜政策，实施中药农业"上云用数赋智"行动，加快实现数字化转型，使大数据、物联网、移动互联、5G（第五代移动通信技术）等成为药农致富的"新农具"。重点统筹现有中医药信息化平台的资源，搭建"上接天线（市场）、下连地线（生产经营主体）"的信息化网络，做好市场预测，传播实用技术，发布精准信息，促进产销对接。国家指导支持中药农业品牌进入中国中医药数据库，保障中药品牌质量的安全、有效、稳定与可控，为消费者提供放心消费指引，支撑中药农业可持续发展和有效供给。推动国家和省级"三类体系"（中药材产业技术体系、食药用菌产业技术体系、农业信息化产业技术体系）紧密合作，加快中药农业信息化建设。围绕药食同源产品，培育包括微商、直播电商、社群电商在内的电商主体，并与大型和专业电商平台对

接，让药农种得好、卖得出、卖好价，促进丰产增收。

（九）加快中药农业走出去

历史上，"丝绸之路"开启了海药、南药进口，成为我国中药材的重要来源和补充。加大《中医药"一带一路"发展规划》落实力度，推动"一带一路"沿线中药农业交流合作。大力支持中药农业布局海外，建立药材种植、养殖基地及加工基地，充分利用当地的土地和劳动力资源，在提升当地中药农业水平的同时，满足国内药源需求。对符合条件的中药骨干企业、新技术企业，提高减免企业所得税的比例。在具有深厚中医药文化传承的地区，建立国际中医药创新发展试验区，打造中药农业的战略高地。加强国际中药农业科研合作，在相关国际规则标准制定上掌握主动权。加大海外科研合作专项投入，建立海外科研合作基地，推动中成药国际注册与质量标准进入美国和欧盟药典。抓紧搭建中药海外注册公共服务平台，支持成熟的中药产品以药材、医药品、保健品、功能食品等方式在沿线国家注册，做好中药炮制技术以及名医、名方、验方在海外的知识产权保护。积极开展中药农业品牌海外推介，创新宣传手段，将独特的岐黄文化元素注入中药农业，讲好品牌故事，推动中药农业品牌走向国际，在全球弘扬五千年中医药文明。现有的中国文化交流中心、孔子学院和孔子课堂，增设中医药课程，成为推广中药农业的载体和品牌，让中医药文化走进更多国家。

第二节　我国中药材生产

药用植物一直是人们生活中不可或缺的一部分。随着现代科学技术的飞速发展，世界经济和社会生活日益现代化，人们却越来越重视传统文化和传统知识的价值，对天然产物的要求越来越广泛。在美国社区药店的方剂中，有25%的药物活性成分提取于高等植物，150种药的方剂全部来自植物，美国有40%以上的药物全部或部分来自药用植物。在发展中国家，有80%的人依赖于传统的药用植物治病，来自植物的药物成分比例更高。现代医药的成功研制，无疑是人类文明的一大进步，但相伴而来的是其毒副作用及昂贵的价格，特别是在发展中国家，人们很难支付昂贵的西方医药费用，因此低价位、方便、易用、有效的传统医药仍是医学发展的主流。当今人类疾病种类不断增加，传统医药的地位和作用凸显。

随着传统医药的推广普及，药材原料来源也由野生逐渐转变为家种，我国是最早开始人工栽培药用植物的国家，中药材栽培历史悠久。目前，生产技术较为成熟的中药材有200余种。

一、我国中药材生产的规模和适宜区

（一）我国中药材的种类

中药资源包括药用植物、药用动物和矿物药材三大类。我国是中药

资源非常丰富的国家，据1985—1989年全国中药资源普查统计（《中国中药资源》，1995），我国中药资源物种数已达12 772种，其中除不足1%的矿物药材外，99%以上均为可更新的生物再生资源，尤以药用植物最多，共计11 118种，占中药资源物种总数的87%。可以说药用植物是所有经济植物中种类最多的一类。

中药包括中药材、饮片和中成药，而中药材又是饮片和中成药的原料。调查显示，我国市场上流通的中药材大约有1200种，其中野生中药材占比70%左右，栽培中药材占比30%左右。市场上流通的约1200种药材中，植物类药材有900～1000种，约占90%，动物类药材有100多种，矿物类药材有70～80种。

植物类药材中，根及根茎类药材有200～250种，果实及种子类药材有180～230种，花类药材有60～70种，叶类药材有50～60种，皮类药材有30～40种，全草类药材有160～180种，藤木类药材有40～50种，菌藻类药材有20种左右，植物类药材加工产品有20～25种，如胆南星、青黛、竹茹等。

动物类药材中，无脊椎动物药材有30～40种，如紫梢花等，昆虫类药材有30～40种，鱼类、两栖类、爬行类动物药材有40～60种，兽类药材有60种左右。

（二）我国中药材生产的规模

在我国市场上流通的千余种中药材中，常用的有500～600种，主要依靠人工栽培的达400多种，且其中近50%已大部分或全部来源于人工栽培，如板蓝根、地黄、人参等。人工栽培中药材的生产总量已占市场总需求量的70%左右，药用植物的栽培化是大势所趋。

随着我国农业规模化、集约化以及中医药产业的快速发展，中药材种植具有较高的经济效益，全国中药材种植基地发展迅速。中药材种植主要分布在云南、贵州、湖南、甘肃、陕西、重庆、辽宁、广东等地，其中以云南省种植面积最大。

（三）各地适宜发展的中药材种类

由于自然条件以及用药历史和用药习惯的不同，中药材生产有较强的地域性，这就决定了我国各地生产、收购的中药材种类不同，所经营的中药材种类和数量亦不同，形成中药材区域化的生产模式。各地在发展中药材生产时，必须因地制宜进行规划和布局，以便生产出质量稳定、适销对路的中药材产品。以下就我国各地药用植物的分布和生产特点分述其适宜区，供各地发展药材生产时参考。

（1）我国黄河以北的广大地区，以耐寒、耐旱、耐盐碱的根及根茎类药材居多，果实类药材次之。

（2）长江流域及我国南方广大地区以喜暖、喜湿润的药材居多，叶类、全草类、花类、藤木类、皮类和动物类药材占比较大。

（3）我国北方各省、市（区）收购的家种、野生药材有200～300种；南方各省、市（区）收购的家种、野生药材有300～400种。

（4）东北地区药材栽培种类以人参、细辛为代表，野生种类以黄柏、防风、龙胆等为代表。

（5）华北地区药材栽培种类以党参、黄芪、地黄、山药、金银花为代表，野生种类以黄芩、柴胡、远志、知母、酸枣仁、连翘等为代表。

（6）华东地区药材栽培种类以贝母、延胡索、白芍、厚朴、白术、金银花、牡丹为代表，野生种类以夏枯草、柏子仁等为代表。

（7）华中地区药材栽培种类以茯苓、山茱萸、辛夷、独活、续断、枳壳等为代表，野生种类以半夏、射干为代表。

（8）华南地区药材栽培种类以砂仁、槟榔、益智、佛手、广藿香为代表，野生种类以何首乌、防己、草果、石斛等为代表。

（9）西南地区药材栽培种类以黄连、杜仲、川芎、附子、三七、郁金、麦冬等为代表，野生种类以川贝母、冬虫夏草、羌活为代表。

（10）西北地区药材栽培种类以天麻、杜仲、当归、党参、枸杞子等为代表，野生种类以甘草、麻黄、大黄、秦艽、肉苁蓉、锁阳等为代表。

（11）海洋药材以昆布、海藻等为代表。

二、发展中药材生产应注意的问题

由于粮、棉、油价格普遍偏低，我国农业种植结构开始大幅调整，不少地区尤其是低山丘陵地区，利用闲置的荒坡、山地种植中药材或与农作物、林木、果树等套作，有的地方甚至直接利用大田种植中药材，发展农村经济，增加农民收益。就从我国常用中药材主产区如亳州、禹州、安国等了解的情况来看，不少种植者因信息不畅通或受虚假广告诱惑而盲目引种，或者栽培方法不当，甚至有的使用伪劣或高价药材种子等，造成不必要的经济损失。为使种植业结构调整得以顺利进行，现就发展中药材生产应注意的问题进行简单的分析说明，以供有志于发展中药材的生产者参考。

（一）慎重选择药材品种

1. 根据自然条件因地制宜选择品种

根据本地区的自然条件，诸如地貌、气候、土壤等情况，选择适于本地种植的品种，因地制宜发展药材生产。例如：西洋参、人参只适合在北方以及南方海拔1000米左右的地区种植，在南方亚热带的低海拔地区不宜种植，而罗汉果、砂仁恰好相反；板蓝根、桔梗、半枝莲、丹参、半夏等可在全国大部分地区栽培。

在具体种植时还应根据不同中药材的生长习性合理安排粮药、果药、林药、草木本药进行间作套种,以便充分合理地利用土地,提高经济效益。例如:天南星、半夏喜阴湿环境,其畦边可间作玉米、辣椒、芝麻等;杜仲、银杏的行间可种植胡卢巴、黄芩等;丹参出苗期长,可在畦边套作早玉米等高秆作物,既提高了土地的利用率,玉米秆适当地遮阴又有利于丹参苗的出土;在山坡、丘陵地可用杜仲、山茱萸等造林,既能使荒山变绿,又能使农民增收致富。南京市浦口区老山林场在杜仲林下种植绞股蓝就是一个草本药用植物、木本药用植物间作的成功案例。在公路、街道两旁种植银杏、杜仲以及牡丹、金银花等,既可以起到绿化观赏作用,又能收获药材。我国沿海有大面积的滩涂,可选择一些有一定耐盐能力的中药材植物种植,如菊花、丹参、薄荷等。

在引种地点的选择方面,考虑到气候条件的相似性和中药材植物生长的适应性,以就近引种为宜。

2. 根据市场信息选择适销对路的品种

选择种植什么品种,归根结底是由市场决定的。要获取准确的市场信息,首先要注意甄别真假广告,现在广告宣传很多,但是虚假广告也不少,最好要找内行人士帮助甄别,多方比较。其次,应尽可能地亲自到就近的中药材市场了解行情,以选择适销对路的品种。如离中药材市场较远,可以找可信的中药材科研单位、收购部门及老药农等了解相关信息,对一些以供种营利为目的的所谓民营科研单位和信息部门或无证药贩所提供的信息,应认真鉴别其准确性与真实性。

发展中药材生产要随时注意市场变化,生产多了,不可能人为消费掉,必然导致产品积压、降价,丰产不丰收;生产少了,又满足不了医药的需要,因为中药材多是配伍使用,缺某一味药都是不行的。为此,应以市场需求为导向,同时注重"人有我无、人无我有、人多我少、人少我多、人常我奇"的原则,有计划地发展中药材生产。

（二）谨慎购买中药材种子、种苗

在购买中药材种子、种苗时，首先要买良种，如菊花、地黄、栝楼、金银花、红花、丹参、白芷等中药材都有不同的栽培品种，应选购适合本地种植的高产、优质品种。即使是同一药材品种的种子，质量也常常有较大差异。例如：桔梗种子，一年生者俗称"娃娃籽"，不管是出苗率还是出苗后的植株长势均不如二年生植株产的种子；丹参苗种根大了会增加成本，种根小了会影响其出苗率和田间植株长势。其次，由于中药材种苗没有专营机构，经营单位多为个体私营，种子、种苗质量参差不齐，一定要找可靠的、信誉好的售种单位购买，最好是从有专门繁种基地的国家科研部门购种。此外，由于中药材种子、种苗多种多样，一般人较难甄别，故购种者应掌握甄别种子真假、好坏的一些基本常识。购种前可查阅有关的资料或向供种单位以外的有经验药农或专家请教，以便及时获得有关甄别知识。

（三）谨防虚假宣传

市场上出现了一些以发展中药材生产为名，实为出售高价中药材种子、种苗的广告，这些广告利用农民想要增收致富的心理，以签订产品包销合同和高亩产值为诱饵，诱使农民购买其高价种子、种苗，以达到盈利目的。现将虚假广告惯用的几种欺骗手段分析如下，以供大家对照、甄别。

（1）故意夸大药材生产的适宜地区。

故意夸大药材生产的适宜地区的常见广告词如"不择土壤、气候""南北皆宜"等。众所周知，除少数品种外，不同的药材均有各自的适宜生长地区，这也是道地药材的成因。例如：罗汉果、三七（又名"田七"），均为适合南方温湿气候的药材，如引种到长江流域及以北地区，显然难以成功；而西洋参喜冷凉气候，仅适合在北方种植，如引种到南方，也难以成功。

（2）故意"缩短"中药材的生长周期，迎合人们致富心切的心理。

部分广告故意"缩短"中药材的生长周期，迎合人们致富心切的心理。例如，山茱萸（又名"枣皮""药枣"）以去除果核的果实入药，需6～8年始花始果，10年以后进入盛果期，而广告常言第二年就可结果，甚至当年收益。再如，丹皮和芍药需3～4年才能收获，如想收益，要有一定的耐心。

（3）虚估产量或产值，以极高的亩产值哄骗购种者。

有的广告称种植山茱萸、太子参等当年亩产值就可以达到几千元甚至几万元，实际上适宜区每亩每年能获得1500～3000元的收益就相当不错了。菊花、半夏、丹参、桔梗等中药材正常年份亩产值稳定在1000～3000元。随着市场的变化，各种中药材的市场价格也会经常变动。

（4）以回收产品为诱饵，诱使种植者上当受骗，甚至谎称签订回收公证合同。

部分广告销种单位以回收产品为诱饵，诱使种植者上当受骗，甚至谎称签订回收公证合同，这一点最具诱惑力。由于大多数购种者对市场经济的运作规律不太清楚，因此常有的后顾之忧便是种出的中药材销到何处，不法分子利用购种者的这一心理，承诺与其签订回收合同，可实际上一旦种款到手，寄回的所谓产品回收合同绝大多数不具有法律效力，甚至根本就没有合同。有些广告销种单位根本不是法人单位，更有甚者伪造公章或者玩弄其他骗术，使受骗者找不到被告。购种者把钱寄给广告销种单位，却不见种苗寄回，去信询问，或石沉大海，或退信告知原单位已撤销或搬迁，等等。广告销种单位绝大多数不可能在全国各地设立回收点或根本不具有回收能力，收获的药材即使回收也只能通过邮寄或托运。种植者辛苦种出的药材，按合同运到回收单位，却因规格

不符合要求而遭拒收或因被判为质量不合格而折价,而究竟有何规格要求,合同上只字未提。运输费加折价费,种植者实际所得可想而知。更有甚者,卖给种植者的是伪劣种子、种苗或根本就不适合在引种地区自然条件下生长的中药材种子、种苗,必然无产品可收。此种情况以小面积发展的种植者上当受骗居多。

(5) 出售伪劣或高价药材种子、种苗,以谋取不义之财。

谋财才是不法分子的真正目的。部分广告销种单位出售伪劣药材种子、种苗,以谋取不义之财。例如,用茴香籽充作柴胡籽销售,用菠菜籽充作天南星籽销售,用水仙、百合、石蒜的球茎充作西红花的球茎销售。

有的广告销种单位用没有发芽能力或发芽率低的陈种充数,或者有意将新旧种子混在一起销售。桔梗、白术、板蓝根等种子寿命较短,一般情况下,隔年的种子基本上就失去了发芽能力,新采收的种子发芽率最高也仅为80%~90%,而一些广告声称保证发芽率在95%以上,显然是骗人之词。

有些供种单位,出售的种子虽然是真的,质量也好,但售价高得惊人。有的干脆玩文字游戏,常常以"份"为单位售种,每份种子几十元至上百元不等,可每份种子究竟有多少,实际能种多少地却未做明确说明,常以"足种三分地"等说明其播种量。

(四) 了解我国药材市场,开辟销售渠道

我国现有17个国家认可的中药材市场,分别分布在安徽省亳州市、江西省樟树市、河南省的禹州市和百泉镇、河北省安国市等地。药农能从中药材市场获取较为准确的种药信息,还能将收获的药材销往中药材市场。中药材市场上的购销情况基本上能反映全国的中药材市场行情。想发展中药材生产,特别是大规模发展中药材生产的地区,应经常派专

人到中药材市场考察，以便及时掌握第一手资料。

药材销售是农民发展中药材生产最担心的问题，应千方百计开辟销售渠道，使药材生产步入良性循环。除了销往就近的中药材市场和当地药材收购部门以外，还可与药店、某些医院以及厂家直接联系销售。如果某一地区发展中药材生产形成一定规模，还可以筹建以道地中药材为主要原料的中药材加工企业，既解决了中药材的销路问题，又提高了产品的附加值。江苏省盐城市射阳县洋马镇是我国最大的药用菊花生产基地，是一个以生产药用菊花为主的中药材基地，该基地药用菊花总产量占全国药用菊花总产量的50%以上，现已有几十家菊花加工、销售企业，形成了中药材产加销一体的发展模式。

中药材市场的变化除周期性的年波动外，在一年内也有十分明显的周期性季节变化，即某种中药材产新时往往货源最为丰富，同时价格也最低，以后随着时间的推移，价格逐渐提高，直至产新前达到最高峰，这与同样进入市场流通的粮、油等农产品形成了鲜明的对比，故一些耐贮存的药材，如丹参、延胡索等，如收获后当年价廉，可囤积起来，待价昂时再出售。

（五）了解中药材生产的特点

中药材栽培既有和农作物、果树、蔬菜栽培一致的方面，也有不同于这些植物栽培的方面。由于种类繁多以及生长地区不同，各种中药材对周围环境的适应力也不同，这就决定了中药材栽培方式的多样性。总的来说，中药材生产应注意以下几点。

1.中药材生产讲究产量、质量并重

栽培的中药材最终是用来防病治病的。如果药材产量过高，有效成分含量会很低或者完全没有，就降低或失去了药用价值；而如果药材产量过低，又会影响药农的收入。药材的质量主要由有效成分的含量和疗

效决定。药材的形态、大小、色泽，即商品性状（俗称"卖相"）也是质量评价的一个方面，因此广大药农在中药材种植过程中，除大力提高产量外，尤其要注意药材的质量。随着《中药材生产质量管理规范》的制定和实施，在生产过程中尽量减少农药和化肥的使用，以获得绿色中药材，这是今后中药材生产的必然发展方向。

2. 中药材栽培忌连作

很多中药材，特别是一些根茎类药材，如白术、菊花、地黄、丹参等，都不宜连作。一是因为中药材连作会造成土壤肥力、土壤结构改变，二是因为中药材连作会造成病虫害严重。此外，中药材在生长过程中会分泌一些有毒物质进入土壤，影响中药材连作的效果。一般中药材的前作以禾本科植物为宜。

3. 中药材栽培技术的多样性

由于不同中药材的药用部位不同，对环境的要求及栽培年限不同，形成了中药材栽培技术的多样性。例如：栽培半夏和绞股蓝要遮阴；为防止西红花种茎退化，生长期间要注意除芽；菊花为增加分枝要"打头"；根与根茎类药材要摘蕾；枸杞、山栀子要整形修剪；芍药、桔梗采收时需趁鲜去皮；等等。不同的中药材，栽培技术有自己的特殊性，如不了解或不掌握一些中药材的生产技术要点，很难生产出高产、优质的中药材产品。

三、我国中药材种植模式

随着人口数量的增长以及人民医疗保健意识的增强，中药的需求量随之增加，野生中药资源已经无法满足巨大的市场需求。长期对野生资源的过度利用，导致某些稀有珍贵野生药材濒临灭绝，中药材野生变家种成必然趋势。因此,大力发展中药材种植业方可满足人民的健康需要。

我国常用中药有500余种,主要源于人工种植的约250种。中药材种植历史悠久,最早可追溯到《诗经》中对可入药的枣、梅的种植记载;但一直以来,中药材种植多建立在经验的基础上,缺乏专业、系统的研究与指导。中药材种植领域涌现出不少新理念,随之产生了一些新的种植模式,相关学者围绕中药材的传统种植模式和新型种植模式做了大量研究。

传统意义上的种植模式是指一个地区或生产单位在特定的自然和社会经济条件下,为了实现作物高产高效以及农业资源可持续利用,在1年内于同一农田上采用的特定作物种类与时空配置的规范化种植方式,是基于作物布局的中药材种植方式,包括间作、套作、轮作等,但中药材种植模式不仅局限于此。有学者提出生态种植模式、定向培育模式等多种新型种植模式,故我们认为,中药材种植模式是指以种植出产量高、品质佳、疗效好的中药材为目标,综合生态学、经济学、社会学等多方面的考量所采取的系统种植方式,包括基于作物布局的中药材种植模式、基于人工干预程度的中药材种植模式以及基于总体理念的中药材种植模式。

(一)基于作物布局的中药材种植模式

基于作物布局的中药材种植模式属于传统意义上的种植模式,根据是否有多种作物搭配种植可分为单一种植模式和多样性种植模式。后者可实现时间、空间的最大化利用,为现代中药材栽培研究推广的重点。

1. 单一种植模式

单一种植模式包括单作和连作两种方式。

(1)单作。

单作是指在同一块田地上种植同一种植物的种植模式,也称"清种"

"净种"。轮作模式下,每一阶段的种植模式亦可称为"单作"。单作模式下,单种中药材种植量大、生理特性一致,易于田间管理和机械作业,但因缺乏生物多样性,易发生病虫草害。

(2)连作。

连作是指在同一田地上连年种植相同作物的一种种植模式。部分中药材存在连作障碍,尤其是根及根茎类中药材。据研究,连作障碍的成因有三:①土壤理化性质改变,肥力下降;②土壤病虫害加剧;③作物的化感自毒作用。连作障碍可通过与其他作物间作或轮作的方式来缓解,但部分中药材需求量大、经济效益高,存在连作的必要。根据连作障碍的形成原因,对土壤进行人工干预,改善土壤性质,可使连作得以实现。

2. 多样性种植模式

多样性种植模式是指多种作物搭配种植的一种种植方式,包括混作、间作、轮作和套作。与单一种植模式相比,此类种植模式能够集约化利用时间和(或)空间,促进药材生长,提高经济效益。

(1)混作。

混作是指在同一块田地上,同时或同季节将两种或两种以上生育期相近的植物按一定比例混合撒播或同行混播的一种种植模式。混作对作物根的生长、生物量的积累以及养分的吸收等方面都有影响,选取适宜的作物进行混作,可实现优势互补,充分利用养分、光照等能源,防治病虫害;但混作模式下机械化程度低,田间管理难度大,应用不如间作广泛。

(2)间作。

间作是指在同一田地上于同一生长期内,分行或分带相间种植两种或两种以上生育期相近的植物的一种种植方式。这是一种集约化利用空间的种植模式,应选择生理特性互补、生存竞争力小的作物搭配种植。

间作对土壤理化性质及土壤肥力均有一定的影响，在一定程度上可以缓解连作障碍。中药材与其他作物间作可提高药材产量和质量，还可以改良土壤性质，改善生态环境，缓解土地资源紧张的现状，增加种植户的经济收入。根据搭配种植的作物种类，间作又可分为林药间作、农药间作、果药间作及药药间作。

中药材与非药用乔木相间种植的模式称为"林药间作模式"。乔木间距较宽，利用林下土地种植适宜的中药材，不会阻碍乔木正常生长，同时，乔木树冠能给中药材提供一个荫蔽的生长环境，有利于喜阴中药材的生长。乔木生长周期长、收益慢，与中药材间作可以增加地区总体经济效益。许多学者认为，林药间作能提高生物多样性，改善土壤环境，提升生态水平，提高药材产量和质量。

中药材与普通农作物相间种植的模式称为"农药间作模式"。玉米茎秆高，与矮秆作物空间竞争小，又可起到遮阴作用，是最常用于农药间作的农作物。农药间作可有效缓解药粮争地的矛盾，实现药粮双丰收。

中药材与果树相间种植的模式称为"果药间作模式"。在果树栽培初期，合理利用空间与中药材间作，可大幅增加果树盛产期前的收入，提高果园综合效益。

两种及两种以上中药材相间种植的模式称为"药药间作模式"。药药间作不仅能充分利用资源，促进药材生长，部分药材还能起到防治病虫害的作用，从而减少农药的使用。

（3）套作。

套作是指在前季作物生长后期的行间播种或移栽后季作物的一种种植方式。这是一种集约化利用空间和时间的种植模式，能缓解季节矛盾，增加复种指数。套作解决了茬口衔接问题，避免了土地闲置。茬作物还能起到遮阴作用，促进后茬作物生长。

（4）轮作。

轮作是指在同一田地上有顺序地轮换种植不同作物的一种种植方式。这是一种集约化利用时间的种植模式，也是防治连作障碍的有效措施。采用轮作模式种植时应尽量选取生育期衔接的两种作物，以保证作物有充分的时间积累养分。采用轮作模式，可有效避免连作障碍的发生，确保作物的产量与质量。轮作与间套混作不同，只适合集约化大规模种植，散户种植难以管理，实施无法得到保障。

（二）基于人工干预程度的中药材种植模式

农作物普遍采用露地栽培和设施栽培的种植模式，无土栽培在蔬菜种植上也有一定应用。这些模式对中药材种植同样适用；但与农作物不同，中药材在保证产量的同时，还应追求有效成分的含量。为了确保药性，应尽量使中药材生长在自然环境中，减少人工干预。因此，仿野生栽培、半野生栽培、野生抚育模式下的中药材道地性强、疗效佳。

1. 露地栽培

露地栽培是指在没有遮蔽物的土地上种植作物的一种方式。该模式简单易行，只需对土壤进行耕作，节省了搭建设施的费用。不足之处在于，作物受自然环境影响大，会受风雨等不可控因素侵袭。对生长环境要求不高的中药材可采取露地栽培的模式。

2. 设施栽培

设施栽培是指利用大棚、温室等设施，人为创造出适宜作物生长的环境的一种种植方式，又称"保护地栽培"。在人工设施所形成的小气候条件下，可打破季节限制，保护中药材免受自然条件影响。设施栽培在中药材种植中应用广泛。例如：铁皮石斛野生资源匮乏，多种植在温室大棚里；利用设施调控光照、温湿度等环境条件，可使人参生长物候期延长，病虫害威胁减轻，促进人参生长。由此可见，设施栽培尤其适用于对生长环境要求苛刻的中药材的种植。

3. 无土栽培

无土栽培是一种用营养液及其他基质代替天然土壤的种植模式。该模式具有提高作物产量和品质、减少病虫害、节省劳动力资源等优点。相关研究表明，无土栽培能显著防治根腐病、白绢病等土传病害，并可在一定程度上缓解因土传病害引起的连作障碍，但对非土传病害无明显影响。营养液的配制是无土栽培的关键，营养不平衡会阻碍细胞发育，影响作物代谢。学者对桔梗、铁皮石斛等中药材所需基质与营养液的配方研究已初具成效。无土栽培的不足之处在于初期投资大，所需技术人员的专业性强，对环境卫生要求高。该技术多用于花卉、蔬菜等的种植中，在中药材种植上应用较少。

4. 仿野生栽培和半野生栽培

仿野生栽培和半野生栽培均为确保中药材道地性的新型种植模式。仿野生栽培是指在基本没有野生目标药材分布的原生环境或相类似的天然环境中，完全采用人工种植的方式，培育和繁殖目标药材种群。仿野生药材品质与野生药材相近甚至更优。仿野生栽培既保留了药材原来的生境特点，又通过适当的人工干预除去了不利因素，故能培育出产量大、品质佳的优质药材。根据《中药材生产质量管理规范》中半野生药用动植物的术语解释，半野生栽培是指对野生或逸为野生的药用植物辅以适当人工抚育以及中耕、除草、施肥等管理的种植模式。在野生资源匮乏的情况下，半野生栽培是值得推广的一种种植模式。

5. 野生抚育

野生抚育具有广义和狭义之分。广义的野生抚育包括仿野生栽培，而狭义的野生抚育是指根据中药材生长特性及对生态环境的要求，在其原生境中，人为或自然增加种群数量，以便人们采集利用，并继续保持群落平衡的一种种植模式。该模式是中药材栽培与采集的有机结合。野生抚育模式通常应用于野生资源匮乏、人工种植困难的中药材的种植，是保护野生中药资源及实现合理利用的有效方法。

（三）基于总体理念的中药材种植模式

中药材种植业不是孤立的存在，其发展与生态、经济、社会等各方面息息相关。为确保中药材品质安全、稳定、可控，需对中药材种植的全过程进行宏观调控。基于此，学者提出规范化种植模式、无公害种植模式、绿色种植模式及有机种植模式，以期指导中药材合理种植。为了改善生态环境，实现资源最大化利用，学者还提出生态种植模式，以期推动中药材种植业的可持续发展。在"精准医学"思想的启发下，提出"精准药材定向培育"的理念，以期在临床上实现精准用药。多种种植模式被不断提出，并在中药材生产实践中逐渐改进完善，更好地促进了中药材种植业的发展。

1.规范化种植模式

规范化种植模式是指在传统种植经验的基础上，以良好农业规范为指导制定的规范化种植方式。决明子、滇重楼、南苍术等多种中药材都制定了规范化种植标准操作规程（SOP）。为了从源头上确保中药材质量，实施规范化种植是很有必要的。

2.无公害种植模式

无公害种植在种植过程中可以使用人工合成的农药、化肥，但有毒有害物质残留量要控制在安全质量允许的范围内。无公害栽培技术在多种中药材上已得到应用。我国中药材农残超标问题突出，重金属污染严重，不仅影响了药材质量，也限制了中药材的出口。无公害种植中，防控病虫害本着"预防为主，综合防治"的基本原则，采用农业、生物、物理防治手段代替化学防治，大幅减少了化学农药的使用。国家鼓励无公害产品向绿色、有机产品转型。未来，无公害种植模式将逐渐被绿色种植模式及有机种植模式取代。

3. 绿色种植模式

农业农村部对 A 级绿色食品和 AA 级绿色食品的产地环境技术条件分别做出了规定，故绿色种植应分为 A 级绿色种植和 AA 级绿色种植。A 级绿色种植在种植过程中，允许使用农药、化肥，但对用量和残留量有比无公害种植更为严格的规定。种植地的水质、大气、土壤质量均应符合相关标准的要求，在种植过程中，尽量使用腐熟的农家肥，减少化肥用量。在病虫害防治方面，应以化学防治为辅，以其他防治方法为主。AA 级绿色种植要求更为严苛，与有机种植相同，不能使用任何人工合成物质。采用多样化的种植方式，提高肥料利用率，绿色防控病虫害，实现用地、养地相结合，符合可持续发展的理念。

4. 有机种植模式

有机种植在种植过程中，不能使用任何农药、化肥、激素等人工合成物质及转基因技术。在种植出高品质的有机中药材的同时，也避免了化学农药对耕作者身体的伤害。在有机种植前期，土壤养分供应不足，导致产量较常规种植显著下降；但随着种植年限的增加，药材产量逐渐提升并最终超过常规种植。有机种植对种植过程中使用的物质、土壤及周围环境有严格的要求，专业技术性强，适合集约化大规模种植，便于统一管理。

5. 生态种植模式

生态种植模式是指应用生态系统的整体、协调、循环、再生原理，结合系统工程方法设计，综合考虑社会、经济和生态效益，充分应用能量的多级利用以及物质的循环再生，实现生态与经济良性循环的生态农业种植方式。生态种植模式内涵丰富，能保护环境、合理利用资源的种

植模式均可归属此类。从生态学的角度来看，机械化种植、使用大量农药化肥的化学农业是不可持续的；而环境友好型的生态种植对改善环境、保护资源有着积极的作用，是实现可持续发展的先进种植模式。生态种植在实际应用中往往又包含多种种植模式，除循环种植模式外，前文提到的间作、轮作等多样性种植模式以及仿野生栽培等反映"拟境栽培"理念的种植模式均属于生态种植模式的范畴。

6. 定向培育模式

定向培育是指通过定向选择种质、栽培产地、抚育管理、采收加工方法以及不同空间部位，培育在不同功效上有针对性特长的"精准药材"。采用定向培育模式产出的药材，在临床上可实现精准对症用药，推动"精准医学"的发展。中药材成分复杂，通常具有多种功效。若药材作为工业提取原料，通过定向培育增加提取成分的含量，能够提高药材利用率。针对某种病症培育出对应有效成分含量高的药材，理论上能够减少药材用量，更精准地治疗疾病；但中药作用机制复杂，并非单一成分起作用，破坏了药材自然条件下的成分含量比例能否提高药效并不确定。故此种模式是否应当全面推广还有待商榷。

由于广大学者的不断探索，中药材种植业得以迅速发展。中药材种植面积不断增加，但散户种植缺乏理论指导，药材质量参差不齐，影响临床使用。优质中药材的培育离不开合适的种植模式的选择。当前，虽不乏对各种具体种植模式的研究报道，但部分种植模式概念模糊，且分类存在交叉现象。

对中药材种植模式的梳理旨在更加明确地指导生产，因此需要在实践中不断改进、完善；同时，积极构建中药材新型种植模式，努力提高经济、生态、社会等多方效益。中药种植业前景良好，虽然中药材种植缺乏系统性、科学性的理论指导，但相信随着研究的不断深入，中药材种植模式的选取一定会更加严谨，为中药材产业的发展提供坚实保障。

四、中药材生产中存在的问题

基层中药材生产加工适宜技术存在技术水平、操作规范、生产效果参差不齐的问题，研究基础也比较薄弱；由于信息渠道相对闭塞，技术交流和推广不广泛，效率和效益也不高。这些问题导致许多中药材生产加工技术只在较小范围内使用，不利于价值发挥，也不利于技术提升。因此，中药材生产加工适宜技术的收集、汇总工作显得尤为重要，并且需要搭建沟通、传播平台，引入科研力量，结合现代化科学技术手段，开展适宜技术研究论证与开发升级，在此基础上进行推广，使其优势技术得到充分的发挥与应用。

五、中药材 GAP 生产

中药材 GAP 是《中药材生产质量管理规范》的简称，是从保证中药材质量的角度出发，控制影响药材生产质量的各种因子，规范药材各生产环节乃至全过程，以达到药材"真实、优质、稳定、可控"的目的。中药材 GAP 生产以其对环境友好、对人体安全性高等优势备受关注，其中营养调控和无土栽培技术的应用对于中药材 GAP 生产质量的提高具有重要意义。

（一）营养调控

营养调控是 GAP 生产中必不可少的技术之一，它是指通过合理的施肥控制，调整植物体内养分的比例和含量，从而使植物生长、开花、结果等各个生长发育阶段达到最佳状态的一种技术。主要有以下几种营养调控方法。

1. 合理施肥

营养调控的核心是施肥，相较传统的施肥方式，合理施肥可以减少化肥使用量，同时可以保证植物养分的均衡摄取，避免出现营养元素缺乏或过量的现象。在施肥过程中要注意肥料的选择，根据不同中药材品种的特点选择合适的肥料，减少肥料残留的风险。

2. 光合作用调节

光合作用是植物生长发育的基础，光合作用调节则是通过提高植物的光能利用效率，提高养分的吸收和利用率。常见的光合作用调节方法包括增加阳光照射时间，提高光照强度，等等。

3. 合理刈割

合理刈割对于中药材 GAP 生产的有效性和安全性有着至关重要的影响作用，合理刈割可以促进植物体内养分的再分配，提高中药材的活性成分含量和生产效率。不同品种的中药材，其刈割方式和时间各不相同，需要针对不同的品种采取相应的刈割措施。

（二）无土栽培

无土栽培是一种新兴的栽培技术，在中药材的生产和研究中也得到了广泛的应用。相比传统的土壤栽培，无土栽培有很多优势，如减少土地使用和水资源消耗，提高药材产量和质量，减少病虫害，等等。

无土栽培中药材技术的关键是选用适合无土栽培的植物品种、培养基配方和养殖管理技术。常用的培养基包括液体培养基、固体培养基和半固体培养基等。养殖管理方面，需要注意光照、温度、湿度、通风等因素，及时施肥和补充水分，等等。

无土栽培中药材技术的应用范围广泛，可用于生产一些高价值的中药材，如人参、西洋参、黄精等。此外，无土栽培还可用于中草药的研究和新品种的培育，具有很高的研究价值和市场价值。

无土栽培中药材技术是一种绿色、高效、可持续的生产方式，对于推动中药材的生产和研究具有重要的意义。它利用生物技术、光学技术和计算机技术等现代科技手段，实现了可持续发展、无污染的生产方式。

常见的无土栽培技术有以下几种。

1. 营养液栽培

营养液栽培是指将植物的根部浸入营养液中，吸收营养液中的养分进行生长。相比较传统的土壤栽培方式，无土栽培可以有效抑制土壤传染病的发生，同时可以减少灌溉量和肥料使用量，从而降低生产成本。

2. 气雾栽培

气雾栽培是将植物的根系悬挂在空气中，通过植物表面的细毛吸收空气中的水分、养分和氧气，采用这种方法可以在空气中栽培许多种中药材，如雪莲等。

3. 堆栽培

堆栽培是将土壤替换为发酵过程中的堆肥进行药材种植，这种方法既可以利用农村废弃物，又可以减少化肥的使用，同时可以为药材提供必要的养分。

综上所述，中药材 GAP 生产中的营养调控和无土栽培技术的应用可以有效提高药材的生产质量，保证中药材的安全性和有效性。我们需要加强这些技术的研究，延伸其应用范围，为推进中药材 GAP 生产质量不断提升做出应有的贡献。

第三节　三七种植技术

三七是一种十分古老的药用植物,已有上千年的应用历史,是我国驰名中外的名贵道地药材,享有"参中之王"的美称。

一、三七的历史

(一)三七的应用历史

三七起源于 25 万年前的第三纪古亚热带区域,是几百年来不断优化选育的五加科人参属植物。1902 年,伯克首次根据其植物特征及植物分类定名规则,确定其为五加科楤木属。1975 年,中国科学院昆明植物研究所的植物学家根据三七的生物学特征将其归入人参属。三七因拥有确切的疗效以及独特的治疗和保健价值,成为云南特有的、供全国使用的大宗道地药材。

(二)三七的主要产地

三七主产于我国云南、广西等地,特别是云南文山三七,无论是在品质、种植面积还是产量上都是世界公认第一。云南文山三七的人工种植历史已达 400 余年,种植面积达 50 万亩(1 亩≈666.67 平方米),是中国乃至全球三七的原产地和唯一的主产地。

（三）三七的种植历史

三七已有几百年的种植历史。最早散栽于云南南部和广西西南部山区少数民族村寨的房前屋后。20世纪60年代在云南省文山壮族苗族自治州开始大量栽培，并向周边地区扩散。随着三七药材需求的不断增加，价格猛涨，一些大型企业和社会资本开始加大投入，三七种植面积急剧扩张。云南省内已发展到红河、玉溪、普洱、昆明、曲靖、楚雄、大理、保山等地。云南省外的广西壮族自治区靖西市、贵州省大方市、四川省攀枝花市等与云南接壤的环境相似区亦有少量种植。

（四）三七种植过程中面临的问题

新技术的涌现极大地满足了制药和保健市场需求，并扩大了三七的种植需求；然而，新技术的发展也带来了很多负面问题。一方面，由于三七存在严重连作障碍以及获取经济利益的需求，种植一茬后需间隔15~20年的时间方可种植第二茬，且对土壤、气候环境有着严苛的要求，适宜三七种植的区域有限，三七种植正在从道地产区向非适宜产区转移，加之土地"非粮化"政策的管控，三七将面临无地可种的窘境；另一方面，为了追求高产，三七种植中大量施用农药、奢侈用肥以及产地加工技术落后带来的农药残留和重金属清除效率低的问题，严重阻碍了三七药材整体品质的提高。三七生产中面临的这些问题使三七种植业可持续发展遇到"瓶颈"。不解决这些问题，三七的发展将无从谈起；而且随着消费者对中药材品质要求的不断提高，对三七种植提出了更为严苛的要求。

（五）提高三七皂苷含量成为三七高效生产的重要目标

近80年来，经过国内外研究者的努力，已经从三七中分离、提取、

鉴定了百余种化合物，基本阐明了三七中主要化合物的结构组成。其中，以皂苷类成分为主，并已经从三七的各个部位中鉴定了 80 多种皂苷类成分，并在此基础上探讨了影响其皂苷含量的主要因素。此外，三七中还富含多糖、黄酮类、炔醇类以及挥发油等成分，相较于皂苷的研究则相对缓慢。

随着人民生活节奏的加快以及食品的多样化，一些现代疾病越来越常见，而三七在治疗现代疾病方面具有不可替代的作用，三七的用途将越来越广泛。顺应国家农业信息化、数字化、智能化的现代农业经济发展趋势，是解决三七种植问题，助力三七产业健康可持续发展的必由之路。因此，必须加快完善三七数字产业平台建设，建设三七植物工厂。植物工厂是比较成熟的设施园艺生产方式，已广泛用于叶菜、根茎菜、草莓、药用植物等的工厂化生产。与园艺作物相比，三七具有独特的形态学特性、生理学特点和产品器官，因此三七的植物工厂栽培系统设计、环境因子调控策略、遮光系统等均有别于园艺作物，必须研发专用技术装备，以满足三七高效生产的需求。植物工厂栽培是三七生产提质增效的有效途径，因此探寻促进三七皂苷积累的栽培手段成为药用三七优质高效种植生产的重要研究目标。要实现三七植物工厂高效栽培必须实施系统的技术攻关，研究清楚三七栽培生物学习性及其调控的共性技术和关键技术。通过特定的技术调控获得较高的生物产量和三七皂苷含量，控制三七皂苷含量在稳定水平。

二、三七药用资源

（一）形态特征与生长发育特性

1. 植物形态

三七属多年生草本植物，高20～60厘米。根茎短，斜生。主根粗壮，肉质，倒圆锥形或圆柱形，常有瘤状突起的分枝。茎直立，单生，不分枝，表面或带紫色，具纵向粗条纹。掌状复叶，3～6片轮生茎顶，叶柄长4～9厘米，小叶通常为5～7枚，罕为3枚或9枚，膜质；中间一枚较大，长椭圆形至倒卵状长椭圆形，长5～15厘米，宽2～5厘米，先端渐尖至长渐尖，基部阔楔形至圆形；两侧叶片最小，椭圆形至圆状长卵形，长3.5～7厘米，宽1.3～3厘米，先端渐尖至长渐尖，基部偏斜，边缘具细锯齿，齿尖具短尖头，齿间有刚毛，两面沿脉疏被刚毛，主脉与侧脉在两面凸起，网脉不显。伞形花序单生于茎顶，有花80～100朵或更多；总花梗长7～25厘米，有条纹，无毛或疏被短柔毛；苞片多数簇生于花梗基部，卵状披针形；花梗纤细，长1～2厘米，微被短柔毛；小苞片多数，狭披针形或线形；花小，淡黄绿色；花萼杯形，稍扁，边缘有小齿5，齿三角形；花瓣5，长圆形，无毛；雄蕊5，花丝与花瓣等长；子房下位，2室，花柱2，稍内弯，下部合生，结果时柱头向外弯曲。果扁球状肾形，直径约1厘米，成熟后为鲜红色，内有种子2粒；种子白色，三角状卵形，微具三棱。花期7～8月，果期8～10月。种子为顽拗型种子，有种胚后熟特性，采收后经60～90天胚才逐渐发育成熟。

2. 生长发育特性

三七的个体发育包括种苗生长期和大田生长期两个主要时期。种苗生长期即从播种至种苗移栽所经历的时期，大田生长期为从三七种苗移

栽至三七采收所经历的时期。

三七为多年生草本植物，有多个生育周期，在每个生育周期内，二年生以上三七包括两个生长高峰期，即4—6月的营养生长高峰期和8—10月的生殖生长高峰期。二年生以上三七的每个生育周期又分为出苗展叶期、蕾薹期、开花期、结果期、绿籽期和果实成熟期。三年生三七如不留种，以生产商品三七为目的，在蕾薹期摘除花蕾，三七生长就仅有营养生长高峰期，收获的商品三七称为"春七"。如果采收三七种子后再收获三七，则称为"冬七"。

3. 三七生长的环境要求

三七生长具有以下环境要求。

（1）温度。

温度是三七生命活动的必需因素之一，三七体内的一切生理、生化活动及变化，都必须在一定的温度条件下进行。温度适宜，生命活动进行得较快，温度若低于最低点，则生命活动受到抑制，超过其忍耐限度时，就会造成三七死亡，所以温度的差异和变化，不仅制约着三七的生长发育，也影响着三七的地理分布，在生产中应选择适宜区域进行栽培。年温差11℃左右是优质三七产出的适宜气候条件。三七出苗期适宜气温为20℃~25℃，土壤温度为10℃~15℃，0℃以下持续低温会对三七苗产生冻害。三七在生育期适宜的气温是20℃~25℃，土壤温度为15℃~20℃，气温长时间超过33℃，会对三七苗造成损害，增加三七病害发生的风险。

（2）光照。

光是植物生长所需的重要生态因素之一，对植物的生长发育有着重要的作用。三七属于典型的阴生植物，特别需要在遮蔽条件下栽培，故阴棚透光度就成为诸多生态因素中的主要制约因素。阴棚透光度不仅会影响三七植株的正常生长发育，而且制约着气温、湿度、土壤温湿度等田间小气候。因此，在三七生长中，阴棚透光度的合理调整成为三七栽培技术中的一项关键技术。

三七种子在发芽期对光的反应非常敏感，传统认为，需要30%自然光照才能正常生长发育，故三七阴棚有"三成透光，七成蔽荫"之说；但研究显示，最适宜的三七阴棚透光度为8%～12%，超过17%，三七的生长就会受到不利的影响。根据三七生长的特性以及生产区海拔不同，对阴棚透光度的要求也不同，1500～1800米高海拔地区的三七园天棚透光率宜选用15%～20%，1200～1500米中海拔地区的三七园遮阴棚透光率宜选用10%～15%。在三七出苗展叶时遮阴网应稀，5—6月阳光强烈，遮阴网应密，7月进入雨季，遮阴网应稀，但透光度一般不超过30%，否则将会影响三七的生长发育，导致产量下降。

不同生长阶段的三七对遮阴的要求也不一样。一年生三七对光照的要求通常为自然光照的8%～12%；二年生三七对光照的要求通常为自然光照的12%～15%；三年生三七对光照的要求通常为自然光照的15%～20%。

（3）水分。

三七生长发育期要求比较湿润的环境，植株的正常生长要求保持25%～40%的土壤水分，并要求土壤相对湿度达到70%～80%。降水量的80%以上集中于5—10月的雨季，期间三七可以依赖大气降水。土壤渗透大的地区，如果无降水天数较长，可能形成干旱，需要进行人工浇灌，以维持一定的土壤湿度。水分的人工调节主要在冬、春季进行。冬、春季天气晴朗，日照充足，降水少而风大，土壤水分蒸发快，土壤水分迅速减少，这时需要进行人工浇灌，同时必须注意各不同生长发育阶段的三七苗对水分的特殊要求。在结籽期发生旱情时一定要抗旱浇水，防止出现生理性干旱，直接影响红籽收成。三年生三七的苗床土壤水分要求常年保持在25%～30%，当土壤湿度低于20%时，三七植株会萎蔫；土

壤湿度低于15%，三七种子不会萌发。在选择及建造三七园时应把水源条件作为重要因素来考虑。除此以外，土壤相对湿度过大，容易引发各种病害。在年降水量较大的年份或地区，则应在大雨或暴雨后防洪排涝，及时排除积水，若土壤含水量过多，通气不良，三七较长时间处于渍水状态，可能引起烂根死亡。

（4）海拔。

三七种植园一般处于海拔1000米的高原地区，条件较好的三七种植区海拔超过1200米，海拔1200～1600米是种子、种苗种植的最佳海拔，该海拔范围内温度较高，有利于三七的生殖生长，而海拔1600～2000米为商品三七生长区。

（5）肥料。

三七的生长发育和品质产量建成需要各种必需养分元素，这些元素直接参与三七的生长发育和品质形成，恰到好处地施肥才能对药用植物的生产起到促进作用。研究发现，三七生产中施肥是其栽培管理中的重要环节，是保障三七高产优质的基础之一。

氮肥种类对三七生长以及产量品质建成有显著影响。在二年生和三年生三七产量品质研究中发现，在增产效果上酰胺态氮肥效果最好，硝态氮肥次之，铵态氮肥再次之，硝态氮、铵态氮复合肥效果最差，施用硝酸铵、硝酸钙在提高存苗率的同时还能促进种苗生长，提高三七产量。氮肥对药用成分皂苷的积累量有显著影响，三七生产中氮肥施用以酰胺态氮肥为佳；但氮肥施用不宜过多，超出一定施用范围会造成三七根重下降，增加病虫害发生的风险。

施用磷肥可以显著提高种苗和二年生三七的产量，同时提高二年生三七的结实率。磷肥施用对三七植株农艺性状影响明显，适量施用可以促进植株生长和根重增加，单株根重随磷肥施用量的增加呈先增后降趋势；但产量并不随磷肥施用量的增加显著提高，磷肥增产效应不明显，过量施用反而会影响三七的生长。

三七属于喜钾植物，施用钾肥能显著促进植株生长并提高产量。在三七生产中普遍施用的钾肥有氯化钾和硫酸钾，混合肥料品种及相互配施都能对三七的生物量和药材产量提升起到显著的促进作用，硫酸钾肥效相对弱于氯化钾，但都能显著提升三七各皂苷单体及总皂苷积累量。

施用微肥对药用植物增产提质具有正效应。研究发现，微肥对三七根部干重影响最为显著，根干重随微肥施用量的增加而增加，钙肥对主根增重影响最为显著，镁肥对三七皂苷含量影响最为显著，建议三七生产中适当施用钙肥和镁肥。

（二）地理分布

由于三七对环境条件有特殊要求，三七的分布范围十分有限，仅分布在北回归线附近的中高海拔地区。明代万历年间的《广西通志》中就有"三七，出南丹、田州，田州尤妙"的记载。20世纪50年代以来，云南省文山壮族苗族自治州大力发展三七种植产业，逐渐成为三七的主产区。20世纪70年代，三七曾引种栽培于云南各地和长江以南的一些地区。1990年后，三七主要种植在云南省文山壮族苗族自治州，广西壮族自治区已经很少种植。现今，三七种植区域除云南省文山壮族苗族自治州外，已经向云南红河、曲靖、昆明、玉溪、普洱、大理、保山、临沧、西双版纳、楚雄、丽江等地区发展，广西壮族自治区已有德保、靖西、右江、凌云、田阳、田东等县区种植。

从地理分布区域来看，大部分三七种植区分布在北回归线附近的1000~2000米海拔区域，少部分地区如广西壮族自治区种植到最低海拔300米，林下种植到海拔60米，云南种植到最高海拔2400米；从行政区域来看，三七分布的区域包括云南省、广西壮族自治区、广东省、四川省、贵州省。三七种植98%的面积在云南省。

（三）生态适宜分布区域与适宜种植区域

三七的生态适宜区划分是根据三七的生物特性与生态环境的吻合程度，以及各生态区三七产量、质量的表现和在各种植区内三七生长发育与环境的吻合程度表现综合分析确定的。

1. 最适宜区

最适宜区海拔为1400～1800米，年平均气温（以下简称年均温）为15℃～17℃，最冷月平均气温（以下简称月均温）为8℃～10℃，最热月均温为20℃～22℃，≥10℃年积温为4500℃～5500℃，年降水量为1000～1300毫米，无霜期达300天以上。其土壤类型包括基性结晶类玄武岩红壤、碳酸盐类岩红壤、泥质岩类黄色赤红壤、泥质岩类黄红壤等土壤类型，此类土壤土层深厚、质地疏松、保水保肥能力强。此类型气候条件及土壤类型条件适宜三七的生长发育，在科学管理条件下易获得高产，是基地选择的重要经济栽培区。

2. 适宜区

适宜区海拔为1000～1400米和1800～2200米，年均温为16℃～18℃和14℃～16℃，最冷月均温为10℃～12℃和6℃～8℃，最热月均温为22℃～23℃和17℃～20℃，≥10℃年积温为5000℃～5900℃和4200℃～4800℃，年降水量达到900～1300毫米，无霜期300天以上和280～300天。海拔1800～2000米地区，在春季不时会出现影响三七幼苗生长的倒春寒天气，在7—8月不会出现低温影响三七的开花受精，但在春季应及时采取防冻措施，此区域内昼夜温差大，有利于三七块根生长。

3. 次适宜区和不适宜区

海拔1000米以下和2200米以上的地区，最冷月均温≥12℃或为

6℃～12℃，最热月均温＞23℃或＜17℃，≥10℃年积温分别为6000℃和4100℃以下，年降水量在1300毫米以上，无霜期在280天以下。海拔1000米以下的地区主要属于低热河谷地区和凹地，地表水蒸发快，旱季需要经常浇水，成本较高；海拔2200米以上地区属于温凉地区，易受倒春寒和8月低温的影响，只能做零星种植，且产量不稳定，不适于作为三七的栽培区域。

三、三七栽培技术

（一）三七种子繁育

三七野生资源已难觅踪迹，市场上供应的三七药材主要来源于栽培品种。三七一般采用留种育苗方式繁殖。因此，三七种子、种苗处理得好坏，直接影响到三七的出苗率及发病率。

1. 留种

三七通常在7—8月开花，接近11月中旬成熟，整个过程大概需要100～130天，若是在9月以后开花则整个过程需要130天以上。三七果实发育有着明显的颜色变化，由开始的绿色逐渐变为淡红色，到成熟时变成红色。三年生植株和二年生植株结果率和坐果率差异较大，且三年生植株果千粒重比二年生植株果千粒重要高。这是由于二年生三七植株年龄较小，并且是当年移栽，植株根系受损，恢复期长，影响了养分的吸收，因而二年生三七植株结果率比三年生植株要低。二年生植株结的果实不仅少而且很小，其在播种育苗后长势较弱，且病害死亡率高，严重影响了三七的产量，因此二年生植株不宜进行留种。

相较而言，三年生植株的种子颗粒多且饱满，适合留种育苗，但其果实的大小对育苗效果有显著的影响。三年生植株大粒种育苗后病害死

亡率较低，根部重量明显高于中粒种和小粒种，而尾籽发芽迟缓，长势弱，抗病能力差，也不宜留种。大粒种和中粒种比小粒种产量高，成活率也比小粒种要高。因此，在生产上应选择11月中旬的大粒种进行留种，一般为三七所结的第一、第二批果实。此时的三七种子个体饱满，发育完全，活力水平高，贮藏寿命长，劣变程度低，能够保证三七具有较高的发芽率。

2. 种子的采收

三七果实于当年10—11月分批成熟，此时三七果实称为"红籽"，其颜色由青绿色变成鲜红色。应选择采收生长健壮、籽粒饱满、无病虫害的种子。

三七种子的具体采收方法为：从长势良好、健康无病的三年生三七园中挑选植株高大、茎秆粗壮、叶片厚实宽大的健康植株作为留种植株，并做好标记，精心管理。至11月中旬或者有80%以上的三七红籽成熟时，选择在晴朗的天气采收果实（分四批采收）。

3. 种子处理

三七种子的处理流程如下。

（1）去皮和清洗。

三七果实被采收后，应选择色泽鲜红、有光泽、饱满、无病虫害的成熟红籽放入筛内，将筛放入水中把果皮搓去，使种子与果皮分离，再将种子用水洗净，取出晾干。

机械去皮机的出现，实现了三七去皮机械化，工作效率高，设备成本低廉，结构简单，操作简便，大大降低了去皮所耗费的时间和人工成本，使三七种子的去皮清洗效率大幅提高。其工作原理如下：利用脱皮箱体中三七种子的内部挤压作用和搅拌锤片的旋转作用脱去果皮，去皮彻底，且清洗干净，自动化程度高，同时能够实现水资源的循环利用。

(2) 种子分级。

发芽率可直接反映种子在田间的出苗率，种子活力是种子发芽出苗率、幼苗生长潜势和生产潜力的总和，高活力的种子具有明显的生长优势和生产潜力，因此这些指标在种子分级标准中显得尤为重要。千粒重是反映种子大小与饱满程度的指标，种子颗粒饱满、充实，其内的营养物质相对较多，发芽率就相对较高且生命力旺盛。种子活力还受到种子的长、宽、厚的直接影响，即外形体积大且饱满的种子具有较高的种子活力和发芽率。因此，将三七的种子活力、千粒重和三轴（宽、厚、长）作为分级指标，建立三七种子的分级标准。不同级别的种子活力明显不同。三七种子在采收清洗后应先进行分级，有利于三七的分批播种，进而保证三七出苗均匀，使后期苗田管理更为方便。

(3) 种子消毒。

三七种子在生产和加工过程中可能会被病原菌污染，可以利用生物源药剂或易降解的高效、低毒的杀毒剂对种子进行消毒处理，以提高种子健康度和发芽率。

在三七生产中正在研制的三七包衣种子，如果没有用药剂浸泡过，则需要用专用包衣剂将种子包衣后再播种，种子包衣技术不仅能够提高栽培质量、预防病虫害发生，也是实现良种标准化的有效手段。

三七种子自然条件下长时间存放活力会降低，所以通常保存于湿沙中，但湿沙保存易造成包衣脱落，故要选用适宜的包衣剂，以提高成膜时间和牢固度。通常在湿沙保存结束后，于播种前1～2天进行包衣。

(4) 种子贮藏。

在生产中，因种子贮藏不当造成严重经济损失的情况时有发生，给三七生产、科研和种质保存带来了许多困难。

三七种子是顽拗型种子，最低安全含水量为17%，因此不宜日晒或风干。三七种子含水量为30%左右时，活力开始降低。若采收的三七种

不能持续数小时将播种深浅控制一致。播种较深会使出苗时间较长,消耗较多的养分,且苗较为瘦弱;而播种较浅会造成不出苗或者出苗过早。不同播种深度造成出苗早晚不同,很容易出现大苗欺小苗现象,不易管理。

三七播种机具有投种高度小,种子落入种沟的弹跳小,播种合格率高,省种省工,作业质量好,行距、株距均匀,播种深浅一致等优点,且播种机在播种时与种植地土壤接触面积大,对土壤压实性较小,与土壤之间摩擦力大,具有防滑、强度大、不易磨损等特点。三七播种机的出现大大提高了播种效率,能够进一步促进三七产业的发展;但机器播种仅适用于较开阔、方便操作的地块,对于边边角角的地方无法使用播种机进行播种。

播种完后用充分腐熟的农家肥拌土将三七种子覆盖,以见不到种子为宜;然后在畦面上均匀覆盖一层松针,覆盖厚度以床土不外露为原则,覆盖后浇透水,根据水分挥发情况及时补水。土壤须一直保持潮湿,直至雨季来临。

5. 苗田管理

苗田管理包括以下内容。

(1) 防旱与排水。

三七播种后应视土壤墒情进行浇水排水,旱季要勤浇水,每隔10~15天浇水1次,保持畦面湿润,使土壤水分一直保持在20%左右。洪涝时节,应在雨后及时排除园内积水,以预防病虫害发生,利于种子发芽和幼苗生长。

(2) 施肥、除草。

三七为浅根植物,根部多在地下15厘米左右的土层处,三七出苗后,可以在7月和10月,视田间长势追施两次肥。肥料以三七专用复合肥为主。另外,结合田间打药可叶面喷洒磷酸二氢钾,促使幼苗健壮成长；在施肥前后，发现畦面长出杂草需及时用手拔除，防止杂草与三七植株争夺水肥，保证田间清洁。

（3）病虫害防治。

三七根腐病、立枯病、猝倒病、黑斑病、疫病等为苗期主要的病虫害，蚜虫、小菜蛾和地老虎等是三七苗期主要的虫害，应根据病虫害种类及时做好防护。

（4）调节阴棚通风透光能力。

三七苗期应根据不同季节及光照强度的变化灵活通风除湿、调节透光率，以改善三七阴棚的通风透光能力，减少病虫害的发生。雨季将阴棚四周和园门打开，进行棚内通风除湿，预防田间病虫害的发生。

（5）炼苗、起苗。

三七在起苗前应进行炼苗，一般在10—12月，将田间土壤水分含量控制在15%~20%，棚内透光度调节至20%，利于增强种苗抗性，提高种苗质量。

种苗一般在移栽前采挖，要求边起苗边选苗边移栽。三七育苗到次年12月，地下根长至筷子头粗细时，即可挖起作种根（"籽条"）种植。起苗时应尽量避免损伤种苗，在采挖时应及时清除受损伤的、病虫危害的、弱小的种苗。种苗以休眠芽肥壮、根系生长良好、无病虫感染和机械损伤且单株重在1.25克的籽条最为适宜。对于叶部清秀无病的种苗可边挖边去叶子边选苗。选好的种苗一般用竹筐或透气蛇皮袋装放和运输，边采挖边运输种植。如种植地较远，三七种苗运输途中要做好保湿防晒，切忌直接在籽条上浇水保湿，可用青松毛衬垫于竹筐底部和四周，然后用具有一定湿度的青苔或自然土做间隔，分层放置籽条，此法可在一周内保持籽条鲜活。一般建议采挖后2~3天内栽种完。

（三）三七栽培模式

三七是阴生植物，喜散射光、夏无酷热、冬无严寒、温凉的气候条件。三七因栽培方式不同而具有不同的产量，主要有遮阳网栽培和地膜覆盖栽培两种模式。

1. 遮阳网栽培

三七传统栽培一般以作物秸秆、野草、树叶等作为遮阴材料，但极易引发火灾。为改进传统的栽培模式，提高三七的现代化栽培水平，三七遮阳网栽培技术应运而生。

三七在整个生长过程中，对光、湿度、温度的要求随着季节和生长发育期的不同而不同，因此，应先搭阴棚，以调节光照。遮阳网是以聚烯烃树脂为主要原料，加入防老化剂和各种色料，经拉丝编织而成的一种轻量化、高强度、耐老化的网状新型农用塑料覆盖材料。遮阳网质轻耐用，体积小，柔软易收放，使用起来比树枝、玉米秆等传统覆盖材料省时、省力；但是遮阳网栽培技术也存在如下问题。

（1）三七专用遮阳网栽培技术是一项具有严格技术要求的栽培措施，若不按技术要求严格操作，易出现不抗风、滴水等不良后果，给三七生产带来影响，这是生产中必须注意的问题。

（2）因三七专用遮阳网阴棚透光率为一次设定，实际应用中随季节变化而变化的幅度很小，而三七随着生长年龄的增加对光照强度的要求有增加的趋势。传统阴棚可采用人工进行透光率调控，遮阳网阴棚却难以做到这一点，这是遮阳网阴棚的不足之处，也是需要进一步研究的课题。

2. 地膜覆盖栽培

三七生产采用地膜覆盖栽培技术可显著提高三七产量和经济效益。三七地膜覆盖栽培在选地、整地、施肥、播种等方面与传统栽培无异，其特点在于覆膜和破膜放苗技术。覆膜是选择1.5~2.0米宽的无色聚乙烯膜，地膜厚度以0.008毫米为宜。每公顷用地膜150千克左右。土壤墒情好的地块，覆膜前轻浇1次水，浇水后1~2天进行覆膜。干旱地土壤水分不足时，播种盖草后及时浇透水，5~7天后再浇1次水，第二次浇水后1~2天内覆盖地膜。地膜四周要用床沟土封严保温，使薄膜紧贴床面覆草。

（四）三七种植技术

1. 种植基地选择

中草药对种植基地要求较高，需遵循地域性原则。根据其生物学特性，因地制宜开展中药材生态区域选址，分析药材的适宜生长区域，确定中药材种植基地，是实现中药材规模生产的重要环节。

三七喜冬暖夏凉，忌严寒和酷热气候，对生存环境要求严苛，故而应慎重选择三七的种植基地。作为三七的主产国，我国最适宜栽培三七的地区主要包括云南、广西等省区，这为三七引种扩种提供了依据。其中，云南省文山壮族苗族自治州具有低纬度、高海拔的气候条件，能够促进三七皂苷物质的积累，是名副其实的道地三七产区，其产量、内在品质及外观上均优于其他产区的三七。

三七要想高产，切忌连作，故在选址时不能选择8年内种过三七的地块，前作以玉米、花生或豆类为宜，前作是水田的三七长势普遍比前作是玉米、花生或豆类的差，并且病害较严重。合理的轮作倒茬是用地养地相结合，保证持续稳定增产的有效农业技术措施。

2. 播种育苗

三七种子具有后熟性，需用湿沙保存至12月或翌年1月，待到三七种子解除休眠期，即可播种。播种完成后及时浇水，将畦面、畦头、畦边浇透，浇水时要轻浇、浇均，苗期主要做好防旱和排水。

种苗移栽通常于播种后一年进行。播种或移栽前均需做浸种处理，栽后需覆盖拌农家肥的细土，至完全看不见播种材料为宜，再撒一层细碎的山草或松毛。

3．栽培种植地管理

栽培种植地管理的主要内容如下。

（1）整地。

三七整地要求三犁三耙，充分破碎土块，并经阳光暴晒。栽种过三七的地块，翻耕前在地面铺一层草进行焚烧，或用石灰做消毒处理。整好后做畦，畦宽100~115厘米，畦长视地形而定，畦高约33厘米，畦面呈弓形。深耕土壤，并随耕随拾虫，通过翻耕可以破坏害虫生存和越冬的环境，减少次年虫口密度，提高三七产量。

（2）施肥。

三七施肥分为底肥和追肥，底肥是施肥中最重要的一个基本环节，对三七的生长发育至关重要，尤其是在苗期和三七生长前期。三七底肥需在整地耕作时施足，常用厩肥、草木灰、绿肥、火土等，做到细、润、匀、足，即细碎、腐熟、散热、保湿、均匀、数量足。追肥是指在三七生长中加施的肥料。追肥主要是为了满足三七某个时期对养分的大量需要，或者补充底肥的不足。适时追肥，掌握适量多次的原则，三七现蕾期（6月）及开花期（9月）为吸肥高峰，此时对三七追肥，以农家肥为主，辅以少量复合肥。

（3）浇灌水。

湿度是影响三七生长的一个重要因素，栽培过程中要注意抗旱排涝，保持土壤湿润。三七播种后视墒情及时浇水，每隔5~7天浇水一次，使土壤水分保持在25%~30%；若土壤水分过多，透气性差，易引起根腐烂和各种病害，降低三七产量。因此，调节土壤水分含量，可有效提高三七产量和品质。在三七生长发育过程中，要保持一定的土壤湿度。干旱季节注意浇水，做到轻、匀、适、透，不浇猛水、浑水。雨季清理排水沟，注意排水，做到园内无积水，园外水畅通。

（4）病虫害防治。

鉴于生长环境的特殊性及生长年限等特点，三七生长期间极易受到各种病虫害的侵染，因此病虫害防治是三七栽培过程中的重要环节。三七病虫害种类很多，其中以根腐病、黑斑病、圆斑病等的发生最为普遍、严重；但无论何种病害均应遵循农作物用药的一般施用原则。

①农药使用准则。

农药的合理使用，就是要求做到用药少，防治病虫效果好，不污染或很少污染环境，残留毒性小，对人、畜安全，不杀伤天敌，对作物无药害，能延缓害虫和病菌产生抗药性，等等，以切实贯彻经济、安全、有效的"保益灭害"原则。要从综合防治角度出发，运用生态学的观点来使用农药。

②三七农药使用准则。

按照《三七农药使用准则》施用农药，允许使用植物源农药、动物源农药、微生物源农药和矿物源农药中的硫制剂、铜制剂；禁止使用剧毒、高毒、高残留或者具有"三致"（致癌、致畸、致突变）作用的农药；允许有限度地施用部分有机合成的化学农药；应尽量选用低毒农药。

4. 三七连作障碍防治

土壤连作障碍是指同一作物或近缘作物多年连作所产生的作物产量下降和品质变劣的现象，其产生可能是由于土壤中的病原微生物增加，或者是土壤中盐分的积累和酸化、土壤肥力退化和植物本身的自毒效应等造成的。由于温室、大棚等栽培设施的普及，连年大面积单一种植，加之三七属于荫蔽栽培的多年生植物，且喜温暖潮湿，导致其土壤生态环境恶化，土壤连作障碍日益加重，这促进了三七病虫害的发生。三七的连作障碍在生产上尤为突出，由于三七生长周期长，长期连作容

易导致土壤养分失衡，根系分泌物增加导致三七的自毒作用，生长环境潮湿荫蔽容易引发相关病害。由于忌连作，随着三七栽培面积的不断扩大，栽培过三七的土壤要间隔 7~10 年甚至更长的时间才可以再次种植，因此连作障碍已成为阻碍三七产业发展的主要因素。三七连作主要表现为植株的出苗率低、发病率高，甚至可能出现植株全部死亡的现象。

正是由于三七连作障碍的技术"瓶颈"未能突破，云南省文山壮族苗族自治州作为三七的主产地及原产地，已经没有太多的土地规模化发展三七基地，种植主产区逐步迁移到周边的玉溪、曲靖、保山、大理及昆明等地区；但这些三七种植新区已经脱离了三七的原生环境条件，三七品质是否会发生变化是一个未知，再加上频繁的冰冻、雪灾等环境，给传统的三七栽培技术带来了新的挑战。若三七连作障碍问题得不到解决，三七产区由文山壮族苗族自治州扩散到云南全域只是时间的问题，这也是七农的无奈之举。为克服连作障碍，科研人员选育良种，与其他非近缘作物进行轮作，合理施肥，甚至采取土壤消毒等多种措施。土壤消毒是消除土壤连作障碍最常用、最有效、最可行的一种方式。通过土壤消毒克服三七连作障碍方面的研究已取得突破性的进展。

土壤微生物如细菌、放线菌和真菌在土壤中养分元素循环及土壤矿物分解中具有重要作用，决定了土壤团粒结构能否形成与稳定，它们可以通过改善土壤结构促进作物生长。土壤中的微生物数量是反映土壤肥力的重要指标之一。

土壤中微生物的种类及数量越多，土壤肥力越高。作物连作障碍与根系分泌物的自毒作用有关。药用植物在连作条件下，随着连作年限的增加，根系分泌的某些自毒物质逐渐积累，当这些自毒物质增加到相应阈值时，土壤中的病原微生物的代谢产物与植物残体腐解物会对植物产生致毒作用，从而改变土壤微环境，影响到植株的生长代谢。通过土壤消毒的方法调整土壤中的微生物结构，是解决三七连作障碍问题的途径之一。

合理轮作是三七土壤改良的主要措施之一，该方式可以有效改善栽培地土壤的理化性状，同时可协调土壤中的水、肥、热、气的关系，有效抑制病虫害的发生。轮作将用地和养地有效结合，而且可以发挥微生物间的拮抗作用，达到病害生物防治的目的，减少农药使用量，以免农药对土壤、水源、环境造成污染。有效的轮作方式可以改良三七连作土壤，随着轮作年限的增加，三七出苗率显著提高；土壤微生物的丰富度及物种多样性指数增加；轮作后土壤中氮、磷、钾等养分含量有所下降，但有机质含量明显增加，此方式有效改善了三七连作土壤的理化性状，对优质三七栽培有重要意义。

土壤消毒是防治三七病虫害的有效措施，多采用高效、低残毒的制剂进行处理；也可以采用日光消毒、地膜覆盖等物理方式。生防制剂活性高、用量少，一般为化学农药用量的10%～20%，对环境污染少，将生防制剂拌苗技术与土壤熏蒸技术配套使用，可在一定程度上控制根腐病的发生，提高三七产量。土壤经过处理后灭杀了有益菌，需及时补施生物菌肥，菌肥不仅能提供作物所需的各种营养物质，而且可以增加有益菌并靠其繁衍活化土壤，具有改良土壤的作用，同时可以解决土壤农药残留等问题。

土传病害是当前制约三七生产的重要病害，土壤消毒处理是防治土传病害的有效措施。氯化苦作为粮食、药材的熏蒸杀菌剂，在土壤熏蒸消毒处理方面具有较好的效果。氯化苦，化学名称为"三氯硝基甲烷"，是硝基甲烷类熏蒸杀虫剂的一种，具有杀虫和杀菌作用，能够抑制和杀死真菌、线虫等靶标生物，并对杂草有很好的根除作用，被广泛用于熏蒸土地。

（五）三七采收与产地加工技术

三七的种植技术保障了三七药材的产量和品质。药材品质受多种因素影响，在适宜的时间采收和产地加工技术对药材品质具有较大影响，如果掌握不好甚至会造成栽培成果前功尽弃。

1. 采收时间

三七的主要药用部位是根，分"春七"和"冬七"两大类。"春七"，不留种，即于开花前摘除花蕾，并未结籽的三七，最佳采挖时间为10—11月，此时三七皂苷含量增加，且产量达到最大值。"冬七"，则留种，即于开花结籽后采挖的三七，最佳采挖时间为12月至翌年2月。

2. 采收方式

三七的采收方式有以下两种。

（1）人工采收。

"春七"和"冬七"的采收方法相同。采收时，用镰刀或剪刀等收割器具在距剪口1~2厘米处剪断茎秆。采收时从厢的一端开始，按顺序收挖。从一边连根须挖起（撬起），挖出的三七放置于厢面，由收取人边检查边抖去泥土，装入竹箩或者麻袋运回初加工场地。

三七茎叶的采收应在采挖三七时进行。不留种养籽的三七茎叶在9—12月采收，留种养籽的三七茎叶在12月至翌年2月采收。采收应在晴天进行。三七茎叶采收前15天停止施用农药，以避免农药残留。选择健康的三七茎叶，用镰刀或剪刀等收割器具在距剪口1~2厘米处剪断茎秆。对于机械采收的应在采收前拆除阴棚，以方便机械作业。采收的三七茎叶应整齐码放或扎成把堆放。堆放处应预先垫上塑料薄膜或其他铺垫物，避免直接堆放在地上。不能立刻加工的三七茎叶，应堆在阴凉处，避免阳光直接照晒，以保持茎叶本来的颜色。三七花的采收应在7月中旬进行，以未开放时采收的花蕾质量最好。应选择晴天采摘。

采花前15天应停止施用农药。在距花蕾3～5厘米处,用剪刀剪摘或者直接用手将花蕾摘除,盛于洁净容器中运往园外。三七花采收时根据三七的生长年限,按二年生三七花、三年及三年以上生三七花分批采收、分批运输、分批加工。

(2)机械化采收。

在三七产业发展过程中,三七种植面积不断扩大,传统的三七采收需要花费大量的人力、财力,若用三七采收机代替手工劳动进行采收则可大大提高劳动生产效率,并有效保证收割质量。大力推广三七机械化收获对推动三七农业发展、巩固和加强三七农业的基础地位、保护和调动七农的生产积极性具有深远的意义。

3. 产地加工

三七的产地加工包括根部产地加工和茎叶花产地加工两部分。

(1)根部产地加工。

三七产地加工必须有专门的加工场地,且加工场地必须洁净卫生,并铺设混凝土地面;加工场地周围不得有污染源。参与三七加工的工作人员,必须通过卫生检查,持有健康合格证方可上岗。患有传染病、皮肤病或外伤性疾病的人员不得从事三七加工。加工人员必须穿工作服,佩戴工作帽及口罩,熟练掌握加工工艺流程。三七加工必须按工艺流程完成作业。三七的清洗需要配备高压水枪或清洗机械,干燥需配备烤房或烤箱。

三七采挖后,将病七以及采挖时受损伤的三七、三七茎叶、厢草及杂质拣出,选出优质三七。病七、采挖时受损的三七、优质三七应分开盛装、分开加工。拣选场地和工具应保持清洁、干净。将拣选好的三七用饮用水清洗干净,清洗方式包括手工清洗、高压水枪清洗或清洗机清洗等。清洗后三七表面及沟缝处应无细沙等杂质。清洗场地应洁净。三七清洗完成后,待表面水分散尽,用剪刀依次去除剪口、直径5毫米以下的毛根、主根上的筋条。修剪时刀口应高于主根表面4～6毫米，对于质地不同的三七，刀口高度以干燥后刀口与三七主根表面平齐为宜。将三七剪口、主根、筋条和毛根分别在低于50℃的工作环境下晒干或烘干至含水量低于13%。对于晾晒干燥的三七，干燥过程中应勤翻晒，防止受热不均或霉变。

三七主根需进行分级处理，按个头大小进行分类，再按规格、感观和等级进行分级。除主根外，其余部位无须进行分级处理，可直接放入专门的仓库保管。最后，将检验合格的产品按不同商品规格分级包装。在包装物上应注明产地、品名、等级、净重、毛重、生产者、生产日期及批号等信息。

（2）茎叶花产地加工。

三七茎叶花产地加工应达到食品加工的相关要求，具备清洗、干燥设备以及加工车间、仓库、质量检测等设施。将三七茎叶置于网筐中，用流动的饮用水清洗15分钟，也可在超声条件下清洗10分钟。清洗三七茎叶的水不能循环使用。清洗完成后，拣除病残叶及杂质。最后，将三七茎叶整齐地扎成直径10厘米左右的小把，用绳子挂起晒干，将散叶置于干燥筐内。对于烘干的三七叶，应先沥干水分，干燥温度以50℃为宜。干燥的三七茎叶含水量应低于14%。

与茎叶加工不同的是，三七花不需要进行预处理，而是在采摘后直接将鲜三七花平铺在竹筛内（堆放厚度不超过2厘米），直接用水喷淋洗涤，每千克三七花用水量应不低于8升。洗完在竹筛内沥干水分，然后置于自来水冲洗洁净的混凝土地面上，在阳光下晒至含水量为30%～35%时，再放入60℃烘箱中烘烤20分钟，之后取出，晒至含水量小于14%。

最后，还需对干燥后的三七茎、叶、花进行包装，用于包装的物料应清洁、干燥、无污染，内包装用新的聚乙烯塑料袋密封包装，外包装选择塑料编织或麻袋等适宜的包装物。茎叶按照每袋 10~25 千克的规格包装，花按照每袋 100 克、250 克、500 克的规格包装，每箱 10~20 千克。包装物上应注明品名、标识、产地、等级、净含量、毛重、生产者、生产日期或批号、执行标准等信息。

四、无土栽培：三七种植的新趋势

（一）什么是三七无土栽培

无土栽培是指不使用土壤，以水培养液为基质，采用灌溉、补光、通风、肥料等一系列技术进行植物生长管理的一种种植技术。三七种植中，无土栽培可以利用预处理过的营养液代替土壤，让三七在无土环境下生长。相对于传统种植方法，无土栽培具有省时、省力、高效的优势，大大提高了三七的种植效率和产量。

（二）三七无土栽培的优势

1. 提高产量

无土栽培可以更好地控制三七的生长环境，为三七创造最佳的生长条件，有效提高三七的产量。

2. 保证品质

采用无土栽培的种植方式，不仅可以减少病虫害的发生，还可以减少其他环境因素对植株的影响，保证三七的品质稳定。

3. 减少资源浪费

无土栽培可以节约大量土地和水资源，同时减少化肥和农药等资源的使用，具有节约资源的效果。

（三）三七无土栽培的注意事项

1. 种苗的选择

应选择品质优良、适应力强的三七种苗，以便更好地适应无土栽培的环境。

2. 光照和补光

三七需要充足的阳光并适时地补光，以便更好地进行光合作用。

3. 营养液的配制和管理

营养液的配制和管理是无土栽培的技术关键，需要合理地控制其酸碱度、电导率以及营养元素的含量，以适应三七的生长需要。

三七是一种具有很高药用价值的植物，而无土栽培是一种现代化的种植技术，可以更好地提高三七的品质和产量。通过合理使用无土栽培技术，可以让三七在无土环境下茁壮成长，让种植者获得更好的经济效益和社会效益。

第四节　重楼种植技术

重楼，别名"独角莲""七叶一枝花""一枝箭"，为百合科多年生草本植物，主产于云南、贵州、四川、湖南等地，全国各地均有栽培，面积逐年扩大。

一、生物学与生态学特性

重楼株高 30~80 厘米。根茎呈结节状扁圆柱形，多较平直，少数弯曲，表面呈棕黄色，较平滑，有稀疏环节；茎痕呈不规则半圆形或扁圆形，表面稍突起，茎环纹一面结节明显，另一面疏生须根或疣状须根痕，质坚，不易折断，断面粉质。茎单一、直立。叶 6~10 片轮生，叶柄长 5~20 毫米，叶片厚纸质，披针形或倒卵形。花梗从茎顶抽出，顶生 1 花；两性花，萼片披针形或长卵形，绿色；花瓣线状披针形，黄色；花丝比花药短。

重楼具有越冬期较长、营养生长期较短、生殖生长期较长的特点。一般 11 月中、下旬倒苗后即进入越冬期，到翌年 3 月左右萌动，5 月从叶盘上抽薹开花，营养生长仅有 1 个月的时间。从 5 月开花到 10 月种子成熟，生殖生长期长达 5 个多月。

重楼喜温、湿、阴蔽的环境，但也抗寒、耐旱，畏霜冻和阳光，适宜在海拔 500~1900 米、年均气温 13℃~18℃ 范围内生长。重楼喜有机质、腐殖质含量较高的沙土和壤土，尤以河边和背阴山坡种植为佳。

二、药用价值

重楼的化学成分主要是多种甾体皂苷，为薯蓣皂苷元和偏诺皂苷元的二、三、四糖苷，具有药用价值。

三、育苗技术

由于重楼种子萌发时间较长，苗期生长缓慢，一般都需要先育苗再移栽。重楼育苗主要有两种方法：一种是用种子育苗，即有性繁殖；另一种是利用根茎切块育苗，即营养繁殖。在育苗时两种方法都可以采用，但要根据不同的种植规模和根茎种源状况来选择育苗方法，一般来讲大规模种植时宜采用种子育苗方式，以节省成本；而小规模种植和根茎来源充足时宜采用营养繁殖育苗方式。

（一）种子育苗

种子育苗是一种繁育数量大、育苗成本低的有效育苗方法，但技术含量高，育苗时间较长。

1. 种子采收

掌握采收种子的适宜时间，对保证种子发芽率等生理品质具有十分重要的意义。应在蒴果出现裂口、露出鲜红色浆果时采收，此时种子已经基本成熟，利于贮藏。

2. 种子处理

重楼种胚具有生理后熟的特点，应及时洗去果实外层的果肉，并晾干水分，将饱满、成熟且无病害、霉变和损伤的种子装入封口袋中，置于-18℃的环境中10天，再置于4℃环境中5天，再置于10℃环境中10天。如此循环3次后，再将经过变温处理的种子与经0.5%高锰酸钾溶液灭菌的湿沙按1:5的比例混合，装进催苗框中，置于室内，催芽温度应保持在18℃～22℃，沙子湿度应保持在30%～40%。当种子胚根"露白"时便可播种。

3. 苗床的选择和准备

苗床应选择在水源充足的旱地或菜园，要求土壤疏松、肥沃。翻挖苗床时，拣去石块和杂草，平整做畦，畦宽1.2米左右。

4. 播种

播种前应按规格做好苗床，苗床要求宽 120 厘米、高 20 厘米，沟宽 30 厘米。沟要纵横畅通，利于排水。采用条播方法，在整好的苗床上按行距 15~20 厘米挖浅沟，将处理好的种子均匀地播入沟内，然后覆盖混合比例为 1:1 的腐殖土和草木灰，覆盖约 1.5 厘米厚的细土或细粪，浇透水，并加盖地膜，以保持湿润。苗期注意除草和适当施肥。

（二）营养繁殖

营养繁殖所用的块茎以带顶芽的切块组织为宜。切口宜用 0.5%高锰酸钾溶液进行消毒处理，以防止病菌感染切口，造成腐烂。带顶芽的切块组织繁殖的成活率高、长势好。其繁殖方法为：秋、冬季地上茎倒伏后，在根茎采收时，将健壮、无病虫害、完整无损的茎按垂直于根茎主轴的方向，在顶芽以下 3~4 厘米处切割，其余部分可晒干作为商品药材出售。切好后伤口经上述灭菌方法处理，像播种一样条栽于苗床，并加盖地膜，到第二年春季即可移植。

四、栽培技术

（一）栽培区选择与林地清理

选择海拔 500~1900 米，年均温 13℃~18℃，无霜期在 200 天以上，年降水量 850~1200 毫米，地势平坦、灌溉方便、排水良好，具有疏松肥沃的沙壤土或红壤土的地区作为栽培区，可选择林地、疏林地、灌木林地，乔灌层覆盖度应在 40%~60%。要避开国家法律法规禁止开发的区域。

林地清理主要针对林中空地，清除杂灌、杂草、石块。为确保透光度达到 40%左右，应对高处树枝进行适度修剪。原则上，2 年后的重楼

栽植地透光度在30%左右，4年后的重楼栽植地透光度在40%~60%。第一年种植地要深翻，将腐熟的农家肥均匀地撒在地面上，施用量为每667米地面撒2000~3000千克，再采用牛耕或人工翻耕方式深翻30厘米以上。

（二）做畦与定植

根据地块的坡向和地形做畦。畦面宽120厘米、高25厘米，畦沟宽30厘米，使沟互相连接，并直通出水口。

2—3月芽萌动前或10月至11月上旬于阴天或午后阳光弱时移栽。畦面横向开沟，沟深4~6厘米，按照株行距15厘米×15厘米栽植，随挖随栽。注意将顶芽尖朝上，根舒展，并用开第二沟的泥盖平前一沟。栽好后浇足定根水，以后视天气情况再浇水2~3次。畦面要覆盖碎草、锯木屑或腐殖土，厚度以不露土为宜。

（三）定植后的管理

1. 间苗与补苗

5月中、下旬需对种植地或直播地进行定苗处理，即拔除少量过密、瘦弱或病态的幼苗，同时查漏补缺。补苗时要浇定根水。

2. 中耕、除草和培土

移栽定植后的第一年，若杂草不多可不必除草。第二年以后，于5—8月除草两次。先用手拔除植株旁的杂草，再用小锄头轻轻挖除其他杂草。中耕不能过深，以免伤及地下根茎和幼苗。培土可结合中耕、除草和追肥进行。

3. 追肥

重楼喜肥沃生境。肥料以有机肥为主，辅以复合肥，少用化肥。施肥时间选在4月、6月、10月，兑水浇施，或在下雨前撒施。

4. 灌溉与排水

移栽后每 10～15 天应及时浇水一次。出苗后，畦面及土层要保持湿润。雨季来临前，保持排水畅通，切忌畦面积水，否则易诱发病虫害。

5. 摘蕾

为减少养分消耗，使养分集中供应于块茎上，当 4—7 月出现花萼片时，除留种的植株外，应摘除其余植株的花中子房，但要保留萼片，以增进光合作用，提高生物量。

（四）遮阴

对林下种植地块，透光率过低时，需对枝叶过密的林木进行修枝；遮阴度不够时，可采取插树枝遮阴的办法。出苗当年遮阴度以 80% 为宜，第二年后遮阴度以 70% 为宜，4 年以后调整为 60% 左右。

（五）病虫害防治

重楼主要的病害有立枯病、根腐病等。立枯病为幼苗期病害，使幼苗枯萎，严重时成片枯死倒苗。根腐病主要造成根茎腐烂。重楼病虫害的主要防治措施有以下几种：加强田间管理，及时清沟排水，降低田间湿度；发病初期喷洒多菌灵等进行防治；喷施或在植株基部浇灌壳聚糖液可提高植株免疫力。重楼在栽培过程中要坚持绿色农药使用准则，保证药材重金属含量、农药残留不超标。

五、采收与加工

种子繁殖的重楼块茎 6 年以上采收质量最好，根茎切块繁殖的 3 年左右较佳。采挖时间应选择在 11 月中旬至翌年 2 月，即其地上茎枯萎期间。此时营养和药效成分大部分都贮存在根茎内，药材质量好，产量

也高。采挖时选晴天,先割除茎叶,然后用洁净的锄头从侧面挖出根茎,尽量保证根茎完好无损。

采挖好的根茎,去净泥土和茎叶,把带顶芽部分切下用作种苗,其余部分用清水洗刷干净,除去须根。粗大者切成2~4块,晾晒干燥或置于45℃左右的干燥箱内烘干,将干品打包后贮藏或出售利用。

第五节　石斛种植技术

石斛为兰科植物石斛或同属多种植物的茎,别名"扁金钗""吊兰花"。主产于云南、广西、浙江等地,广东、贵州、江西、四川、安徽、江苏也有分布。

一、形态学特征

石斛为多年生草本植物,高20~50厘米,具白色气生根;茎直立,丛生,黄绿色,稍扁,具槽,有节;单叶互生,无柄,革质,狭长椭圆形,叶鞘抱茎;总状花序腋生,具小花2~3朵,花白色,先端略具淡紫色;蒴果呈椭圆形,具4~6条棱;种子细小;花期5—6月,果期7—8月。

二、生长习性

石斛喜在温暖潮湿、半阴半阳的环境中生长，以在年降水量1000毫米以上、空气湿度大于80%、1月平均气温高于8℃的亚热带深山老林中生长为佳。对土肥要求不甚严格，野生种多在疏松且厚的树皮或树干上生长，有的生长于石缝中。每年春末夏初，二年生石斛茎上部节上抽出花序，开花后从茎基长出新芽发育成茎，秋、冬季节进入休眠期。

三、栽培技术

（一）选地、整地

根据其生长习性，石斛栽培地宜选择半阴半阳的环境，空气湿度在80%以上、冬季气温在0℃以上的地区，人工可控环境亦可。树种以绿黄葛树、梨树、樟树等为佳，且应为树皮厚、有纵沟、含水多、枝叶茂、树干粗大的活树。石块地也应在阴凉、湿润的地区，石块上应有苔藓生长，表面有少量腐殖质。

（二）繁殖方法

石斛栽培主要采用分株繁殖法。石斛种植一般在春季进行，因春季湿度大、降水量渐大，石斛易成活。选择健壮、无病虫害的石斛，剪取三年生以上的老茎作药用，二年生新茎作繁殖用。繁殖时剪去过长的老根，留2~3厘米，将种蔸分开，每蔸含2~3个茎，然后栽植，可采取贴石栽植和贴树栽植两种方法。

（1）贴石栽植。在选好的石块上，按30厘米的株距凿出凹穴，用牛粪拌稀泥涂一薄层于种蔸处，塞入石穴或石槽，力求稳固不脱落，可塞上小石块固定。

（2）贴树栽植。在选好的树上，用刀将树干砍去一部分树皮，将种蔸涂一薄层牛粪与泥浆混合物，然后塞入破皮处或树纵裂沟处，贴紧树皮，再覆一层稻草，用竹篾捆好。

（三）田间管理

1. 浇水

石斛栽植后期空气湿度过小，需要经常浇水保湿，可用喷雾器以喷雾的形式浇水。

2. 追肥

石斛生长地贫瘠应注意追肥。第1次在清明节前后，以氮肥混合猪牛粪及河泥为主；第2次在立冬前后，用花生麸、菜籽饼、过磷酸钙等加河泥调匀糊在根部。此外，还可以根外追肥。

3. 调整荫蔽度

石斛生长地的荫蔽度要在60%左右，因此要经常对附生树进行整枝修剪，以免过于荫蔽或荫蔽度不够。

4. 整枝

每年春天萌发新茎时，结合采收老茎将丛内的枯茎剪除，并除去病茎、弱茎以及病根、老根。栽种6~8年后视丛蔸生长情况翻蔸，重新分枝繁殖。

（四）病虫害防治

1. 石斛黑斑病

黑斑病会危害石斛叶片，使叶片枯萎，一般在3—5月发生。防治方法：收获后清园，烧毁病枝病叶。

2. 石斛炭疽病

炭疽病会危害叶片及茎枝，受害叶片会出现褐色或黑色病斑，1—5月均有发生。防治方法：冬季注意清园，喷施波尔多液防治。

3. 石斛菲盾蚧

石斛菲盾蚧寄生于植株叶片边缘或背面，以吸食汁液为生，5月下旬为孵化盛期。防治方法：集中有盾壳的老枝烧毁。

四、采收与加工

（一）采收

石斛在每年春末萌芽前采收，采收时剪下三年生以上的茎枝，留下嫩茎让其继续生长。

（二）加工

因品种和商品药材不同，石斛有不同的加工方法，下面介绍其中两种方法。

（1）将采回的茎株洗尽泥沙，去掉叶片及须根，分出单茎株，放入85℃的热水烫1～2分钟，捞起后摊在竹席或水泥场上暴晒，待至五成干时，用手搓去鞘膜质，再摊晒，并注意常翻动，至全干即可。

（2）将洗净的石斛放入沸水中浸烫5分钟，捞出晾干后置于竹席上暴晒，每天翻动2～3次，晒至身软时，边晒边搓，反复多次至去净残存叶鞘，然后晒至全干即可。

第六节　贝母种植技术

贝母为常用中药,《神农本草经》将其列为上品。陶弘景谓其"形似聚贝子,故名贝母"。因来源和产区不同及其性状的不同,商品主要分为浙贝母、川贝母、平贝母、伊贝母四大类。

一、浙贝母

浙贝母为百合科植物浙贝母的干燥地下鳞茎,又名"象贝""大贝""元宝贝"等。主产于浙江地区,江苏、江西、上海、湖南等地亦有栽培。

(一)形态学特征

浙贝母为多年生草本植物,株高30~80厘米,全株光滑无毛。地下鳞茎呈扁球形,外皮淡土黄色,多由2~3枚肥厚的鳞片抱合而成,直径2~6厘米。茎直立、单一,地上部分不分枝,每株一般有两个主茎并生。叶狭长无柄,全缘;下部叶对生,中部叶轮生,上部叶互生,中上部叶先端反卷。花1朵至数朵,顶生或总状花序;花钟状,下垂,淡黄色或黄绿色,带有淡紫色斑点;花被片6枚,二轮排列;雄蕊6枚;子房上位,3室,柱头3裂。蒴果短圆柱形,具6棱。种子多数,扁平瓜子形,边缘有翅,浅棕色。花期3—4月,果期4—5月。

（二）生长习性

浙贝母喜温和湿润、阳光充足的环境。根的生长要求气温在7℃～25℃，25℃以上时根的生长受到抑制。平均地温达6℃～7℃时出苗，地上部分生长适宜的发育温度范围为4℃～30℃，在此范围内，随着温度的升高，生长速度加快。开花适宜温度为22℃左右。-3℃时植株受冻，30℃以上时植株顶部逐渐枯黄。鳞茎在地温10℃～25℃时能正常膨大，地温在-6℃时会受冻，地温达到25℃以上时开始休眠。

浙贝母的鳞茎和种子均有休眠现象。鳞茎从地上部枯萎开始进入休眠状态，经自然越夏到9月即可解除休眠。种子在5℃～10℃经两个月左右或经自然越冬也可解除休眠。因此，浙贝母在生产上多采用秋播方式。种子发芽率一般在70%～80%。

（三）栽培技术

1. 选地、整地

浙贝母对土壤要求严苛，宜选排水良好、富含腐殖质、疏松肥沃的沙质土壤种植，土壤pH值在5～7较为适宜。忌连作，前茬以玉米、大豆作物为佳。播种前深翻细耕，每亩施入农家肥2000千克作基肥，再配施100千克饼肥和30千克磷肥，耙匀，做成宽1.2～1.5米的高畦，畦沟宽25～30厘米，沟深20～25厘米，并做到四周排水沟畅通。

2. 繁殖方法

浙贝母主要用鳞茎繁殖，也可用种子繁殖，但因种子繁殖生长年限长、结实率低，生产上较少采用这种方法。

（1）鳞茎繁殖。

一般选择9月中旬至10月上旬，挖出自然越夏的种茎，选鳞片抱合紧密、芽头饱满、无病虫害的种茎，按大小分级分别栽种，种植密度

和深度视浙贝母种茎大小而定，一般株距为15～20厘米，行距为20厘米。开浅沟条播，沟深6～8厘米，沟底要平，覆土5～6厘米。用种量因种茎大小而异，一般每亩用种茎300～400千克。

（2）种子繁殖。

种子繁殖可以提高浙贝母的繁殖系数，但从种子育苗到形成商品需要5～6年的时间。采用当年采收的种子于9月中旬至10月中旬播种。采用条播方式，行距6厘米左右，然后将种子均匀地撒在灰土上，薄覆细土，畦面用秸秆覆盖，保持土壤湿润。每亩用种子6～10千克。

3. 田间管理

发展浙贝母生产需要做好田间管理，包括中耕除草、追肥、排灌、摘花打顶等内容。

（1）中耕除草。

出苗前要及时除草。出苗后应结合施肥进行中耕除草，保持土壤疏松。植株封行后，可人工拔草。

（2）追肥。

浙贝母种植一般需要追3次肥，12月下旬施腊肥，每亩沟施浓人畜粪肥2500千克，施后覆土。翌春齐苗时施苗肥，每亩泼浇人畜粪2000千克或尿素15千克。3月下旬打花后追施花肥，肥种和施肥量与苗肥相似。

（3）排灌。

浙贝母生长中后期需水量较大，如遇干旱应适时浇水，采用沟灌方式，当土壤湿润后立即排水。雨季积水应及时排出。

（4）摘花打顶。

3月下旬，当花茎下端有2～3朵花初开时，选晴天将花和花蕾连同顶梢一起摘除，打顶长度一般为8～10厘米。

4.病虫害防治

浙贝母常见病虫害的防治方法如下。

（1）灰霉病。

灰霉病一般在4月上旬发生，危害地上部植株。防治方法：发病前用1∶1∶100的波尔多液喷雾预防；清除残体；防止积水，降低田间湿度。

（2）黑斑病。

黑斑病一般于4月上旬始发，尤以雨水多时严重，危害叶部。防治方法同灰霉病。

（3）干腐病。

干腐病一般在鳞茎越夏保种期间及土壤干旱时发病严重，主要危害鳞茎基部。防治方法：选用健壮无病的鳞茎种子；越夏保种期间合理套作，以创造阴凉通风的环境。

（4）锯角豆芫菁。

锯角豆芫菁成虫咬食浙贝母叶片。防治方法：人工捕杀，用90%敌百虫的1500倍液喷雾防治。

（5）蛴螬。

蛴螬危害浙贝母的鳞茎，4月中旬始发，越夏期间危害最大。防治方法：进行水旱轮作；冬季清除杂草，深翻土地；用灯诱杀成虫铜绿金龟子。

（四）采收与加工

5月中旬待浙贝母植株上部茎叶枯萎后选在晴天采挖，并按照鳞茎大小分级放置，大者除去心芽，习称"大贝""元宝贝"，小者不去心芽，习称"珠贝"。将鳞茎洗净，将直径3厘米以上的大鳞茎的鳞片分开，挖出心芽，然后将分好的鲜鳞茎放入脱皮机中脱去表皮，使浆液渗

出，再加入 4%的贝壳粉，使贝母表面涂满贝壳粉，再倒入箩内过夜，促使贝母干燥，再于次日取出晒 3～4 天，待回潮 2～3 天后晒至全干。回潮后也可置于烘灶内，在 70℃以下的温度下烘干。

（五）留种技术

浙贝母种田一般采用原地越夏保种法。枯黄前在植株间套作浅根性作物，起到遮阳降温和提高土地复种指数的作用。套作作物有玉米、大豆及瓜类等。越夏期间，特别是多雨季节，要随时排除田间积水，此外禁止人畜在畦面上踩踏，以免积水烂种。浙贝母种茎在越夏保种田中需保存 3～4 个月的时间，一般损耗率为 10%左右。

二、川贝母

川贝母为百合科植物川贝母、暗紫贝母、甘肃贝母和梭砂贝母的干燥鳞茎。前三者的鳞茎形状有两种，分别习称"松贝"和"青贝"，后者习称"炉贝"。主产于我国四川、陕西、湖北、甘肃、青海和西藏等地。

（一）形态学特征

1. 暗紫贝母

暗紫贝母株高 15～60 厘米。鳞茎呈扁球形或近圆锥形，茎直立，无毛，绿色或暗紫色。茎生叶最下面 2 枚对生，上面的通常互生，无柄，线形至线状披针形，先端渐尖。花生于茎顶，通常 1～2 朵；花被片 6 枚，长 2～3 厘米，深紫色，内面有或无黄绿色小方格；叶状苞片 1 枚，先端不卷曲。蒴果呈长圆形，6 棱，棱上翅宽约 1 毫米。种子卵形至三角状卵形，扁平，边缘有狭翅。

2. 甘肃贝母

甘肃贝母与暗紫贝母相似，区别在于花黄色，有细紫斑，花柱裂片通常短于1毫米，叶状苞片先端稍卷曲或不卷曲。

3. 川贝母

川贝母株高20～85厘米。与暗紫贝母的区别在于，茎生叶通常对生，叶线形、狭线形，先端卷曲或不卷曲；花被长2.5～4.5厘米，黄绿色或紫色，具紫色或黄绿色的条纹、斑块、方格斑，花柱裂片长2.5～5.0毫米，叶状苞片通常有3枚，先端向下卷曲1～3圈或成近环状弯钩。蒴果棱与翅宽1.0～1.5毫米。

4. 梭砂贝母

梭砂贝母株高15～35厘米。须根根毛长密；着生叶的茎段较花梗短，茎生叶卵形至椭圆状卵形，花被长2.5～4.5厘米；蒴果翅宽约2毫米，宿存花被果熟前不萎蔫。

（二）生长习性

川贝母喜冷凉气候，具有耐寒、喜湿、怕高湿、喜荫蔽的特性。气温达到30℃或地温超过25℃，植株就会枯萎；海拔低、气温高的地区不能生存。在完全无荫蔽条件下种植，幼苗易成片晒死；日照过强会促使植株水分蒸发和呼吸作用加强，易导致鳞茎干燥率低，贝母色稍黄，加工后易成"油子""黄子"或"软子"。

川贝母种子具有后熟特性。播种出苗的第一年，植株纤细，仅一匹叶；叶大如针，称"针叶"。第二年具单叶1～3枚，叶面展开，称"飘带叶"。第三年抽茎不开花，称"树兜子"。第四年抽茎开花，花期称"灯笼"，果期称果实为"八卦锤"。在生长期，如外界条件变化，生长规律即相应变化，进入"树兜子"。"灯笼花"的植株可能会退回"双飘带""一匹叶"阶段。

川贝母植株年生长期 90~120 天。9 月中旬以后，植株迅速枯萎、倒苗，进入休眠期。

（三）栽培技术

1. 选地、整地

宜选背风的阴山或半阴山处种植，并远离麦类作物，防止锈病感染；以疏松、富含腐殖质的壤土最佳。结冻前整地，清除地面杂草，深耕细耙，做 1.3 米宽的畦。每亩用厩肥 1500 千克、过磷酸钙 50 千克、油饼 100 千克，堆沤腐熟后撒于畦面并浅翻；畦面做成弓形。

2. 鳞茎繁殖

7—9 月收获时，选无创伤病斑的鳞茎作种，用条栽法，按行距 20 厘米开沟，株距 3~4 厘米，栽后覆土 5~6 厘米；或在栽时分瓣，斜栽于穴内，栽后覆盖细土、灰肥 3~5 厘米厚，压紧镇平。

3. 田间管理

发展川贝母生产需要做好田间管理，包括搭棚、除草、追肥等。

（1）搭棚。

川贝母生长期需适当荫蔽。播种后，春季出苗前揭去畦面覆盖物，分畦搭棚遮阴。搭矮棚，高 15~20 厘米，第一年荫蔽度 50%~70%，第二年降至 50%，第三年降至 30%；收获当年不再遮阴。搭高棚，高约 1 米，荫蔽度 50%。最好是晴天荫蔽，阴天、雨天揭棚炼苗。

（2）除草。

川贝母幼苗纤弱，应勤除杂草，不伤幼苗。除草时带出的小贝母随即栽入土中。每年春季出苗前及秋季倒苗后各用草甘膦除草 1 次。

（3）追肥。

秋季倒苗后，用腐殖土、农家肥再加 25 千克/亩过磷酸钙混合后覆盖畦面3厘米厚，然后用搭棚树枝、竹梢等覆盖畦面，保护川贝母越冬。有条件的每年追肥3次。

4. 病虫害防治

川贝母常见病虫害的防治方法如下。

（1）锈病。

锈病为川贝母主要病害，病原菌多来自麦类作物，多发生于5—6月。主要防治方法：选离麦类作物较远，或不易被上河风侵袭的地块栽种；整地时清除病残组织，减少越冬病原菌；增施磷、钾肥；降低田间湿度；发病初期喷0.2波美度石硫合剂。

（2）立枯病。

立枯病危害川贝母幼苗，发生于夏季多雨季节。主要防治方法：注意排水，调节荫蔽度，阴雨天揭棚盖；发病前后用1:1:100的波尔多液喷洒。

（3）根腐病。

根腐病通常于5—6月发生，根发黄腐烂。主要防治方法：注意排水，降低土壤湿度，拔除病株；用5%的石灰水淋灌，防止病害扩散。

（4）虫害。

金针虫、蛴螬一般于4—6月危害植株。主要防治方法：用灯光诱杀成虫或用引诱剂诱杀。

（四）采收与加工

家种、野生川贝母均于6—7月采收。家种川贝母用种子繁殖的，播后第三年或第四年收获。选晴天挖起鳞茎，清除残茎、泥土，挖时勿伤鳞茎。

川贝母忌水洗，挖出后要及时摊放在晒席上；以1天能晒至半干，翌日能晒至全干为好。切勿在石坝、三合土或铁器上晾晒。切忌堆沤，

否则冷油变黄。如遇雨天，可将川贝母鳞茎窖于水分较少的沙土内，待晴天抓紧晒干。亦可烘干，烘时温度控制在50℃以下。在干燥过程中，贝母外皮未呈粉白色时，不宜翻动，以防发黄。翻动用竹器、木器而不用手，以免变成"油子"或"黄子"。

三、平贝母

平贝母为百合科植物平贝母的干燥鳞茎，又称"平贝""贝母"，为贝母类药材的一种。分布于东北地区的长白山山脉和小兴安岭南部山区，主产于黑龙江、吉林、辽宁、山西、陕西、河北等地。

（一）形态学特征

平贝母为多年生草本植物，高40～60厘米。鳞茎扁圆形，直径1.0～1.5厘米。叶轮生或对生，中上部的叶常兼有互生，条形，先端不卷曲或稍卷曲。花紫色，具有黄色格状斑纹，顶花呈卷须状。蒴果呈宽倒卵形，果皮膜质，内含100～150粒种子，具圆棱。花期4—5月，果期5—6月。

（二）生长习性

野生平贝母喜冷凉湿润气候，抗逆性强，并具有耐低温、怕高温干旱的特性，适宜在东北地区栽培。

平贝母的种子具有后熟特性，播种当年不出苗，翌年春出苗。从种子播种到新种子形成需要7年时间。用鳞片繁殖，3～5年开花结实，年生育期约60天。平贝母鳞茎可以繁殖出许多小鳞茎，是生产中的主要繁殖材料，一般栽后2～3年可以收获。

（三）栽培技术

1. 选地、整地

应选择土壤肥沃、质地疏松、水分充足、排水良好的腐殖土或黑油沙土种植，前茬多为豆类、玉米或蔬菜。选地后进行春翻或秋翻，春翻于土壤解冻后顶浆翻，以利保墒；秋翻要于土壤结冻前进行。耕深一般25厘米左右，结合耕翻施足基肥，以提高土壤肥力。翻地后随即耙细整平作畦；畦宽1.2米左右，畦间距30~50厘米，畦长视地形而定。

2. 繁殖方式

平贝母以鳞茎繁殖为主，在6月上旬至6月下旬栽种鳞茎。先按鳞茎大小分级，鳞茎直径大于0.8厘米的为大鳞茎，直径在0.4~0.8厘米的为中鳞茎，直径小于0.4厘米的为小鳞茎。大、中鳞茎按行距10~15厘米、株距3~5厘米栽种，小鳞茎可宽幅条播，即幅宽10厘米、幅间距8~10厘米、株距1.0~1.5厘米栽种，栽后大鳞茎覆土4厘米，小鳞茎覆土2厘米。播种量因种鳞茎大小而异，常用播种量为每亩用大鳞茎300~400千克，中鳞茎200~300千克，小鳞茎120~150千克。干旱高温地区应适当灌水、松土。

3. 田间管理

发展平贝母生产应做好田间管理，包括除草与松土、灌水与排水、追肥、摘蕾、种植遮阴作物、架设防风栏等。

（1）除草与松土。

早春在平贝母出苗前清理田园，拣出杂物；出苗后随时拔除杂草。植株枯萎后，结合间种遮阴除草松土，松土宜浅，以免伤到鳞茎，也可于平贝母休眠期施化学除草剂除草。

（2）灌水与排水。

春季视土壤干旱情况进行2次或3次沟灌或喷灌，可降低地温，延

长生长期,利于平贝母生长;进入雨季前要清沟排水。

(3)追肥。

每年追肥1次或2次,最好是腐熟的农家肥或硝酸铵、过磷酸钙等。第一次在展叶时,每亩追施硝酸铵10~15千克。第二次在摘蕾后、开花前追施硝酸铵和过磷酸钙各5~8千克。清园后于11月初施2~3厘米厚盖头粪。

(4)摘蕾。

非留种地植株应及时摘蕾。

(5)种植遮阴作物。

平贝母在6月上、中旬地上部分枯萎前,在畦两旁种植玉米等遮阴,以降低土温。

(6)架设防风栏。

平贝母茎秆细弱,怕大风,易弯折,可用玉米秆、高粱秆等架设防风栏,以防倒伏。

4. 病虫害防治

平贝母常见病虫害的防治方法如下。

(1)锈病。

锈病一般于5月上旬发生,久旱后降小雨时发病严重。防治方法:及时清除杂草、病株,保持田间卫生。

(2)黑腐病。

黑腐病一般于5—9月发生,危害地下鳞茎,低洼地和高温潮湿处发病严重。防治方法:轮作;建立无病种田,采用有性繁殖方法;选择排水良好的田块;病穴施石灰消毒。

(3)虫害。

平贝母的地下虫害主要是蛴螬、金针虫、蝼蛄,主要危害幼苗。防治方法:可采用毒饵诱杀和人工捕杀等方法。

（四）采收与加工

鳞茎栽种 2~3 年后可采挖，取畦上的大鳞茎采挖，小鳞茎翻入土中，让其继续生长。采挖时间应为地上部分刚枯萎的 5 月下旬或 6 月上旬。有性繁殖的需 5~6 年才可以采挖。采挖后将鳞茎平铺于垫草灰的炕上，上撒一层石灰，然后加火增温，温度控制在 50℃ 左右，待干透后，日晒几次即可。

（五）留种技术

留种植株应选健壮植株。在留种株旁插棍，使卷叶攀棍生长，以防倒伏、烂种。留种植株一般每株留 1~2 个果为好，当果实由绿变黄或植株枯萎时，连茎秆收回阴干，当果实裂缝时，搓出种子播种。褐色种子是成熟饱满的种子，黄白色或淡褐色的欠佳。

四、伊贝母

伊贝母为百合科植物伊贝母的干燥鳞茎，别名"黄花贝母"。主产于新疆地区，河北、北京、内蒙古等地有引种。

（一）形态学特征

伊贝母为多年生草本植物，高 50~70 厘米，地下鳞茎直径 1~3 厘米，呈圆形或卵圆形，由 2~3 个鳞片抱合而成，外膜较厚。茎直立、粗壮，下部叶互生、狭卵形，基部半抱茎；上部叶对生、无柄，长椭圆形，顶端渐尖。花单生茎顶或多数生于顶端叶腋，钟状，下垂，淡黄色，上有暗红斑点，雄蕊 6 枚，柱头 3 裂。蒴果呈长圆形，种子扁平具翅，淡褐色。花期 4—5 月，果期 6—7 月。

（二）生长习性

伊贝母原产于新疆北部伊犁河中上游，分布于海拔 1000～1800 米的山地草原、灌木林及林间空地，冬季寒冷，年均气温 2℃ 左右的地区。伊贝母喜湿润凉爽气候，适宜生长的气温在 5℃～15℃，对土壤要求不高，但以肥沃疏松、排水良好的沙壤土为宜。

种子具有后熟和休眠特性，需低温沙藏 2 个月后方可萌发，萌发适温 5℃。野生种 3 月下旬出苗，4 月开花，6 月中、下旬高温即倒苗，生长期 60～90 天，生产周期 2～3 年。

（三）栽培技术

1. 选地、整地

选择海拔较高、气候冷凉的环境种植伊贝母，土壤要求疏松肥沃、排灌方便。于夏季深翻，每亩施腐熟的厩肥或堆肥 5000 千克、饼肥 30～40 千克做基肥，耙细耙匀，做成宽 1 米的畦待播。育苗地需精耕细作，做成宽 1.2 米的畦。

2. 繁殖方法

伊贝母用种子和鳞茎繁殖，可春播、秋播，以秋播为好，8—9 月进行。

（1）种子繁殖。

因种子具有后熟特性，需要随采随播。为节约土地，可在播种前 3～4 个月将种子拌湿沙进行催芽，温度在 5℃～10℃。按行距 30～40 厘米开浅沟播种，播幅 8～10 厘米，盖土 1～2 厘米，每亩用种子 15 千克，育苗 1 年后即可移栽，按株行距 5 厘米×12 厘米开沟，沟深 5 厘米，栽后覆土稍镇压。

（2）鳞茎繁殖。

可在 5 月下旬至 6 月中旬将鳞茎按大小分级栽植，大鳞茎按行株距 25 厘米×（5~10）厘米栽植，小鳞茎可适当缩小株行距以有效利用土地，每亩用种量为 100 千克左右。有的地区也用带心芽的鳞片繁殖，可以借鉴。

3. 田间管理

发展伊贝母生产应做好田间管理，包括合理间套作、追肥、排灌、摘花等。

（1）合理间套作。

合理间套作不但可以节约土地资源，而且可遮阴。可用早熟豌豆、春油菜等间作，沟行间可种植玉米遮阴。

（2）追肥。

栽前施足基肥，冬前施越冬肥，可用腐熟厩肥。出苗后可施几次稀薄粪水，每亩 1000 千克左右，或施复合肥 20 千克。

（3）排灌。

雨季要特别注意排水，以免高温高湿引起越夏鳞茎腐烂；干旱时则应及时浇水，最好采用喷淋法及沟灌法，以免土壤板结。

（4）摘花。

商品田孕蕾期应及时摘花。

4. 病虫害防治

伊贝母常见病虫害的防治方法如下。

（1）根腐病。

7—8 月多发根腐病，危害伊贝母植株的地下部分。防治方法：及时排出田间积水，经常松土除草，防止鳞茎受伤。

（2）锈病。

锈病会危害伊贝母植株的叶片和茎秆，严重时植株叶片和茎秆会枯

死。防治方法：发病前期用波尔多液 100 倍液喷洒，具有保护作用。

（3）菌核病。

菌核病会危害伊贝母植株的鳞茎和茎基部，被害植株的地上部分自叶开始逐渐变黄、变黄紫，叶片卷缩，顶叶萎蔫，最后全株逐渐萎黄枯死。防治方法：注意轮作及排水工作，发现病株应拔除并进行土壤消毒。

（4）虫害。

伊贝母常见虫害有蛴螬、金针虫、地老虎等，危害幼苗及嫩茎，使之散瓣破碎。防治方法：冬前清除杂草，基肥要充分腐熟。

（四）采收与加工

伊贝母无性繁殖 2~3 年可收获，种子繁殖 3~4 年收获，6 月中旬倒苗前起挖，去净泥土后晒干即可。

7

第七章

农业技术推广

第一节　农业技术推广概述

农业技术推广活动是伴随着农业生产活动发生、发展起来的一项专门活动。随着农业技术推广活动的逐步深入，农业技术推广已成为农业和农村发展服务的一项社会事业。不同国家农业和农村发展各阶段农业生产力水平不同，农业技术推广活动的内容、形式、方法有很大的差异。农业技术推广活动有一个长期的演变过程，但是用科学的方法来研究它，只是近百年的事。如今，农业技术推广已作为一个行业走上独立发展的道路。

一、农业技术推广的概念

农业推广是人类进入农业社会后出现的一种社会活动。我国古代把农业推广称为"教稼""劝农""课桑"。

"农业推广"一词的应用，始于20世纪30年代，后改用"农业技术推广"的概念。农业推广有狭义和广义之分。

狭义的农业推广其主要特征是技术指导，是指对农事生产的指导，即把高等院校和科研机构的科学研究成果，通过适当的方式介绍给农民，使农民获得新的知识和技能，并应用于农业生产中，从而提高产量、增加收入。狭义的农业推广是以指导性农业推广为主线，以创新扩散理论为基础，以种植业的产中服务为主要内容的推广。"农业技术推广"

概念，也属此范畴。

广义的农业推广其主要特征是教育，是指除单纯推广农业技术外，还包括教育农民、组织农民、培养农民义务领袖以及改善农民实际生活质量等方面。因此，广义的农业推广是以农村社会为范围，以农民为对象，以家庭农场或农家为中心，以农民实际需要为内容，以改善农民生活质量为最终目标的农村社会教育。它是以教育性推广为主线，以行为科学为主要理论基础的推广。

《中华人民共和国农业技术推广法》中这样定义农业技术推广："本法所称农业技术推广，是指通过试验、示范、培训、指导以及咨询服务等，把农业技术普及应用于农业产前、产中、产后全过程的活动。"此概念中的农业技术包括良种繁育、栽培、肥料施用和养殖技术，植物病虫害、动物疫病和其他有害生物防治技术，农产品收获、加工、包装、贮藏、运输技术，农业机械化、农用航空、农业气象和农业信息技术，农田水利、农村供排水、土壤改良与水土保持技术，农业投入品安全使用、农产品质量安全技术，农业防灾减灾、农业资源与农业生态安全和农村能源开发利用技术，以及其他农业技术。

在进行农业技术推广时应当遵循以下原则：①有利于农业的发展；②尊重农业劳动者的意愿；③因地制宜，经过试验、示范；④国家、农村集体经济组织扶持；⑤实行科研单位、有关学校、推广机构与群众科技组织、科研人员、农业劳动者相结合；⑥讲求农业生产的社会效益、经济效益和生态效益。

二、农业技术推广的主要作用

农业技术推广对农业和农村发展的作用主要体现在推广工作的内容上，提高社会生产力的根本手段是提高劳动生产率，而提高劳动生产率的关键是发展科学技术,并将其应用于农业生产。科学技术是第一生产力,但科学技术并不等于现实生产力,因为科学技术只是潜在的、知识形态的生产力,只有通过推广这一环节,让农民掌握并在农业生产中应用,才能将科技成果转化成生产力,促进农业发展、农村繁荣;同时,农业技术推广是一种发展农村经济的农村社会教育和咨询活动。通过农业技术推广,不仅增进了农民生产和生活方面的知识和技能,改变了其态度和行为,改善了农村生产条件与生活环境,而且通过农业科技成果的转化推动了农村生产力的发展,增加了农村社会的物质产量和经济效益,从而发展了农村经济。

(一)开展农村教育

农业技术推广具有教育性,主要通过农业技术推广活动,实现对广大农民生产与生活的职业教育。当然,这种教育从对象和内容上来看不同于学校教育和工厂的职业教育,农业技术推广的教育形式与方法、教育内容与原则体现了因地制宜、密切结合当地农民实际需要的特点,满足农民各种情况的学习要求,使农民在农业生产实践和生活过程中通过边学边做,提高自身素质,包括文化与科技知识以及心理与行为特点等方面,达到社会教育的目的,这是世界各国在农业现代化过程中大力发展农业技术推广教育的一个重要原因。

(二)农业技术推广是农业科研部门联系农民的纽带

农业科技工作包括科学研究和推广两个重要组成部分,科学研究是农业科技进步的开拓者,无疑是很重要的,但科学研究对农业发展的作用,不是表现在新的科研成果创新之日,而是表现在科研成果应用于生产带来巨大的经济效益和社会效益之时。这就是说,科研成果在农业生产中的实际应用,必须通过农业技术推广这个中介来实现。通过农业技

术推广把研究机构研究出来的新成果、新技术、新方法、新知识不断向广大农村地区传播，使农民接受、采纳，并在生产中应用，从而达到发展农业生产、增加经济效益的目的；同时，农业技术推广人员更加了解当地的生产环境、农业生态条件，能够及时地、有针对性地引进适合当地农民需要的农业科技新成果，使欠发达地区的农业科技得到开发与发展，经济获得增长，发达地区农业科技获得新突破，提高经济效益。如果没有农业技术推广这个中介与纽带，再好的科研成果也只能束之高阁，不能转化为现实的农业生产力；同时，农业技术推广是检验科研成果好坏的标准，科研成果的最终应用要通过农民的实践，检验其能否解决特定的农业生产问题并将检验成果反馈到农业研究机构和院校。

（三）农业技术推广是农业科技成果的延续和再创新

新技术的研究者不能把技术成果立即广泛投入生产，因为这些成果大多是在实验条件下取得的。将它们直接用于农业生产存在一定的不确定性。一是农业科研成果是在特定的生产条件和技术条件下产生的，只适用于一定的范围；二是农业生产条件的复杂性以及不同地区经济状况、文化、技术水平的差异都对科技成果具有强烈的选择性，这就要求在实现科技成果转化的过程中，必须包括试验、培训、推广等环节，并进行组装配套，以适应当地的生产条件以及农民的技术接受能力。这个过程是农业技术推广工作者对原有成果进行艰苦的脑力劳动和体力劳动的继续，它不是农业技术推广工作者对原有成果的复制，而是在原有成果基础上的再创新。

（四）农业技术推广是完善推广组织的重要工具

任何成功的农业技术推广活动都必须通过一定形式的组织或团体来推动，不论是政府的农业技术推广组织还是民间的农业技术推广组织，对于培养新型农民、发挥农村力量和互助合作力量、保护农民利益，以及发展一个农村社区并发挥其功能，都能起到促进作用，这种组织或团体是实现农业技术推广目标最有力的工具。

由此可见，没有发达的农业技术推广就没有发达的农业，也就没有富裕的农民和繁荣的农村，这充分说明了农业技术推广对农业和农村发展的重要作用。

三、农业技术推广的发展进程

（一）技术转移模式与进步农民策略

早期农业技术推广是农业技术推广工作者与农民之间的简单技术传输关系。推广工作被看成简单的干预手段，重点在推广方法上，即怎样通过有效的示范、培训、宣传及大众媒介等手段达到推广的目的。

早期农业推广的技术传输，注重技术在传输中的地位和作用，如植物保护技术、土肥技术、种植技术等，就农业生产中发生的问题，寻找解决问题的能力和方法；但是，早期农业推广的技术传输忽视了农业推广的本质，忽视了农民在技术传输中的地位和作用。农民在技术传输中不应只是技术的被动接受者，只作为技术传输中的劳动力和工具，而应该是技术决策和应用的主体及技术扩散者。

早期农业推广的技术传输中存在推广信息或方法与农民或农民群体的适应性问题。如果推广信息是正确的，当把信息传输给农民，农民要么反对变革，要么缺乏变革的资源条件。问题的焦点在于，采用的推广方法或知识投入是否适合选定的目标客户或群体的需求，为此，农业推广实践提出，推广过程应该是双向沟通的过程。

进入 20 世纪 70 年代，推广理论由技术传输发展到自上而下和自下而上相结合的双向沟通阶段。双向沟通被看作推广过程中的基本要素，并成为推广模式的核心，而且被应用于发展农业推广内容和技术传输方法的研究中。20世纪80年代，美国斯坦福大学教授罗杰斯在研究并总结瑞安和格鲁斯的"采用过程"的基础上，创造性地提出创新扩散理论以及所导致的农村进行新技术普及工作及工作模式即进步农民策略。创新扩散理论已成为农业推广理论的核心部分。该理论认为，将信息或新技术首先传输给采用群体中的"进步农民"或称"先驱者"，在他们的影响和带动下产生"早期采用者""早期多数""晚期多数"和"落后者"。

（二）"用户导向式"推广模式与目标群体策略

以采用者群体同质性为基础的进步农民策略为农业推广学理论的发展做出了贡献；然而，创新扩散理论的研究中，只谈到采用者群体，而在推广过程的实践中存在不同的群体目标。为此，在推广过程中，很容易忽视那些需要帮助而又难以得到帮助的农民，这就给农业推广提出这样一个问题：如何对待不同采用者群体的目标。农民作为一个类群，在心理特征、年龄组合、小组行为规范、获得资源的能力及获得信息的能力等方面都存在一定的差异。因此，他们并不是一群同样的人，这正说明他们并不属于对新技术完全适合的人群。这种将农民群体视为异质性人口，然后在异质性人口中确定同质类群作为推广目标对象的确定方法，是沟通学中接受者研究的范例。农业推广学理论的发展由双向沟通的理论进入同质类群向异质类群的转变阶段，可概括为"用户导向式"推广模式，即农业推广框架理论模型。

（三）农业知识与信息系统及其他相关理论

"用户导向式"推广模式是指推广目标的确定要面向那些在资源、

生产目的和机会方面相同的农民。在推广过程中引进了目标团体(农民)所包含的目标和内容的含义,不仅推广方法要适应目标团体,而且推广信息的内容要适应目标团体。这就意味着,推广过程还应包括产生的这些信息内容和研究活动计划都应以有关目标团体的信息为基础。这就要求农业研究者要有计划、有目的地认真设计他们的农业科技成果,以适应指定的目标团体。为此,研究、推广和目标团体应被视为一个系统内的连锁因素,形成了研究亚系统、推广亚系统和用户亚系统这样一个相互作用、相互联系的农业知识和信息系统。此三者间的联系机制是信息沟通,农业推广学理论发展到这个阶段,应将推广看作农业信息与知识系统的一部分。

随着人口、技术、经济、生态和社会文化发生巨大变革,人类进入一个科学技术高度发展且多变的社会,农业技术推广结构也随之发生变化,与农业推广学理论发展有关的另一个重要理论概念是农业发展要素的"混合体"的发现,即农业技术推广不是促进农业发展的唯一因素,除去农业技术推广之外,还有农民的地位和积极性,农业投入的供应、价格、市场、信贷、营销、教育及其他可用资源的占有以及其他支持服务系统的组成成分。

从上述农业技术推广实践和理论的发展可以看出,农业技术推广有其自身的理论和体系,如技术传输理论、双向沟通理论、创新扩散理论、目标团体理论、农业知识与信息系统理论、混合体理论及农业推广框架理论。

四、农业技术推广中存在的问题

农业技术推广中存在以下问题。

（1）技术推广体系存在诸多弊端。

技术推广体系相对落后，技术人员偏老龄化，知识结构不合理。部门间的职责划分不清晰，缺少有效的考核和激励机制，等等，使农业技术人员不能积极主动地投入工作中。此外，大部分农民由于文化素质偏低，不能很好地掌握与理解现代农业技术，严重制约了农业现代化的快速发展。

（2）缺乏自主创新意识。

科研部门的相关人员缺乏创新意识，推广机构的相关设备也相对落后，评价和考核等制度不完善。农业企业、专业合作组织对科技研发缺少自觉性，自主创新能力比较薄弱，尚处在起步阶段。

（3）农业科技领域缺少新型人才。

农业科技领域人才资源匮乏，缺少复合型、管理型人才，现代农业生物技术等学科领域的人才短缺，有些农业单位已经几年没有招收技术人员。在农业生产中，经过专业技能培训的人员不多，而一些刚从院校毕业的技术人员不能很好地胜任工作，空谈理论，调查研究、动手实践能力不强，更不会亲自试验示范，无法在农户的心目中树立威信，在一定程度上制约了农业技术推广工作的进行。

（4）农业科技资金投入力度不够。

近年来，虽然已经增加了农业科技的资金投入，但是总额仍然偏低，相关政策落实不到位，致使一些业务工作难以开展。此外，农业企业普遍依赖政府支持，缺乏自主科技投入的意识。地方政府对落后的农村基础设施建设重视不够，导致病虫害、旱涝灾害给农田带来危害。由此可以看出，充足的资金支持对农业发展有着重要的作用。

五、加强农业技术推广的相关措施

加强农业技术推广,应采取以下相关措施。

(1)完善农业技术推广体系,注重现代农业推广人才的培养。

深化基层农业推广体系改革,各级农技部门必须清楚自己的职责,制定实施责任制,使农技人员等充分发挥自身指导、规划等方面的才能,形成有效的农业科技服务体系。对于可行性项目要加大资金投入力度,设立专项推广和科研项目经费,积极开展技术培训、成人教育等教育培训,切实提高农民的科学文化素质。此外,应制定农业科技产业发展的相关规定以及法律法规,加强监管力度,使农业技术推广工作得以顺利推进。

(2)以农业主导产业为中心,明确农业技术推广方向。

农业技术推广要以农业主导产业为出发点,在品种选育、标准化技术研究、无公害农产品生产技术推广上下功夫,把重点放在确保粮食安全上,对农产品质量和安全、农作物病虫害以及畜禽疫病等方面知识的攻关上。

(3)积极推动农业向多方面发展。

积极开发农业的相关产业,如农产品深加工、储藏、运输等方面的产业,推动农业结构不断地优化,并积极发展多种形态的产业,立足自身发展优势,建立起自己的品牌,有效地促进经济效益增长。通过培训、指导农业的各项专业技能,以及电视、网络等多种信息传播方式,让农户能够及时获取农业政策、新的市场行情等诸多有用信息,使农业科技成果的转化和推广能够真正落到实处,促使农业各相关产业得到显著发展。

(4)拓宽农业投资渠道,改善农业技术推广的相关条件。

加大资金投入力度,拓宽资金来源渠道。财政部门要加大农业技

推广和基础设施建设资金的比重，加强资金监管力度，使之真正落实到位；对于农业机械设备要进行积极推广，并给予一定的购置补贴，以促进农业机械设备水平的提高，使农业生产效率随之提升，从而把农业机械推广向蔬菜、畜牧等方向有计划地逐步延伸。随着市场经济的不断发展与进步，在以往的家庭联产承包责任制的基础上积极创新，建立并不断完善土地流转的方式、内容和经营体制，在农户和合作组织之间建立起互惠互利的双赢经济机制，更加充分有效地利用土地和劳动力资源。

我国作为人口和农业大国，粮食生产是重中之重，而要想稳固农业生产，使其获得健康持续的发展，就必须重视科学技术对现代农业生产的重要作用，不断地提高农业的技术含量，进一步做好农业技术推广工作，切实发挥其对现代农业的推动作用。

第二节　农业技术推广模式的特点

近 20 年来，湖州市与浙江大学的市校合作助力社会主义新农村建设，走出了一条有特色的现代农业建设与可持续发展道路（即湖州道路）。这条道路的主要内容是：在与浙江大学合作的基础上，搭建现代农业建设的科技创新平台，培育创新型科技载体、创业型科技载体、服务型科技载体，通过农业科技园区的示范作用，推进农业科技自主创新建设，带动湖州现代农业的发展，提升农业可持续发展能力；搭建现代农业建设的科技型人才培养与成长平台，为农业发展培养一大批科技与经营管理人才，提升农业人力资本水平；搭建现代农业建设的体制机制创新平台，实行农业生产要素向现代经营主体集中的体制机制创新，实行农业长效投入机制创新，激发农业发展的活力，推动农业全面发展。十几年来，市校合作的重要成果之一就是形成了新型农业技术推广体系——"1+1+N"农业技术推广模式。那么这种模式的特点是什么？是否已经形成可复制、可推广的创新范式？本节对"1+1+N"农业技术推广模式的特点进行详细阐述和讨论。

一、地方政府与高等院校协同创新

所谓协同，是指协调两个或两个以上的不同资源或个体，使其一致地完成某一目标的过程或能力。在农业科技创新推广链中，政府和高等院校（以下简称高校）有着不同的利益诉求，如果不能做到共赢，不能形成利益共同体的话，就无法长久地合作。所以说，充分调动地方政府、高校、科研机构及农业经营主体等各类创新主体的积极性和创造性，跨学科、跨部门、跨行业组织实施深度合作和开放创新，对于加快不同领域、不同行业以及创新链各环节之间的技术融合与扩散，显得尤为重要。

浙江大学走出"象牙塔"，服务地方战略，以及湖州市地方政府借助科研院所致力发展社会经济战略，是一个必然趋势，只不过双方在湖州找到了一个"三农"契合点，从点对点到面对面，举全校之力、举全市之力，达到协同创新。

合作才能共赢。合作有多种层次，有战略层面的协同，有战役层面的配合，有战术层面的支持。当然，在具体实施过程中，三者之间不是绝对分离的，它们相互渗透、相互转化。

（一）从供给侧改革看协同创新

如果从农业技术推广供给侧改革视角来看协同创新，供给方面主要

取决于协同的双方——地方政府和高校所具有的职能、掌握的资源、对科技创新现状的认知水平以及推进产学研合作的技术手段等，需求方面则主要取决于市校合作的本区域产学研合作中存在的亟须解决的问题。

1. 协同创新的含义

协同创新（collaborative innovation）的定义最早由美国麻省理工学院斯隆管理学院的研究员彼得·葛洛（Peter Gloor）给出，即"由自我激励的人员所组成的网络小组形成集体愿景，借助网络交流思想、信息及工作状况，通过合作实现共同的目标"。

协同创新是以知识增值为核心，企业、政府、知识生产机构（高校和研究机构）、中介机构和用户等为了实现重大科技创新而开展的大跨度整合的创新组织模式。

协同创新是通过国家意志的引导和机制安排，促进政府、企业、高校、研究机构发挥各自的能力优势，整合互补性资源，实现各方的优势互补，加速技术推广应用和产业化；协作开展产业技术创新和科技成果产业化活动，是当今科技创新的新范式。

协同创新是各创新要素的整合以及创新资源在系统内的无障碍流动。协同创新是以知识增值为核心，以企业、高校、科研院所、政府、教育部门为创新主体的价值创造的过程。基于协同创新的产学研合作方式是区域创新体系中重要的创新模式，是区域创新体系理论的新进展。合作绩效的高低很大程度上取决于知识增值的效率和运行模式。知识经济时代，传统资源如土地、劳动力和资本的回报率日益减少，信息和知识成为财富的主要创造者。在知识增值过程中，相关的活动包括知识的探索和寻找，知识的检索和提取，知识的开发与利用以及两者之间的平衡，知识的获取、分享和扩散。协同创新过程中知识活动过程不断循环，通过互动过程，越来越多的知识从知识库中被挖掘出来，转化为资本，并且形成很强的规模效应和范围效应，为社会创造了巨大的经济效益和社会效益。

2. 协同创新的意义

协同创新是指围绕创新目标，多主体、多元素共同协作、相互补充、相互配合的创新行为。无论是制度创新、文化创新，还是科技创新，都必须全面贯彻"协同创新"这个理念。协同创新是一种致力于相互取长补短的智慧行为。

协同创新已经成为地方政府和高校提高科技创新能力的全新组织模式。随着技术创新复杂性的增强、速度的加快以及全球化的发展，当代创新已经突破传统的线性和链式模式，呈现出非线性、多角色、网络化、开放性的特征，并逐步演变为以多元主体协同互动为基础的协同创新模式，受到各国创新理论家和创新政策制定者的高度重视。综观一些国家创新发展的实践，其中最重要的一条成功经验就是打破领域、区域和国别的界限，实现地区性及全球性的协同创新，构建起庞大的创新网络，最大限度地实现创新要素的整合。

（二）市校合作长效共生机制建设

资源要素的互补性决定了不同资源要素整合的可能性。高校拥有的资源与地方政府拥有的资源具有互补性，资源的互补性为高校和地方政府之间资源供给与需求的有效联结创造了机缘，为资源的有机整合提供了可能。地方政府引入高校的智力、技术与人才等资源，可以有效缓解新农村建设中的资源不足，优化地方经济资源配置，增加地方经济社会发展在人才、技术、信息等方面的资源存量。

走上"协同创新"道路之前的湖州，"三农"工作面临两个方面的挑战：一是在经过了结构调整和粮食市场化等一系列改革之后，农民收入如何实现快速可持续的发展；二是在率先推进农村环境建设的基础上，实践中央提出的新农村建设，如何持续走在全省乃至全国前列，发

挥示范引领作用。信息、技术、人才、智慧、创新力的"瓶颈"制约日渐凸显出来,而背后城市与乡村二元的社会结构、政府与市场作用力发挥的"两只手"、硬实力建设与软实力提升的"两张皮"、机制创新与体制改革的双重阻力,在实践中逐渐凸显出来。

此时的浙江大学,目光聚焦发展创新。四所高校合并、新校区建设并投入使用,在浙大人心中激荡起新的追求。从国内一流走向世界一流的目标定位和世纪担当,催动"人才培育、科学研究、服务社会、传承文化"四大功能的拓展,资源的重组与配置触及利益格局的调整。按常理来说,政府和高校是"两条道上跑的车",但此时双方都急需找到一个支点。在新农村建设的号角声里,在国家新农村建设政策的大背景下,双方走到了一起,举全校之力、举全市之力,进行了长期的、全方位的合作。

地方政府与高校之间建立协同机制,促进协同创新、协同发展。地方政府与高校共建省级社会主义新农村实验示范区是一个合作博弈的过程,这一博弈具有联动性,要维持长久合作共建必须使市校之间形成的合作伙伴关系走向长效、共生的发展关系。

1. 市校合作长效共生机制的特点

所谓长效机制,就是指能长期保证制度正常运行并发挥预期功能的制度体系。长效机制不是一劳永逸、一成不变的,是随着时间、条件的变化而不断丰富、发展和完善的。理解长效机制,要从"长效"和"机制"两个关键词上来把握。机制是使制度能够正常运行并发挥预期功能的配套制度,有两个基本条件:一是要有规范、稳定、配套的制度体系;二是要有推动制度正常运行的"动力源",即要有出于自身利益而积极推动和监督制度运行的组织及个人。所谓共生机制又叫"互利共生",是两种生物彼此互利地生存在一起,缺此失彼都不能生存的一种类间关系,若互相分离,两者都不能生存。有生物学家提出一个叫作"共生起源"的理论，该理论认为共生是地球上复杂生物起源的关键。在物种的进化过程中，日益多样的生物逐渐形成了一系列共生关系。不同的生物在共生关系中发挥不同的作用，以维持生存，这种共生关系逐渐发展成一个关系紧密的互利网络，每种生物都好像是机器上的一个齿轮。

从市校合作的结果来看，浙江大学和湖州市地方政府共建省级社会主义新农村实验示范区已经形成长效共生机制的特征。

（1）建立市校合作的长效机制。

从顶层来看，建立浙江大学和湖州市地方政府共建省级社会主义新农村实验示范区工作领导小组，领导小组办公室具体负责日常工作的联系和沟通。通过市校合作年会制、季度例会制，在实验示范区领导小组成员之间建立合作共建的定期协商机制，及时沟通共建情况，商讨解决实验中出现的问题。在县（区）建立相应机构，形成从上到下、层级负责的领导体系和协调机制。

从中层来看，建立现代农业产学研联盟，联盟理事会和联盟领导小组具体负责"1+1+N"农业技术推广体系运作。

（2）建立稳定的运行机制。

湖州市与浙江大学以合作共建新农村实验示范区协议的形式确定了战略合作伙伴关系。在市校合作共建框架下，市直各部门、县（区）、乡镇、企业、其他组织、农民等主体与高校、研究院所（中心）、专家合作在搭建科技创新服务平台、人才支撑平台和体制机制创新平台的过程中结成合作伙伴关系。这些主体或通过具体研发项目解决企业技术难题，或通过建立农业科技推广中心、农业科技示范园区、农业高新技术产业孵化园等载体实现现代农业科技的推广与转化，或通过建立社区教育中心、教学科研基地等培育新型农民，提高农民科技文化素质。各主体之间的合作遵循自愿原则，按照市场规律就具体项目进行洽谈并签订合同，双方按照合同约定进行合作。政府对项目合作进行牵线搭桥，并

提供政策与制度支持,对重大的、效益好的合作项目进行扶持,将对新农村建设的政策引导与市场运作有机结合起来。

(3)形成良好的共生机制。

湖州市地方政府与浙江大学层面的合作构建了共建省级社会主义新农村实验示范区的组织架构,这是实验示范区建设形成整体合力的基础。地方政府不仅获得了来自高校的智力资源与技术支持,而且为区域内社会力量参与新农村建设提供了制度支持和新的参与路径。浙江大学在合作中不仅获得了地方资源支持,为科研成果转化为现实生产力搭建了一个直接平台,而且在服务地方经济社会发展的过程中实现了自我价值,通过与地方政府合作共建新农村找到了促进高校学科发展的支点之一。

(4)不断发展完善市校合作长效机制。

2006,浙江大学和湖州市地方政府紧紧围绕社会主义新农村实验示范区建设,共同签署了"1381行动计划",2011年年底,市校又共同签署了"新1381行动计划",以全力打造美丽乡村升级版,加快建设全省美丽乡村示范市为目标。

2. 市校优势互补共赢

浙江大学和湖州市地方政府这种市校合作的长效共生机制,使双方取长补短,实现共赢,是一种有利的嫁接,双方都从中获得了发展机遇。

湖州市借助浙江大学丰富的人才、科技、教育等资源优势,推进新农村建设,湖州农业现代化综合水平得到提升,领跑全省农业现代化建设进程;同时,在农业农村部国家现代农业示范区建设水平监测评价中,湖州市已经率先迈入基本实现农业现代化阶段。浙江大学则进一步强化了服务社会的功能,为创建世界一流大学提供了支撑。通过与地方政府协同创新,在为地方社会经济发展做出积极贡献的同时,浙江大学涉农学科也获得了自身发展所需的广泛社会资源。师资队伍考核机制更趋合理化，人才培养更"接地气"，加快了科技成果的转化。此外，政府治理能力也得到了提升。湖州"三农"工作始终走在浙江省前列，形成了可复制、可推广的"三农"经验。

二、注意顶层设计和市场导向相结合

（一）农业技术推广顶层设计和市场导向的关系

从现代政府治理角度来看，顶层设计强调的不只是从宏观、全局、战略角度去规划、设计，更主要的是指如何顺应基层的强大发展冲动。

传统农业技术推广体系只注重农业技术研发而忽视推广和市场需求，只注重生产而忽视营销，只注重初级农产品而忽视产业链。当解决了农业技术问题，提高了农产品产量和质量时，农业又陷入了另一困境——增产并不能带来增收，增产并不能带来环境优美。随着农业现代化的基本实现，影响农业现代化全面实现的因素越来越复杂，积累的深层次矛盾问题也越来越多。传统农业技术推广面临的问题并不仅是"一公里"的问题，其牵涉面更广。从纵向来看，有产业链问题；从横向来看，有价值链问题。这时候，农业技术推广改革和创新必须有顶层设计。

1. 农业技术推广体系顶层设计要突出前瞻性

顶层设计关注的问题往往是覆盖面广、带动性强或具有全局性、战略性影响的领域。因此，创新农业技术推广体系的顶层设计必须重视问题导向，从造成农业技术推广"线断网破"和"最后一公里"的问题出发，找出症结，对症下药。要处理好眼前与长远、局部与整体的关系，必须进行顶层设计。

"1+1+N"产学研联盟，无论是体制创新还是机制创新，都具有超前性和前瞻性，有些探索在全省乃至全国都起到了引领作用。例如：浙江大学新农村发展研究院,是全国高校第一批新农村发展研究院之一;浙江大学和湖州市地方政府共同组建的浙江大学湖州市南太湖现代农业科技推广中心,是全国第一家市校共建的农业技术研发和推广平台;浙江大学湖州市现代农业产学研联盟、农业技术入股的探索,农业科技创新团队和产业研究院的探索等,都具有开创性。如果没有农业技术推广体系顶层设计,就不可能有这些创新。

2. 农业技术推广体系顶层设计要形成共识

顶层设计一般具有普遍性,必然会影响到不同利益主体。无论是市校共建社会主义新农村体制,还是在整个农业技术推广链建设中,浙江大学湖州市高校院所专家、本地农业技术推广专家、农业经营主体等之间利益的分配、调整,都是必须考虑到的。如果没有责任担当意识,遇到问题就绕着走,遇到阻力就妥协,那么就不可能形成"1+1+N"产学研联盟的"湖州模式"创新;如果没有浙江大学和湖州市地方政府对社会主义新农村战略形成共识,就不可能形成"合作共建",不可能举全市之力和举全校之力;如果没有对"1+1+N"产学研联盟创新的认识,没有形成农业经营主体的内生性需求,没有对高校院所专家的激励机制,那么其参与创新改革的积极性就不高、主动性就不强。

3. 农业技术推广体系顶层设计落地

改革是发展的动力之源,改革落地是决定改革见效的关键所在。顶层设计要有高度和前瞻性,但更重要的是如何变成基层动力落地。

创新落地,就必须突出问题导向、效果导向,建立完善创新工作机制。在"1+1+N"农业技术推广体系创新过程中,非常重视农业技术推广链的传导机制建设。农业技术推广中的"线断网破"和"最后一公里"问题,关键在于没有建立健全的农业技术推广链。湖州设计新型现代农业技术推广链时,始终坚持传导链。通过南太湖现代农业科技推广中心、浙江大学湖州市现代农业产学研联盟、湖州农民学院、基层公共服务中心、高校院所专家和本地农业技术专家等平台，联结农业技术推广专家、教授与经营主体，联结科研成果与生产应用。

通过建章立制，明确主体责任，健全创新体系全流程高效可考核、可评价的责任链条体系。建立浙江大学和湖州市高层的每年一次的年会制度；在具体执行层面，有市校分管领导参加的市校合作工作推进会、浙江大学湖州市现代农业产学研联盟和各主导产业联盟的季度工作例会；针对市校合作专项资金项目，建有会商制度；对高校院所专家和本地农业技术专家组分别制定详细的考核制度，甚至建立了高校院所专家组在湖州开展技术研发、技术示范推广、技术指导及技术培训的工作日志；建立联盟专家进驻基层农业公共服务平台制度，显著提高了联盟服务的有效性。

（二）农业技术推广联盟顶层设计和市场导向路径

1. 政策供给与基层探索相结合

众所周知，政府的最大优势是政策资源，因而当政府支持或反对某一经济活动时，惯用的有效手段便是政策供给。在"1+1+N"农业技术推广联盟的形成发展过程中，湖州市政府和浙江大学充分发挥政策资源优势，从制度供给上保障"1+1+N"农业技术推广联盟的正常运行。当然，在产学研合作发展到一定程度时，地方政府支持和鼓励产学研合作的行为应逐渐从供给角度转向需求角度，即针对当地产学研合作的实际需求，侧重于从需求角度发挥政府作用。

2. 政用产学研一体化

农业技术推广联盟以政府为主导，以产业发展为方向。以高校、科研院所和企业为主体，以科研攻关和成果转化项目为纽带，整合社会科技资源，实现农业技术推广公益服务功能、科研攻关课题创新、成果转化效率效益提高互促共赢。浙江大学与湖州市政府成立合署的现代农业

产学研联盟领导小组，市级层面、县区层面分别围绕当地主导产业成立相应的产业联盟。各级产业联盟均由高校院所专家团队，本地农技专家和县乡镇相关部门，责任农科人员所构成的农业技术推广服务小组，若干农业龙头企业、农民专业合作社、生产经营大户等"政产学研、农科教技、省市校乡"人员组成。

"四位一体"的创新体制为政、用、产、学、研多方协作紧密整合资源，奠定了组织框架和制度基础。

3. 农民参与，多元化推广

从20世纪70年代开始，许多西方国家的农业科研与推广逐步转变为农民参与模式，其优点在于：一是充分尊重农民意愿，创造多方合作的互动式研究和推广方式；二是科研人员直接推广成果，消除研究、推广与生产脱节的问题，及时了解农民需求，吸收农民本土知识和经验，尊重农民的评价筛选，及时改进科研成果；三是建立农民的自信心，发挥农民的主观能动性和主体作用，提高农民的科学意识，推动农民参与科技创新；四是农民是志愿者和积极参加者，也是"三合一"的生产者、研究者和推广者，农民参与的过程就是螺旋式、循环式升华研究和推广农业科技成果的过程。

农业经营主体既是"1+1+N"农业技术推广联盟的受益者，也是其建设主体。在"1+1+N"农业技术推广联盟建设中，应充分尊重农民意愿，广泛调动农业经营主体的积极性、主动性和创造性。

"1+1+N"农业技术推广联盟的"N"就是核心示范基地（各类农业经营主体），通过核心示范基地带动和辐射其他现代农业经营主体。

多元化推广是构建农业新型社会化服务体系，建设现代农业的客观要求，也是市场经济发达国家农业推广的主要做法。多元化推广的本质是从以"政府为主导"转向"政府指导、多元发展"的农业或农业技术推广，即"一主多元"。多元化推广的核心是充分发挥政府公益性推广和企业经营性推广两方面的积极性。政府公益性推广通过提供基础性服务，为多元推广奠定工作基础。政府通过项目政策支持等方式，带动多元推广提供相关服务；通过发挥桥梁纽带作用，聚合多元推广力量，围绕建设现代农业产业体系开展一体化技物结合服务。从政府层面来看，既有湖州地级市，还有县区，甚至乡镇形成行政链；从高校科研院所层面来看，以浙江大学为主体，联合其他院校和科研院所，包括提供基层农业技术研发和推广服务的湖州市农业科学院、提供"三农"智库的湖州市乡村振兴研究发展中心（湖州市农村发展研究院）、提供新型职业农民培训的湖州农民学院等，形成推广链；从经营主体层面来看，既有各类农业专业合作社、农业龙头企业，又有家庭农场、农户等形成客体链。

三、突出高校院所与本地农技专家紧密合作

（一）耦合——破解"线断"

"线断"是说农业技术推广网络没有实现"纵向到底"，高校科研成果"养在深闺人未识"，过于"高大上"而不"接地气"，由于首席专家人数有限，难以完成面广量大的农业技术推广工作，难以常年走进千家万户，这会影响专家的基础研究、技术开发，因而迫切需要推广链的中间环节，一种由本地农业技术专家组担当"二传手"的传导机制。

与其他高校现有农业技术推广模式不同，湖州新型现代农业技术推广链在设计时始终坚持传导链的建设。最初通过南太湖现代农业科技推广中心、核心示范基地，把高校科研成果与经营主体的需求有机联结起来，即"1+1+N"农业技术推广联盟形成的第一个阶段——"1+1"模式；但是，在实践过程中发现，仍然没有完全解决整个推广链的无缝对

接。因此，第二阶段发展过程中增加了本地农业技术专家小组，这个"二传手"发挥了至关重要的"传帮带"作用。通过本地农业技术人员传导机制，解决了"最后一公里"的问题。

新型农业技术推广体系非常重视培育新型经营主体，把核心示范基地（家庭农场、农民专业合作社、重点农业龙头企业）作为联盟推广网络的重要节点；同时，借助现代信息技术，在构建农业技术推广网络时，建设并充分发挥信息网络的作用，借助信息网络实现农业技术专家与千万农民的联结。

通过本地农业技术专家组可联结"N"个经营主体。通过"N"（既可以是核心基地，也可以是经营大户，还可以是农业龙头企业），让技术源头与用户终端直接对接，使更多农民得到实惠。

（二）链网——破解"网破"

农业技术推广的"网破"，是指整个农业技术推广网络没有支撑点，没有形成纵横合力，没有系统性。农业技术推广网络，形象地说就是"横向到边、纵向到底"，最好是"一竿子"插到农户家里，插到田间地头。

过去我们理解推广链，是采用线性思维方式，只重视"纵向到底"——从源头农业技术研发到生产、推广，但由于信息不对称，导致高校科研成果无法与市场对接。湖州新型农业技术推广体系在创新建设过程中非常重视"节点"建设。通过浙江大学南太湖现代农业科技推广中心、核心示范基地、基层服务公共平台、农民学院等"节点"，围绕本地现代农业主导产业建立联盟、培育创新团队、组建主导产业研究院。有了这些支点，就撑起了整个农业技术推广网络，从而实现了农业技术推广网络的"横向到边"。

（三）支撑——形成立体

湖州还创新了体制机制和"三位一体"的平台建设。湖州新型农业技术推广体系之所以"新"，还表现在围绕农业技术推广链完善了农业技术推广联盟的体制机制建设。建立了考核和激励机制、科技投入保障机制，健全了新型职业农民培养、农业技术研发推广平台和基层公共服务平台等支撑体系，组成了立体的新型农业技术推广体系网络。

新型农业技术推广体系实现了四个转变，即从"点对点"推广到"面对面"辐射、从自发推广到有组织推广、从个体推广到团队推广、从技术推广到农业推广和咨询决策。

四、农业技术推广与本地主导产业发展深度融合

（一）围绕生态循环农业发展趋势

1. 做活"生态+"文章，助推产业转型升级

生态循环农业是以生态、循环、优质、高效、持续为主要特征，通过节约集约投入、全程清洁生产、废弃物资源利用，实现经济、生态、社会效益相协调的一种现代农业发展方式。

"1+1+N"农业技术推广联盟后期重点方向为，结合湖州生态文明示范区建设，紧紧围绕品质农业、生态循环农业开展农业技术研发和推广。在生态循环农业的具体推进过程中，由于节约集约投入、全程清洁生产、废弃物资源利用，对不少农业主体来说，不但能降低生产成本，增加经济效益，还能保证农产品的质量安全，利于品牌打造和市场拓展，一举多得，所以颇受欢迎。

五、农业技术推广与培育经营主体创新创业互促共赢

（一）创新新型职业农民培育模式

"1+1+N"新型农业技术推广体系始终把新型职业农民培育作为一个重要任务来抓，国外把农业技术推广更多地理解为农业推广，对农民的教育培训是农业技术推广组织的一项重要功能。

新型职业农民培育要达到预期目的，必须解决以下几个问题：一是选择什么人培训，二是培训什么内容，三是想达到什么效果，四是通过什么机制体系来达到预期效果，五是注重过程性评价和结果性评价。

1. 创办全国首家农民学院

户籍制度的改革，使农民由原来的社会身份转化为职业身份，即农业从业人员。农业现代化的发展，对农业从业人员综合素质提出了很高的要求。农业从扩大要素投入的粗放式经营向技术、资本密集型的集约化经营转变，服务外包和多元合作成为经营主体降低劳动力成本、提高农业综合效益的必然选择，机械化和智能化成为占据绝对地位的农业生产方式，"互联网+"成为农业经营的崭新形式，文化创意、品牌经营和个性化服务成为提升农业附加值和竞争力的主要手段，技术嫁接、功能拓展、产业融合成为创新创业、实现跨越式发展的主要路径。要适应这种新变化、新趋势、新常态，传统农民必须从经验型向知识型、从体力型向智慧型、从生产型向经营型转变，通过完成这样的转变，不断提高来自农业生产和经营的收入，实现收入的持续稳定增长，使农业成为一种受人尊重的职业，使从事农业生产经营的人具有更大的获得感。

加快传统农民向新型职业农民的转变，必须加强新型职业农民的培

育，构建具有地方特色的农业职业教育体系。

正是在这样的大背景下，由湖州市政府和浙江大学共同建立的全国第一所地市级农民学院——湖州农民学院成立，为解决农民缺技术、农业缺经营、农村缺社会治理和服务的问题探索了一条有效途径，这种创新的做法和经验在浙江省得到推广。

2. 创新农业推广硕士联合培养模式

农业推广硕士（现农业硕士）联合培养模式，是湖州农业技术研发与推广人才培育的一大创新。培养目标是满足湖州现代农业发展需要，培养针对新农村建设的领军型、高端型、实用型人才，这一模式是湖州市对培育现代农业高端领军型人才的探索与尝试，也是湖州市第一个主要面向大学生村干部和农村基层一线工作者提升专业水平和学历层次的硕士学位教育班。

（二）培育经营主体创新创业氛围

1. 农民大学生创业基地成为农村创业平台

随着我国工业化、城镇化的加快发展，农户群体快速分化，出现了种养大户、科技示范户、经营和服务型农户、半工半农型农户和非农产业农户等，相应地，农民也快速地职业化，出现了产业工人、专业技能人员、社会服务型人员、家庭农场主等。培育新型职业农民，确保相当一部分高素质农民留在农村，以农业为职业，是破解今后"谁来种地"和"如何种好地"等难题的制度性变革。

湖州市依托湖州农民学院，以国家现代农业示范区建设为抓手，紧紧依托本地产业特色，突出重点强主体，整合资源做加法，积极探索符合实际、行之有效的新型职业农民培育之路。通过提升湖州新型职业农民的素质来激发其创业热情，着力破解"谁来种地""如何种好地"的难题。湖州农民学院大学生已成为湖州农村创新创业的主体力量。农民大学生创业基地是搭建农民大学生创业实践、促进农业技术推广落地、激发农村内生力量的有效平台，是"1+1+N"农业技术推广联盟的重要载体。2011年，湖州农民大学生创业基地正式挂牌。农民大学生创业基地是由湖州市农办和农民学院共同确立的农民大学生创业实践平台与创业培育基地，经营主体为湖州农民学院大学生。农民大学生在读期间，湖州农民学院组织"省、市、校、乡，农、科、教、技"四级专家教授对其进行指导，并对其经营的基地给予政策扶持。

2. 强化家庭农场典型示范带动作用

政府在激励新型经营主体创业上，以家庭农场为抓手，通过政策扶持、示范引导及完善服务积极稳妥地推进家庭农场创业创新，重点是扶持种养结合、生态循环示范性家庭农场。

在创新主体培育机制，推进生态循环家庭农场发展的实施方案中，湖州市政府积极引导农场从业人员成为新型职业农民，要求市级示范性家庭农场主必须取得新型职业农民资格证书，并且家庭农场的技术人员中新型职业农民占比须达到50%以上，引导农场主成为有文化、懂技术、会经营的符合现代农业发展要求的新农民。

此外，湖州市政府大力支持新型职业农民创办家庭农场。对现代职业农民兴办家庭农场，在土地流转、技术支持、政策支持等方面给予重点倾斜，并按项目管理要求给予资金扶持。

在家庭农场培育中，湖州市政府充分发挥基层农业公共服务中心和"1+1+N"农业技术推广联盟的作用，建立农业技术推广联盟、基层责任农业技术员联系家庭农场的制度，积极主动地为家庭农场提供技术培训、技术指导、现场服务以及政策咨询和市场信息，帮助家庭农场经营人员参加职业技能鉴定，不断提高家庭农场经营人员的职业技能和经营管理能力。

现代农业产学研联盟在培育核心示范基地时，把家庭农场作为今后一个时期的重要任务来抓，鼓励家庭农场主动"触电"。大力推进"互联网+农业"行动，积极开展农业生产物联网基地建设，推进"机器换人计划"实施，利用物联网技术和人工智能技术创造农产品生长的最佳环境，实现农业生产智能化控制，使家庭农场节约大量人力成本，通过抓主体培训、平台对接、信息引导、试点示范，搭建农产品产销对接平台，创新对接模式和机制，让产销双方通过面对面交流相互了解沟通，实现优势互补，积极引导家庭农场发展电子商务业务。

第三节 农业技术推广程序、方式与方法

一、农业技术推广程序

农业技术推广程序是农业技术推广方法和技能在推广工作中的具体应用，它是一个动态的过程。农业技术推广程序概括起来可分为项目选择、试验、示范、推广、培训、服务、评价七个步骤。其中试验、示范、推广是农业技术推广的基本程序，其他步骤是在此基础上采取的辅助措施和手段。

（一）项目选择

项目选择是开展农业技术推广工作的前提，是一个收集信息、制订计划、选定项目的过程。选准了好的项目，就等于完成了一半的农业技术推广工作。项目的选定首先要收集大量信息，项目信息主要来源于四

个方面，即引进的外来技术，科研、教学单位的科研成果，农民群众先进的生产经验以及农业技术推广部门的技术改进。

（二）试验

试验是农业技术推广的基础，也是验证推广项目是否适应当地的自然、生态、经济条件，以及确定新技术推广价值和可靠程度的过程。由于农业生产地域性强，使用技术的广泛性受到一定的限制，因此对初步选中的新技术必须经过试验，验证其推广价值和可靠程度；而正确的试验可以正确评估新成果、新技术的推广价值，特别是引进的成果和技术，对其适应性进行试验就更为重要。新品种的引进和推广也需要先进行试验。

（三）示范

示范是农业技术推广的最初阶段，属推广的范畴。示范是进一步验证技术适应性和可靠性的过程，又是树立样板，对广大农民、乡镇干部、科技人员进行宣传教育及转化其思想的过程，同时是扩大新技术的使用面积，为大面积推广做的准备。示范的内容可以是单项技术措施、单个作物，也可以是多项综合配套技术或模式化的栽培技术。

（四）推广

推广是指新技术的应用范围和面积迅速扩大的过程，是科技成果和先进技术转化为直接生产力的过程，是产生经济效益、社会效益和生态效益的过程。新技术在示范的基础上，一经决定推广，就应切实采取各种有效措施，尽量加快推广速度。经常采取宣传、讲座、技术咨询、技术承包等手段，并借助行政干预、经济手段推广新技术。在推广一项新技术的同时，必须积极开发和引进更新、更好的技术，以保持农业技术推广的旺盛生命力。

（五）培训

培训是一个技术传输的过程，是大面积推广的"催化剂"，是令农民尽快掌握新技术的关键，也是提高农民科技文化素质、转变其行为的有效途径之一。培训时多采用农民自己的语言，不仅通俗易懂，而且农民爱听，易于接受。

培训方法有多种，如举办培训班、开办科技夜校、召开现场会、巡回指导、田间传授和实际操作，建立技术信息市场、办黑板报、编印技术要点和小册子，通过广播、电视、电影、录像、电话等方式宣传介绍新技术、新品种。

（六）服务

服务贯穿于整个农业技术推广过程中，不局限于技术指导，还包括物资供应以及农产品的贮藏、加工、运输、销售等利农便农服务。各项新技术的推广必须依靠行政、供销、金融、电力等部门通力协作，为农民进行产前、产中、产后一条龙服务，为农民排忧解难。

（七）评价

评价是对农业技术推广工作进行阶段总结的综合过程。由于农业的持续发展以及生产条件的不断变化，一项新技术在推广过程中难免会出现不适应农业发展要求的情况，因此，推广过程中应对技术应用情况和出现的问题进行及时总结。推广工作基本结束时，要进行全面、系统的总结和评价，以便再研究、再提高，充实、完善所推广的技术，并产生新的成果和技术。

二、农业技术推广方式

随着我国经济增长方式由粗放经营向集约经营的加速转变,现代农业技术推广也转向"农业增效、农村稳定、农民增收"的目标,其服务范围和内容也转向产前、产中、产后全过程服务,以及"产、供、销"等一体化系统服务。农业技术推广在新的形势下,推广方式在继承原有的示范、培训、蹲点、咨询等方式的同时,提出并形成了一些适应市场经济发展和"两高一优"(高产、高效益和优质)的农业发展新形式。

(一)项目计划方式

项目计划方式是政府有计划、有组织地以项目的形式推广农业科技成果,是我国农业技术推广的重要形式。农业科技成果包括国家和各省、市(县)每年审定通过的一批农业科技新成果,农业生产中产生但尚未推广应用的增产新技术,以及从国外引进、经过试验示范证明经济效益显著的农业新技术。各级农业科研行政部门和农业技术推广部门每年都要从中编列一批重点推广项目,有计划、有组织地大面积推广应用。例如,农业农村部和中华人民共和国财政部共同组织实施的综合性农业科技推广"丰收计划",中华人民共和国科学技术部设立的"国家科技成果重点项目推广计划"及依靠科技促进农村经济发展的"星火计划",中华人民共和国教育部提出的"燎原计划",还有"菜篮子工程"、科技扶贫项目、黄淮海农业综合开发、农业科技园区建设项目等。各省、直辖市、自治区不同层级还有相应的推广项目,这些均已成为农业新技术推广的重要途径。

按项目计划推广,一般要经过项目的选择、试验、示范、推广、培训、服务、评价等步骤。项目要选择当地生产急需的且投资少、见效快、效益高的技术,适应范围广、增产潜力大且能较快地大面积推广应用的技术。项目论证要考虑到推广地区农民的文化素质和经济状况、推广人员的能力，以及物资供应、市场影响等因素。项目经过论证，报上级批准后方可确定为推广项目。一般各级管各级的推广项目，由上级主管部门组织协调实施。一个项目一般推广3~4年，取得预定效益后再实施新的推广项目。

项目计划实施时，一般动员和组织教学、科研、推广三个方面的成员组成行政和技术两套领导班子。技术指导小组负责拟定推广方案及技术措施；行政领导小组主要协调解决推广中遇到的各种矛盾和问题，做好农用物资供应及科技人员的后勤服务工作。

（二）技术承包方式

技术承包方式主要是各级农业技术推广部门以及科研、教学单位利用自身的技术专长在农业技术开发的新领域，为了试验示范和获取部分经济效益而采取的一种推广形式，是推广单位或推广人员与生产单位或农民在双方自愿、互惠、互利的基础上签订承包合同，运用经济手段和合同形式推广技术。它是联系经济效益计算报酬的一种有偿服务方式。

在具体的推广过程中，承包方可以是技术推广组织或个人，也可以合股联合；可以承包单项技术，也可以承包某种作物；可以承包某户、某村，也可以承包某个地域；可以一季一包、一年一包，也可以一包几年；可以进行农事劳务承包，也可以进行产品后期处理，如保鲜、贮藏、加工、运输、销售等方面的承包。

（三）技物结合方式

技术与物资结合是近年来被证明一种行之有效的推广方式，它是以示范推广农业技术为核心，提供配套物资及相关的产品销售加工信息与服务。这就要求农业技术推广人员采取技术、信息和配套物资三者结合

的推广方式。

推广机构兴办经济实体,是技物结合推广方式的具体表现形式。常言道,"既开方又卖药",即根据技术推广的需要,经营相应的物资供销业务,以消除过去技术推广与物资供应脱节的弊病,为加速农业技术推广、提高经济效益提供物质保障。例如:畜牧兽医技术推广部门,办孵坊、育雏、配种、饲养保险,出售良畜、种蛋、兽药等经济实体;植物保护技术推广部门供销农药、药械、燃油、地膜、生长激素等农资,开展药械租赁、维修业务等经济实体;养蜂技术推广部门兴办实体,提供养蜂技术咨询服务,组织蜂具生产和供应,联系蜜源地点和运输,提供蜂产品的收购和销售等配套服务。

技物结合推广方式有以下作用:第一,技术推广与农用物资经营相结合,提高了推广机构自我积累、自我发展的能力,改变了过去"实力不强,说话不响,办事不像"的被动局面,使一大批新技术、新物资能及时应用于农业生产;第二,促进了农用物资的流通,方便了群众,满足了生产的需要;第三,农业技术推广机构及推广人员可因地制宜地开展产前、产中、产后系统服务,兴办经济实体,走农业产业化之路,有效地促进了农业生产的发展。

需要特别注意的是,农业技术推广机构兴办经营实体必须以农民的实际需要为出发点,以为农民服务为指导思想,不搞单纯追求经营利润的活动,一切经营活动都应该立足于农业技术推广。"立足推广搞经营,搞好经营促推广",要把推广与经营紧密结合起来,坚持工作实体与经营实体同步、协调、和谐发展。

(四)企业牵动方式

为了适应新阶段农业和农村经济结构调整的需要,兴办农产品加工等龙头企业,发展"贸工农、产加销"一体化,以市场为导向,农民按合同生产、交售，企业按合同收购、加工、销售，使农民种养有指导，生产过程有服务，销售产品有门路。这种推广方式，企业承担了一部分农业技术推广工作，同时加强示范基地建设，形成生产经营规模，搞活市场，引导农民完成产业结构的调整。

企业牵动农业技术推广方式的优点有以下几个：一是实现利润在各个环节的合理分配，生产者、加工者和销售者利益均沾，风险共担；二是农业技术推广机构已成为企业内部的一个机构，推广机构、企业与农民三者的经济效益紧密捆绑在一起，加强了新技术推广的紧迫感和责任感；三是农业技术推广活动成了企业的一项重要活动，其活动经费、技术人员的报酬等直接计入生产成本，由企业支付，减轻了国家负担。这种推广方式也有它的局限性，只适合于商品率高及经济效益比较高的畜牧、水产和某些特殊经济作物的生产经营。在一些市场经济发展不够充分的地区，宜成立各类农村合作经济组织和专业协会，快速推广先进科技成果，提高农民的产业化经营水平和抗市场风险能力。

（五）农业开发方式

农业开发方式主要是指对尚未利用的资源运用新技术进行合理开发利用，使之发展成为有效的农业新产业。其中，农业科技开发是手段和桥梁，是农业开发的核心。农业开发模式主要是按照"两高一优"农业高新技术发展的要求，满足广大农民对农业生产高效益的需要。

农业开发的具体方法是，农贸结合，建立基地，推广农业技术，开展综合服务，走以市场为导向的农业技术推广新路。此方法的好处是，促进了各地"名、特、优、新、稀"农产品的开发性生产。

（六）科技下乡方式

科技下乡方式是以大专院校、科研院所等单位为主体，将高校、科

研机构和技术部门的科技成果和先进技术,通过适当的方式(如科技大篷车、小分队等)介绍给农民和乡镇技术干部,将科技逐渐应用于农村各行各业,从而推动农村经济的发展,有利于提高社会效益、生态效益、经济效益,加速乡、村物质文明和精神文明建设。科技下乡有助于农村调查研究,有利于宣传党的政策方针。

(七)科技入户方式

科技入户方式是科技成果转化的"直通车",能打通农业技术推广的"最后一公里"。农户作为我国农业生产经营的基本单位,承担着接受和使用农业新技术的任务。从农业发展和农民实际需要出发,推动农业科技入户,对于提高农民科学文化素质和科技应用水平,加速农业科技进步与创新,加快建设中国特色现代农业,具有特殊的意义。

科技入户方式是组织各级各类科技单位和人员深入生产第一线,示范推广优良品种和配套技术,对农民进行农业科技培训,实现"科技人员直接到户,良种良法直接到田,技术要领直接到人";直接目的是培育和造就一大批思想观念新、生产技能好、既懂经营又善管理且辐射能力强的农业科技示范户,发挥科技示范户的带动作用,拓宽科技下乡的渠道;同时在全国构建政府组织推动,市场机制牵动,科研、教学、推广机构带动,农业企业和技术服务组织拉动,专家、技术人员、示范户和农户互动的新型农业科技网络。

(八)专业协会方式

农民专业技术协会、农民专业合作社是农民在参与市场过程中,根据当地产业发展特点自发组织起来的,是以农民为主体、以农民技术员为骨干,吸收部分专业技术人员做顾问,主动寻求、积极采用新技术、新品种,谋求高收益的经营组织。各地常见的农民专业技术协会有专业合作社园艺协会、种植协会、养殖协会、果树协会等多种专业类型。

专业协会、研究会、合作经济组织上靠科研、教学、推广部门，下连千家万户，面对城乡市场，且有较强的吸收、消化和推广新技术与新成果的能力，以及带领农民走向市场、参与市场竞争的能力，已成为农业技术推广的新型组织形式，成为一支重要的农业技术推广力量。我国农村专业协会、农民专业合作社进行农业技术推广工作主要有以下三种方式。

一是技术服务方式。农村专业协会、农民专业合作社通过开展技术研讨活动，交流、发现和解决一些农业生产中遇到的技术难题，为会员及周围群众的生产、经营提供技术服务。

二是开发方式。通过引入教学、科研单位进行协作攻关，解决当地一些影响农业生产发展的主要技术问题，或引入大的农业项目共同研究与开发。这种方式实现了研发者和生产者的紧密结合，有利于研究新的技术措施、开发新的生产项目，能产生较好的社会效益和经济效益。

三是"科、教、商贸"一体化方式。农村专业协会、农民专业合作社牵头组织，由农业科研单位进行项目的研发、选择与改造组装，农业教育部门进行技术培训和推广，物资部门进行农业生产资金的组织、农用物资的配套供应以及农产品的销售、运输和深加工。

三、农业技术推广的基本方法

农业技术推广方法是指农业技术推广部门、推广组织和推广人员为实现农业技术推广目标所采取的不同形式的组织措施、教育和服务手段。对农业技术推广方法的分类有多种方式，但最常用的一种是根据信息传播方式的不同，将其分为大众传播法、集体指导法和个别指导法三类。

（一）大众传播法

大众传播法是指农业技术推广人员将有关的农业信息经过选择、加工和整理，通过大众传播媒介传递给农业技术推广对象的一种方法。

1. 大众传播媒介的特点

大众传播媒介具有以下特点。

（1）传播的信息具有较高的权威性。

信息权威性的高低，除了与信息本身的价值高低有关以外，还与信息传播机构的声望有关。例如，中央电视台和某个人发布同一条信息，人们在心理上的接受程度是不一样的。同样的信息，由大众媒介传播，就比个人传播具有更高的权威性。

（2）传播的信息量大，速度快、成本低、效益高。

大众媒介，如印刷品可印刷若干份，广播稿件可播放多次，且通过大众媒介可在较短时间内把信息传遍全国乃至全世界。由于大众媒介传播速度快、范围广，虽然制作需要投入较多的资金，但如果按接收节目人数的平均费用计算，大众传播媒介提供信息是最廉价的。

（3）信息传递方式基本是单向的。

通过大众传播媒介发送信息，信息发出者与接收者之间无法进行面对面的沟通，基本上属于单向传播。

2. 大众传播媒介的类型

大众传播媒介主要有文字印刷品媒介、视听媒介、静态物像传播媒体三种类型，并各有特点。

（1）文字印刷品媒介。

文字印刷品媒介主要包括报纸、书刊和活页资料等，属于占有空间的媒介，读者享有控制阅读速度、阅读时间和地点的主动权。这种媒介在传播理论、观念及较详尽的资料等方面，效果较好。

（2）视听媒介。

广播、电视、录像、电影等都属于视听媒介。采用这种媒介宣传信息，比用单纯的语言、文字、图像（绘画、照片）传播信息更直观、更形象化。视听媒介以声像与农民沟通，是一种农民喜闻乐见的大众传播方式。

（3）静态物像传播媒体。

静态物像是以简要明确的主题将物像展现在人们能见到的场所，从而影响推广对象的一种大众传播方式，如广告、标语、科技展览、陈列等。静态物像媒体以静态物像与农民沟通。这里着重介绍科技展览的陈列方式。

科技展览是将某一地区成功的技术或优良品种的实物或图片定期、公开地展出。科技展览把"听"和"看"有机地结合起来，环境和气氛轻松愉快，有利于推广人员和农民的和谐交流，也有利于技术的普及和推广。为增强科技展览的推广效果，一般将展览场所安排在交通便捷且较为宽敞的地方，并设置明显的标志。展览之前，要广为宣传，使农民知道科技展览的时间和内容；展览过程中，陈列品要突出主题，以生动的形象、鲜明的色调，配合讲解，示范表演。最好在介绍技术时，附有资料或销售相应的生产资料和其他物品。

3. 大众传播法的应用

从事农业技术推广工作，要根据大众传播媒介的不同特点以及农民采用新技术的不同时期，灵活选择合适的传播媒介，以增强农业技术推广的效果。例如，在农民采纳新技术的认识阶段，可以利用广播、电视等传播符合农民需要的科学技术新信息，以引起农民的注意和重视；当农民已经了解科技信息，需要进一步深入学习时，应采用科技展览的方法，新技术与原技术对比可以加深他们的认识，激起其对新技术的兴趣；当农民准备试用时，应向他们提供相应的产品、资料等，并组织现场参

观，使他们掌握技术细节，以确保试用成功。

总之，大众传播的方法要根据不同的推广对象及其认识程度，有针对性地采用。一般来讲，大众传播法适用于以下几种情况。

（1）介绍农业新技术、新产品和新成果等，让广大农民认识新事物的存在，并引起他们的注意。

（2）传播具有普遍指导意义的有关信息（家政和农业技术信息）。

（3）发布天气预报以及病虫害预报、警报等，并提出应采取的具体防范措施。

（4）针对多数农民共同关心的问题提供咨询服务。

（5）宣传国家的农业政策与法规。

（6）介绍个人的成功经验，以扩大影响面。

（二）集体指导法

集体指导法又称"群体指导法"或"团体指导法"，是指推广人员在同一时间、同一空间内对具有相同或类似需要与问题的多个目标群体进行指导和传播信息的一种方法。运用这种方法的关键在于，形成适当的群体，即分组。一般而言，具有共同利益、易于沟通的群体是比较理想的群体。该方法具有以下优点：①指导范围广；②推广效率高；③信息双向交流，可及时反馈，有利于开展讨论或辩论。该方法具有一定的局限性，难以满足所有人的需要。

1. 集体指导法的特点

集体指导法具有以下特点。

（1）与个别指导相比，集体指导对象相对较多，因而推广效率较高。

集体指导法是一项小群体活动，涉及的目标群体相对较多，推广者可以在较短时间内把信息传递给预定的目标群体。

(2)集体指导基本是属于双向交流，具有反馈及时的特点。

推广人员和目标群体可以面对面地沟通，这样在沟通过程中若存在什么问题，可得到及时的反馈，以便推广人员采取相应的措施，使农民真正掌握所推广的技术。

(3)集体指导法利于展开讨论，达成一致意见。

推广人员与农民可以进行讨论，农民与农民也可以直接进行讨论或辩论。通过讨论可以澄清其对某些技术信息的模糊认识和片面理解。通过互相交流、讨论，最后达到完全理解、掌握技术的目的。

(4)集体指导法难以在短时间内满足每个人的特殊要求。

集体指导法一般是针对这个小群体共同关心的问题进行指导或讨论，对某些人的一些特殊要求则无法满足。

2. 集体指导的原则

集体指导应遵循以下原则。

(1)重引导，坚持自愿参加。

集体指导的内容，一定要适合农民的需要，要想农民之所想，急农民之所急，讲农民想知道、想解决的问题，这样才能调动农民学知识、用技术的积极性，引导农民主动自愿参加学习。不能采用强迫的手段，要求农民学习。

(2)重实际，考虑农民特点。

农民既是生产者又是经营者，他们每天除了从事生产和经营活动以外，还要完成许多家务劳动，体力和精力消耗很大，所以农民晚上休息得较早。为此，进行集体指导时，一方面要选择合适的时机，如雨天和农闲季节；另一方面，要努力提高集体指导效率，讲课时多举实例，多讲怎么做、少讲为什么，尽可能利用课件、挂图、实物、标本、音像等直观指导教具，有助于提高农民参与仿效的积极性。

（3）重质量，注重指导效果。

集体指导的对象多而复杂，授课前一定要做好充分的准备。讲课要有讲稿或教材，必要时可印发一些文字材料，对农民容易提出的问题及解答的方式、方法做到心中有数；同时讲课时语言要简洁精练、形象生动、幽默风趣、朴实无华。

3. 运用集体指导法的要求

运用集体指导法指导农民的农业生产经营具有以下要求。

（1）对推广对象的要求。

集体指导是推广人员与农民、农民与农民之间面对面交流的集体活动，所以选择参加集体指导的对象必须是对同一类问题感兴趣的人，这样容易在讲授、示范、讨论过程中形成共同语言和兴趣，实现同一目标。

（2）对时间的要求。

多数人同意后，就把集体指导的时间确定下来，利用各种方式通知每位参加者，尽量保证全员参加。

（3）对方法的要求。

集体指导法的方法较多，如小组讨论、示范、讲座、现场会、参观考察等。指导方法的选择要视培训的内容和效果而定，选择能解决问题的最有效的方法。有时根据要求可以两种或几种方法结合使用，穿插进行，如讲座与参观考察、小组讨论与示范相结合等。

（4）对方式的要求。

参与式讨论是集体指导方法突出的特点，因此，必须引导农民提高参与意识，只有当每一位成员充分参与到该组织中来，并敢于发表自己的见解时，才能使这种形式更具有吸引力，从而达到理想的效果。

（5）对规模的要求。

小组活动的规模不宜太大，适宜的小组规模为20～40人。规模过大，讨论问题时不容易形成一致的意见；规模小，有利于成员之间密切接触，使其有更多的参与机会，有更多的条件来增进友谊与互相帮助。

4.集体指导法的具体应用

集体指导法有多种形式，常见的有集会、小组讨论、示范（如成果示范、方法示范）、实地参观和短期培训等，现分别介绍如下。

（1）集会。

集会有很多种类，按讨论的方式分类，有以下几种形式。

①工作布置会。上级推广部门向下级推广部门安排部署推广项目时，多采用这种形式。在工作布置会上，提出项目要求、目标、方法和具体实施方案。

②经验交流会。项目先进典型、劳动模范、科技示范户等介绍他们的经验、做法及体会，以达到传播技术和经验的目的。

③专题讲习班。定期以广播或报告会的形式就推广项目的技术问题进行讲解，或提供有关信息和技术专题知识，组织农民听讲，规模可大可小，视实际情况而定，时间以1天为宜，如农药安全使用、病虫测报、土壤诊断测试讲习班等。

④科技报告会。组织专家、学者和农业技术推广人员成立科技报告团，进行巡回演讲并发放科技信息资料，报告内容要精练，符合农民需要，时间不宜过长。

（2）小组讨论。

小组讨论是由小组成员就共同关心的问题进行讨论，以寻找解决问题的方案的一种方法。对推广人员来说，通过组织小组讨论，一方面是使大家就共同关心的问题达成共识，另一方面是通过交流来达到互相学习的目的。这种方法的优点在于，让参加者积极主动地参与讨论，同时可以倾听多方的意见，从而提高自己分析问题的能力。其不足之处是比较费时，而且如果人数太多，效果也不理想。

（3）成果示范。

成果示范是指在农业技术推广专家（技术人员）的直接指导下，农业生产者在自己承包经营的土地上，把经当地试验示范取得成功的某项技术成果或综合组装配套技术，严格按照其技术规程要求实施，将其优越性和最终成果展示给周边的农民，以激起周边农民的兴趣和采纳激情，并采用适当的方式鼓励、敦促他们仿效实施。这种方法用农民的实际成功经验去推广新技术，更能引起农民学习的兴趣；但进行成果示范的技术一定是在当地经过试验示范成功的技术，且选择的内容要与农民和社会的需求相一致。

（4）方法示范。

方法示范是向一个群体或一个小组介绍某项新技术措施如何一步一步完成的一种方式。在示范过程中，最好能让每个参加示范的人都有机会操作这项新技术，获得"边看边学，做中学"的机会。例如，果树修剪、棉花打顶等都可以通过方法示范把技术要领在短时间内传递给农民。

（5）实地参观。

实地参观就是组织农民小组到某一地点去考察其本地所没有的农业技术措施或项目。参观的地点可以是一个农业试验站、一个农场、一个农户或是一个社区组织等。组织农民进行实地参观，可让农民到实地亲自了解一些新的技术措施；同时增加农民对该技术措施的感性认识，扩大其视野。因此，实地参观是一种通过实例进行推广的，集讨论、考察、示范于一体的重要推广方法。其不足之处是费用较高。

组织实地参观，需要确定参观团的负责人。在参观前，负责人要与参观点的有关人员联系，确定参观时间、地点和人数，并做好交通工具等安排。在参观出发前，应把详细的活动日程安排告诉大家。在参观过程中，推广人员可以跟农民一起边看边议，进行实地指导。每个参观点考察结束以后,最好组织农民讨论,并让参观者提出各自的想法。

(6)短期培训。

在农业技术推广工作中,短期培训的目的主要有两种:一种是实用技术的培训,这类培训主要结合农业技术推广项目的实施进行,开展有针对性的实用技术培训;另一种是农业基础知识培训,如"绿色证书"培训。要搞好实用技术的短期培训,在培训过程中要多讲怎么做、少讲为什么。

对农民进行农业基础知识培训,目的是提高农民分析问题、解决问题的能力,讲课内容力求语言通俗、易懂,应尽可能运用直观的教学手段,以提高教学效果。

(三)个别指导法

个别指导法是推广人员和个别农民接触,讨论共同关心或感兴趣的问题,向农民提供信息和建议的一种推广方法。该方法的最大优点是,能直接与农民进行面对面的沟通,从而有针对性地帮助农民解决问题;其不足之处是费时,若没有良好的交通和通信设备做保障,工作效率很低,无法满足许多农民的需要。

1.个别指导法的特点

个别指导法具有以下特点。

(1)针对性强。

目标群体中各成员的需要具有差异性,推广人员可以根据农民的要求与农民进行直接沟通,以帮助其解决问题。从这个意义上来讲,个别指导法正好弥补了大众传播法和集体指导法的不足。

(2)解决问题的直接性。

推广人员与个别农民或家庭直接接触,平等地展开讨论,充分地交流看法,认真听取农民的意见,坦诚地提出解决问题的方法和措施,使

问题得到及时的解决。

（3）沟通的双向性。

推广人员与农民之间的沟通是直接的、双向的。一方面有利于推广人员直接得到反馈信息，了解真实情况，掌握第一手材料；另一方面能促使农民主动接触推广人员，使其更愿意接受推广人员的建议，容易在两者间建立起相互信任的感情。

（4）信息发送量的有限性。

个别指导法是推广人员与农民面对面地沟通，在单位时间内发送的信息量是有限的，且服务范围窄，占用的人力、物力多，且费用高。

2. 运用个别指导的要求

运用个别指导法的具体要求如下。

（1）良好的交通和通信条件。

个别指导需要与农民进行直接联系，由于农民居住得比较分散，在联系和沟通方面有一定的困难，具有良好的通信和交通条件是个别指导顺利进行的前提与保证。

（2）足够数量的高素质推广人员。

个别指导对推广人员有以下要求：一是推广人员要有为农民解决实际问题的能力；二是推广人员要不怕苦、不怕累，具有强烈的事业心、责任感和献身农业的精神；三是推广人员态度要谦虚，对农民要有爱心、有耐心，尊重农民；四是推广人员要深入研究和充分了解农民的个别需求，及时掌握反馈信息。

（3）技术指导与经营服务相结合。

在进行个别指导时，推广人员提出解决问题的办法，往往需要技术和物资配套应用，如果推广单位能"既开方又卖药"，就能方便农民有针对性地解决生产技术问题，同时推广单位也能获得一定的收益。

3. 个别指导法的应用

个别指导法主要包括农户访问、办公室访问、信函咨询、电话咨询、田间旗帜、计算机服务等形式，现分别叙述如下。

（1）农户访问。

农户访问是最常用、最有效的农业技术推广方法之一。通过农户访问，推广人员可以最大限度地了解农民的需要，并帮助农民解决实际问题，在解决个别农民的特殊问题方面尤为有效。农户访问主要是推广人员同被访农民之间的交谈，它要求在很短的时间内进行大量的信息交流，因此该方法要求农业技术推广人员具有较高的素质。

农户访问具有以下优点：①推广人员可以从农户那里获得直接的原始资料，与农民建立友谊，保持良好的公共关系；②易促使农户采纳新技术；③有利于培育示范户及各种义务领导人员；④有利于提高其他推广方法的效果。

农户访问的缺点是费时，投入经费多，若推广人员数量有限，则不能满足多数农户的需要。访问的时间有时与农民的休息时间有冲突。

（2）办公室访问。

办公室访问又称"办公室咨询"或"定点咨询"，是指推广人员在办公室接受农民的访问（咨询），解答农民提出的问题，或向农民提供技术信息、技术资料。一般农民来办公室访问（咨询），总是带着问题而来，他们期望推广人员能给他们一个满意的答复。因此，对办公室的咨询推广人员的素质要求较高。

办公室访问具有以下优点：①来访问的农民学习的主动性较强，利于农业技术推广；②推广人员节约了时间、资金，与农民面对面交谈，拉近了双方的距离。

办公室访问具有以下缺点：①来访的农民数量有限，不利于新技术的迅速推广；②农民来访不定期、不定时，提出的问题千差万别，给推

广人员的工作带来一定的困难。

（3）信函咨询。

信函咨询是个别指导法的一种非常重要的形式，是以发送信函的形式传播信息的。它不受时间、地点等的限制，也没有方言的障碍，不仅为推广人员的农业推广工作节省了大量时间，而且农民能从中获得较多较详细、可保存的技术信息资料。

（4）电话咨询。

利用电话进行技术咨询是一种及时、快速、高效率的沟通方式，在通信事业发达的国家或地区应用较为广泛。使用电话咨询也有一些条件限制：一是电话费用高；二是受环境限制，只能通过声音来沟通，不能面对面地接触。

（5）田间旗帜。

田间旗帜是在推广人员走访农户或到田间调查未遇到当事人时而采取的一种约定俗成的沟通方法。例如，农业技术推广人员到田间调查时，发现某一块田病虫害严重，或是脱肥，或是生长过旺，需要采取某种措施，可以将调查结果、处理意见或建议写好，放到事先准备好的小三角形红旗的口袋里，用树枝或铁丝将其竖立在田中农户易于发现的地方。农户看到小红旗时，从口袋里取出信息后将旗插回原处，然后按农业技术推广人员的建议进行操作。推广人员可在下次，根据问题解决的情况与农户联系。

这种方法的明显优点是，当农民不在家或不在地里时，农业技术推广人员无须花费时间去找他们。问题处理完成之后，仍然可以按照原定计划继续进行下一步工作，有利于农业技术推广人员高效地安排自己的工作。

（6）计算机服务。

当今时代，计算机已成为开展农业技术推广工作的重要工具，发挥了十分重要的作用。

①技术监测系统。

农业技术推广人员利用技术监测系统对农业环境、农业生态和农作物生长发育情况的观察资料进行分析处理，获得农业生产所需要的信息，并向生产者发出预报、警报或报告，为农业技术措施的选择提供依据。这一系统的服务内容包括病虫害预测、天气（尤其是灾害性天气）预报、土壤肥力及矿质营养监测、作物生长发育进程监测等。

②信息服务系统。

信息服务系统是指建立通用技术信息库，将农业科学研究成果和实用技术信息贮存于软件中，用户根据需要输入关键词即可调出有关信息，用以指导农业生产。这样的系统大大提高了数据的共享和查询效率。

③专家系统。

专家系统是人工智能研究的一个应用领域，其中总结和汇集了专家的大量知识与经验，借助计算机进行模拟和判断推理，以解决某一领域的复杂问题。专家系统一般由人机交互接口、推理机构、知识库和综合数据库组成。我国农业专家系统的研究，始于20世纪80年代，至今已有不少应用于生产实践，如黑龙江省的大豆生产专家系统，水稻、小麦栽培管理专家系统，作物病虫害预测、预报和防治专家系统，配方施肥及配合饲料专家系统，等等。

专家系统具有系统性、灵活性和高效性的特点。专家系统操作简单，无须计算机专业人员来操作，一般初中以上文化程度的农民就可以使用。

第八章　农业技术推广服务

第一节　农业技术推广服务的内涵

一、农业技术推广服务的含义与内容

（一）农业技术推广服务的基本概念

根据 2024 年修订的《中华人民共和国农业技术推广法》，农业技术是指应用于种植业、林业、畜牧业、渔业的科研成果和实用技术，包括良种繁育、栽培、肥料施用和养殖技术，植物病虫害、动物疫病和其他有害生物防治技术，农产品收获、加工、包装、贮藏、运输技术，农业投入品安全使用、农产品质量安全技术，农田水利、农村供排水、土壤改良与水土保持技术，农业机械化、农用航空、农业气象和农业信息技术，农业防灾减灾、农业资源与农业生态安全和农村能源开发利用技术，其他农业技术。

农业技术推广是指通过试验、示范、培训、指导及咨询服务等，把农业技术普及应用于农业产前、产中、产后全过程的一种活动。

可以说，农业技术推广服务是指农业技术推广机构与人员向农业生产者提供农业技术产品，传播与技术产品相关的知识、信息以及提供农业技术服务的过程。

农业技术推广服务主要包含农业技术产品提供和农业技术服务提供两个方面。

（二）农业技术推广服务的内容

1. 服务技术分类

从农业技术的性质以及推广应用的角度进行分类，农业技术可分为以下三种类型。

第一种类型是物化技术成果。这类技术成果具有一个明显的特点，即它们已经物化为技术产品，并已成为商品。这类技术成果包括优良品种、化肥、农（兽）药、植物生长调节素、薄膜、农业机械、饲料等。

第二种类型是一般操作技术。这类技术通过为农业生产和农业经营提供操作方法、工艺流程、相关信息等，来提高劳动者的认识水平和操作能力。这类技术主要通过培训、典型示范和发布信息进行推广，具有典型的公共产品属性。这类技术包括栽培技术、养殖技术、病虫害预报预测及防治技术、施肥与土壤改良技术、育秧（苗）技术、畜禽防病（疫）治病技术等。

第三种类型是软技术成果。这类技术成果主要是为政府决策部门、企业或农户提供决策咨询等方面的服务。不同于一般的管理理论和管理技术，软技术成果具有较强的针对性。软技术成果有两个特点：一是服务对象的广泛性，既可为宏观决策服务，又可为微观决策服务；二是经济效益度量比较困难，如农业技术政策、农产品标准、农业发展规划、农户生产技术选择和生产决策、信息及网络技术等，很难测算其具体的经济效益。

2. 服务阶段与相应的服务内容

农业技术推广服务可分为产前、产中、产后三个阶段，各阶段的服务内容分别如下。

（1）产前。

农业生产前期是农民进行生产规划、生产布局、农用物资和技术准备的阶段。此阶段农民需要相关农产品和农用物资的种类信息、市场销售信息、价格信息和相关政策法规等信息。由此，农业技术推广部门可以为农民生产、加工、调运和销售优质合格的种子、种苗、化肥、农药、农膜、农机具、农用设施等农用物资，也可以从事土地承包、技术承包、产销承包、生产规划与布局的服务合同签订工作以及农产品销售市场的建设工作，从而使农业生产有规划、有布局、有条件、有物资、有技术、有信息、有市场。

（2）产中。

农业生产中期是农民在土地或设施内利用农用物资进行农业产品再生产的具体过程。农业推广部门要继续提供生产中所需的农用物资的配套服务，要保证农用生产物资的供给以及全过程的技术保障，实现农业生产的有序化、高效化；同时，积极开展劳务承包、技术承包等有偿服务活动，从中获得经济效益，并继续联系和考察农产品销售市场，制定营销策略，积极扩大销路。

（3）产后。

农业生产后期是农民收获、贮藏和销售农产品的过程，此时农民最关心其产品的去向问题，因此，农业推广部门应开展经营服务。要保证农产品产销合同的兑现，积极组织农民对农产品进行粗加工，为农民提供收购、贮运和销售服务，并帮助农民进行生产分析、再生产筹划。此时，开展这样的推广服务，正是帮助农民、联络感情、增强信任感和提高服务能力的好时机，可以为进一步开展技术推广服务奠定良好的基础。

二、农业技术推广服务的对象与组织

（一）农业技术推广服务的对象

我国农业从业劳动力大致可以分为三类，即传统农民、新型农民和农民工。其中，传统农民受教育程度普遍较低，对于新技术的接受能力较差，而农民工常年在外打工，对于农业生产热情不高。国家大力倡导培育新型农业经营主体，发展现代农业。新型农业经营主体主要有五大类，即自我经营的家庭农业、合作经营的农民专业合作社、雇工经营的公司农业、农业产业化联合体和新型农民。新型农业经营主体中的农业从业者大多专门从事农业生产，愿意学习新知识，对于新技术的需求比较旺盛，因此，农业技术推广服务的重点对象应该是这部分新型农业经营主体。

（二）农业技术推广服务组织

我国现行的农业技术推广服务组织基本上由以下三部分组成。

1. 政府主导型农业技术推广组织

政府主导型农业技术推广体系分为国家、省、市、县、乡（镇）五级。县、乡两级的农业技术推广部门是政府主导型农业技术推广体系的主体，是直接面向农民，为农民服务的。在一些地方，县、乡农业管理部门和农业技术推广部门联系密切，有的就是同一机构。

政府依据区域主导产业发展和生产技术需求，以政府"五级农业科技推广网"为主，以上级部门下达的项目任务为支撑，开展新技术、新成果、新产品的示范推广。政府主导型农业科技成果转移模式一般有三种，即"政府+农业科技推广机构+农户"模式、"政府+科教单位+农户"模式、"政府+企业+农户"模式。其经费主要来源于国家财政事业拨款，其次为科级单位自筹、有偿服务、企业资助和社会捐款等渠道。在管理上，政府负责宏观指导和管理，制定管理办法，出台相应的引导与激励政策，制订推广计划和中长期发展规划，确定总体目标、主要任务和工作重点。这种管理模式与运行机制较为完善，便于政府宏观管理和统一协调；但是，这种模式对政府的依赖性很强，不能很好地吸纳社会力量，与市场经济的衔接不够紧密。

2. 民营型农业技术推广组织

民营型农业技术推广组织可分为两种类型。一种是以农民专业合作经济组织为基础的农业技术推广组织，这种组织以增加成员收入为目的，在技术、资金、信息、生产资料购买、产品加工销售、储藏、运输等环节实行自我管理、自我服务、自我发展。大多数农业合作经济组织不是由农民自发创建起来的，而是依靠政府、科技机构、农产品供销部门等外部力量发展起来的。另一种是经营型推广组织，此类组织主要是指一些龙头企业以及科研、教学、推广单位等的开发机构附属的推广组织。这种独立的经济实体一般具有形式多样、专业化程度高、运转灵活快捷、工作效率高、适应农户特殊要求等特点，主要从事营利性强、竞争性强的推广项目。

经营型推广组织是市场经济条件下的产物，是推广活动私有化和商业化的产物。

3. 私人农业技术推广组织

私人农业技术推广组织主要是指以个人为基础的推广队伍。这种农业技术推广服务组织更多存在于西方国家，我国相对较少。

三、农业技术推广服务方式

农业技术推广方式是指农业技术推广机构与推广人员同推广对象进行沟通,将科技成果应用于生产实践从而转化为现实生产力的具体做法。各国由于历史、文化、社会、经济体制和行政管理体制的不同,形成了不同的农业技术推广指导思想和组织形式。随着我国市场经济体制改革的不断推进,农业技术推广工作也从由各级政府的技术推广机构主导,转向以政府为主导,政府专业技术推广机构、高等院校和农业科研单位、涉农企业、农业专业合作技术组织等多种主体共同参与的形式,农业技术推广工作也衍生出以多种不同单位为主体的推广模式,而其农业技术推广服务的方式也越发多样。

(一)咨询服务

咨询服务是指在农民生产过程中为其提供各种技术、信息、经营、销售等方面的建议,帮助农民提高生产技术、发展自我能力、拓宽信息渠道的服务过程。在经济全球化进程加快以及科学技术迅猛发展的形势下,农业和农村经济进入新的发展阶段,农业技术推广的内容也发生了很大变化。由于农业生产具有时间长、分散程度高、从业人员受教育水平低等特点,信息获取具有一定的滞后性,农业经营方式难以跟上市场变化。作为推广对象的农民不仅需要产中的技术服务,更需要产前的市场信息服务和生产资料供应,以及产后的产品销售等信息和经营服务,这就要求农业技术推广人员在生产的各个环节为其提供咨询服务,使一大批新技术能及时广泛地应用于农业生产,拓宽农民的信息渠道,扩大农民的信息采集和发布面,促进农产品流通。

（二）经营服务

农业经营服务是服务与经营的结合。从事经营服务的推广机构和推广人员，在购进农用生产物资并销售给农民的过程中扮演了销售中间商的角色，既是买方又是卖方；在帮助农民推销农产品的同时，又扮演了中介人的角色。从事经营服务的推广机构和推广人员，在兴办农用生产物资和农产品的生产、加工、运输、贮藏等实体企业的过程中，按照企业化的运行机制进行。因此，农业技术推广经营服务可以表述为：农业技术推广人员为满足农民需要所进行的物资、产品、技术、信息等各个方面的交易和营销活动，是一种运用经济手段来进行技术推广的方式。

（三）开发服务

开发服务是指运用科学研究或实际经验获得的知识，针对实际情况，形成新产品、新装置、新工艺、新技术、新方法、新系统和新服务，并将其应用于农业生产实践以及为对现有产品、材料、技术、工艺等进行实质性改进而开展的系统性活动。这种方式通常是农业科研或推广部门与生产单位或成果运用单位在自愿互利、平等协商原则的基础上，选择一个或多个项目作为联营和开发对象，建立"科研——生产"或"技术——生产"的紧密型、半紧密型或松散型联合体，以生产经营为基点，对其进行延长和拓展，逐步形成产前、产中、产后的系列化配套技术体系。从单纯出售初级农产品转向农副产品的深度加工与开发，从而提高农业经济的整体效益。这种方式既可以充分发挥科研与推广部门的技术优势，又可以充分利用生产单位的设备、产地、劳动力、资金、原材料等方面的生产经营优势，使双方取长补短、互惠互利；同时，它可以使一项科技成果直接产生经济效益，缩短科技成果的推广路径。

（四）信息服务

农业推广信息服务是指以信息技术服务形式向农业技术推广对象提供和传播信息的各种活动。农业技术推广信息服务的内容、方式和方法与过去相比均发生了很人变化。农业技术推广信息服务出提供简单的信息服务，向提供深加工、专业化、系统化、网络化的农业信息咨询服务发展。现阶段，加强农业信息技术研发，加强信息网络建设，整合网络资源，丰富网上信息，实施网络进村入户工程，为农民朋友提供全方位服务，用信息化带动农业的现代化。

（五）科技下乡

科技下乡是把科技成果传递到农村，包括科学育种、科学管理、科学防灾等，以节省人力、物力、财力等来提高产品产量和质量，从而为农民服务。科学育种、科学管理、科学防灾，都是科技下乡的做法；同时，科技下乡是新农村建设的一个重要环节，此项服务可大幅提升农业技术水平，从而为新农村建设奠定坚实的基础。

第二节 农业技术推广经营服务

一、农业技术推广经营策略

（一）经营服务的概念与指导思想

农业技术推广经营服务是农业技术推广与经营服务的有机结合，对推动我国科学技术的普及和农村商品生产的发展具有重要的意义。

首先，农业技术推广经营服务有利于克服农业技术推广与农业生产资料供应脱节的矛盾，促进技物结合，保证技术措施的落实；其次，农业技术推广经营服务能够拓宽农业技术推广的渠道，加快科学普及的步伐；再次，农业技术推广经营服务有利于强化农业技术推广部门的服务功能，增强其实力与活力，稳定农业技术推广队伍，壮大农业技术推广事业；又次，农业技术推广经营服务有利于形成农业服务的竞争机制，消除生产资料独家经营的弊端，调动各方面的力量支援农业、发展农业；最后，农业技术推广经营服务有利于推动农业技术推广体制和农业生产经营体制的改革，加速"产、供、销分离"的体制向"产、供、销一体化"方向发展。

农业技术推广与经营服务相结合的主要目的是为农民解决生产和生活中的各种实际问题，以保证农业生产各个环节的正常运转，实现各生产要素的优化组合，获得最佳效益，加快农村经济发展和农民致富步伐。

开展经营服务也有利于增强农业技术推广组织的实力与活力,改善农业技术推广人员的工作与生活待遇,稳定和发展农业技术推广队伍,促进农业技术推广事业的发展。因此,农业技术推广经营服务必须牢固树立"以服务为宗旨,以技术为核心,以经营求活力,以管理求实效"的指导思想,推动农村商品经济快速、健康地发展。

(二)农业技术推广经营策略

1. 以市场为导向

农业技术推广经营要在竞争激烈的市场经济中站稳脚跟,求得生存并发展壮大,就必须研究和认识市场,研究市场对企业、对经营的各种影响和作用,按照市场需求及变化规律做事。一是积极组织农业生产资料货源,拓宽销售渠道,增加销售数量,提高经营效益。二是积极开拓农产品销售市场,帮助当地农民及时将各种农产品推向市场,这样既可以解决农民种地的后顾之忧、增加农民收入,又可以通过销售农产品获得一定的经营收益。三是根据市场需求,积极组织订单农业。订单农业的组织实施,既能促进生产资料的配套销售,又能降低经营风险,还有利于更好地满足国内外市场需求,对生产者、经营者和消费者都有利。相反,不了解、研究市场,不以市场为导向,盲目开展经营,就很难达到预期的目标和效益,甚至会出现商品滞销、积压、亏本、倒闭等不良结果。

2. 以政策和法律为依据

任何经济活动都必须在一定的政策、法律法规范围之内进行,农业技术推广部门开展经营服务、兴办经济实体也不例外。农业技术推广部门如开展经营服务的时间较短,经验不足,需要特别注意学习国家有关政策和法律以及经营业务知识,只有坚持以政策和法律法规为依据,才能更好地利用国家政策和法律法规的优势,顺应国家经济发展的趋势,获得政策扶持、支持和保护，收获较高的生产经营效益，实现经营实体的快速发展壮大，促进农业技术推广事业的发展；同时，只有坚持守法经营，才能确保农业技术推广经营服务健康发展，确保工作的顺利进行。

3. 以推广带经营

坚持以推广带经营是农业技术推广部门开展经营服务的突出优势。每一项农业技术推广工作，尤其是农业技术推广活动的开展，都离不开经营，离不开生产资料的配套服务。

一方面，应根据推广技术的需要，提前准备，积极组织，备足、备好适宜的配套物资，做到物美、质优、价廉，从而降低农民投入，提高农民收益；加快技术推广，又能提高经营部门自身的经济效益。另一方面，在制定技术推广方案的过程中，应在充分考虑农民利益和技术需要的基础上，于多种可供选择的配套物资方案中，优先选择本推广经营部门的优势经营产品，落实与实施以推广带经营的推广经营策略。

4. 扬长避短

农业技术推广部门开展经营服务，既存在一些优势，也存在一些不足。只有正确地认识自身的长处与短处，充分发挥自身优势，做到扬长避短，不断地总结经营经验，才能降低市场风险，积累更多的资金，推动农业技术推广事业的发展。

5. 树立良好形象

农业技术推广部门开展经营活动，要立足服务，讲求信誉，不断提高服务质量，树立良好形象，以信誉求效益，以信誉求发展。

6. 协调好关系

农业技术推广部门开展经营服务是一件新生事物，它的成功和发展离不开主管部门以及政府相关部门与领导的理解和支持，离不开农业技术推广人员的支援，也离不开农业经营主渠道和当地同行的理解与合作。所以，应处理好与各方人员之间的关系，并为以后经营工作的顺利开展创造一个和谐、轻松的环境，从而更好地调动各方人员的工作热情，促进农业技术推广经营工作健康发展。

二、农业技术推广经营实体

农业技术推广部门要做好经营服务工作，除了应确立正确的指导思想，掌握和运用科学的经营策略以外，还应根据自身的人才、资金等特点，灵活地确定适宜的业务范围，兴办恰当的经营实体。

（一）农业技术推广经营实体的业务范围

农业技术推广经营与一般的商品经营相比，既有许多共同之处，又有本质的差别。所以，农业技术推广经营实体应充分发挥自身在人才、技术上的优势，划定业务范围，重点抓好以下三个环节的综合服务。

1. 产前提供信息和物资服务

产前是农民安排生产计划和为生产做准备的阶段。农业技术推广部门及其经营实体，应根据农民和技术推广的需要，广泛收集、加工整理有关信息，并通过各种方式及时传递给农民；同时，积极组织货源，引进适于当地栽培、满足市场需求的新作物及优良新品种种子、高效低毒的新农药以及质优且价格合理的化肥、薄膜等，做到"开方卖药、测土施肥"，向农民供应有关生产资料，并介绍使用方法。尤其是农业科技重点推广项目和联系组织的订单农业项目，更应该做到种子、肥料、农药、薄膜、技术，乃至加工销售的全方位、一体化的优质服务。

2. 产中提供技术服务

产中技术服务就是根据农民的生产项目，及时向农民提供新的科技成果和实用技术。服务的方式包括举办各种类型的技术培训班,印发技术资料,制定技术方案,进行现场指导、个别访问、声像宣传、技术咨询及技术承包,等等。此外,还可以组织专业植物保护队,为农民有偿防病、治虫、除草和灭鼠;组织农业机械服务队,为农民有偿耕地、播种、收获和脱粒等;组织农用作业和劳动服务专业队,有偿帮助农民进行浇地、中耕和其他各项田间管理等;组织果树管理专业队,有偿帮助果农进行整枝、修剪、嫁接、疏花、疏果、追肥、浇水、防病、灭虫等。

3. 产后提供贮运、加工和销售服务

我国农村商品经济的发展尚处于初级阶段,产后服务这一环节非常薄弱,与农民的要求以及市场经济发展的需要相去甚远。当前,农业技术推广部门组织的产后服务主要有以下几项。

(1)采取直接成交或牵线搭桥的方式帮助农民打通农产品的内外贸易销售渠道。

(2)发展农产品加工业,主要是指以农、林、牧、渔产品及其加工品为原料的加工业,包括碾米、磨面,肉制品、水产品、果菜制品的加工,淀粉加工、酿酒、制糖,以及饲料、油脂、糕点、饮料、棉纺、毛纺、皮革的加工等诸多方面。发展农产品加工业不仅可以实现产品增值,还是安排农村和城镇剩余劳动力的重要途径。

(3)组织资金兴建冷藏保鲜库,或采用其他先进的保鲜技术,发展贮藏保鲜业务,既可以延长产品的供应期、调剂余缺、保护生产,又可以获得季节差价,增加收入。

(4)把农产品运到合适的地方去销售。交通不便的山区和偏远农村往往会因为运输困难,大量果菜等"鲜、嫩、活"的农产品最终霉烂变质,造成严重浪费和较大的经济损失,所以这些地方更应重视发展运输服务,促进农产品的对外流通,加快市场经济发展步伐;同时配合运输服务,积极帮助政府搞好道路建设。"要想富、先修路",道路建设

与农村经济发展关系密切。

产后服务的潜力很大，一般情况下，商品生产发展越好，或者生产项目的效益越高，技术性就越强，风险也就越大，对产后服务的要求也就越高。订单农业也正是顺应了市场经济不断完善的上述需求而发展起来的新的农业生产组织服务形式。

（二）农业技术推广经营实体的主要类型

经营实体又称"经济实体"，一般是指具有人、财、物自主权，实行独立核算，经济上能够自立的独立企业单位或组织。农业技术推广机构兴办的经营实体，就是为农业技术推广服务或为农业技术推广提供资金的实行企业化管理的经济组织，是农业技术推广机构的附属单位。它把农业技术推广与经营活动有机地结合起来，直接或间接地为农村商品生产服务；同时用经营服务的收入来增强农业技术推广机构的经济实力，把各项推广工作搞活，并逐步向自我积累、自我发展的方向转变。

兴办经营实体，将农业技术推广与经营服务结合，是我国农业技术推广体制的一项重大改革；但从整体来看，我国农业技术经营实体仍处在发展的初级阶段。经营实体大体可分为以下四种类型。

1. 技术、物资结合型

技术、物资结合型经营实体把农业技术推广和经营有关的生产资料结合起来，采用"既开方又卖药"的服务方式，结合技术咨询服务，销售种子、农药、化肥、薄膜和农机具等，即在提供技术服务的同时，也提供实现技术方案所需的农用生产资料，并负责传授使用方法、技术要点和需要注意的事项等。这种经营实体类型的优势在于，便于把技术和农用物资有效地结合起来，做到品种规格对路，农时季节适宜，农民使用方便，能够充分发挥各种物资的技术经济效益。所以，这种经营实体类型是各地农业技术推广部门采用最多且较为简单有效的初级经营实体类型。

2."产、供、销"结合型

"产、供、销"结合型,是指为推广对象提供技术、物资和销售一体化服务的农业技术推广经营实体。其中"产"是指生产,主要是为农民生产提供技术服务;"供"是指以生产资料供应为主要内容的物资服务;"销"是指产品销售服务。"产、供、销"结合型农业技术推广经营实体,把技术、物资、销售以及产前、产中、产后有机地结合起来,形成了一体化的综合性系列服务,是较技术、物资结合型经营实体更为完善的一种农业技术推广经营实体,也是较适合我国多数农村商品生产发展水平与方向的一种经营实体类型。

3."技、劳"结合型

"技、劳"结合型,即技术与劳务有机结合。在一些工副业比较发达的地方,因大部分劳动力投入工副业生产,无力经营土地,而一些擅长农业生产经营的农民又因承包土地少,没有用武之地;同时,土地承包到户后,由于每户承包的土地不多,如果户户添置农机具,不仅要加大生产投资,而且利用率不高,所以不少农户只想租用农机具。

在这种情况下,可由一些农户自愿联合起来或由农业技术推广组织牵头,组建各种农业服务队,既负责技术服务,又负责劳动服务。农业服务队队长由农民技术人员担任。把新技术推广和劳务结合起来,农机具所有权不变,由农户保管,队长统一安排农活,会计负责按时、按件收费,不合格者返工。农业服务队不仅节省了农业投资,还为从工经商户解除了后顾之忧;既促进了乡镇企业的发展,又保证了农业生产的正常进行,同时增加了种田能手的经济收入,从而满足了农村生产专业化的要求,加速了农村生产专业化的进程。

4. 产业型

发展产业型经营实体主要是指通过办工厂、农场、养殖场等来带动某个相关产业的发展。兴办产业型经营实体，首先着眼于直接为农业生产经营服务的工厂以及繁殖、推广新品种的种植场与养殖场。

直接为农业生产经营服务的工厂主要包括农副产品加工工厂和农业生产资料生产工厂（如各种化肥、农药、农机修配等工厂）；繁殖、推广新品种的种植场与养殖场，主要有良种场、茶场、林果场、中药材种植场、养鸡场、养鸭场、养猪场、养牛场、水产养殖场等。加工厂、生产厂、种植场和养殖场不仅可以直接生产社会需要的各种加工品、工业品和农产品，更重要的是可以通过农副产品加工、生产资料生产、各种农作物和动物新品种与新技术的引进等，促进农村商品经济的发展，带动起一个又一个相关产业，加速农业产业化进程。此外，还有其他非直接服务于农业的各种工厂，以其获取的利润支持农业技术推广事业。

三、兴办农业技术推广经营实体

农业技术推广机构开展经营服务，兴办经营实体，是农村商品生产适应市场经济发展的需要，也是农业技术推广工作深化改革和发展的需要。要办好经营实体，应抓好以下四个方面的具体工作。

（一）掌握政策依据，取得领导支持

农业技术推广经营实体是一种新生事物。由于传统思想观念的束缚，农业技术推广体制改革必然会遇到重重阻力和各种困难。因此，开展这项工作应有明确的政策依据做保证，并取得各级领导及有关部门的支持。把经营服务和兴办经营实体作为农业技术推广体制改革的重要内容和方向，国家以法律形式给予肯定，从而为兴办农业技术推广经营实

体提供了强有力的政策依据。与此同时，一些地方政府和相关部门进一步制定出鼓励支持推广机构开展经营服务、兴办经营实体的具体配套政策和措施，并在资金、人员、场地等方面给予支持和帮助。所以，掌握政策依据并取得各级领导支持是农业技术推广部门开展经营服务、办好经营实体的重要前提。

（二）选好人才

人才的选拔适当与否，直接关系到经营实体的好坏和成败，关系到经营与推广关系处理得好坏。在选拔和培养人才上，可以参考以下几种方法。

1. 就地选拔

采用自荐、群众推荐、领导选拔及竞聘等多种途径，从本单位、本部门挑选懂技术，廉洁、公道，敬业与创业意识强，且有一定经营才能的人员担当农业技术推广经营实体的领导人。

2. 引进

采取招标承包或聘用的方式，从有关单位或社会上公开招聘为人正直、廉洁、工作能力强、信誉好、有经营才能，最好是有经营经验的人才，择优录用。要为招聘人员制定明确的经营、盈利指标，工资奖励发放数量与办法，人员、资金、场地使用与保养办法，以及聘用年限、续聘、辞聘、解聘等详细办法。

3. 派出去培训

可选派具有一定经营管理素质的农业技术推广人员到有关院校或培训班学习经营管理知识和技能，或者派他们到开展经营服务工作起步早、经营实体搞得好的单位观摩学习，边学边干，提高其管理水平和实践能力。

4. 就地培训

就地培训是在一定范围内，针对现有的在岗骨干人员或将要上岗的骨干人员举办经营管理培训班，聘请有关专家、教授或有经验的企业家以及经营工作做得好的农业技术推广机构的负责人来讲课和介绍经验，并结合理论讲授，组织各骨干人员到经营工作做得好的先进单位参观考察，将理论与实践相结合，提升培训效果。这样一次可以培训一批人，解决一个区域内多个经营实体的人才问题。

（三）确定好经营策略

农业技术推广部门搞经营服务基础差、底子薄，在资金、人才、场地、货源渠道等方面又有很多困难，而兴办经营实体又是一种风险性事业，为了确保能够在竞争中站住脚，避免大起大落，就必须确定好经营策略，为此应注意做到以下三点。

1. 发挥技术优势，由技物结合起步

在开展经营服务过程中，应首先抓好便于发挥技术优势的生产资料经营，并开展"产、供、销"一体化服务。一方面积极争取经营权，另一方面为供销和粮油部门拾遗补阙，经营他们不经营或不便经营的新品种、新农药、新化肥、菌肥、植物生长调节剂、除草剂和农副产品等，把经营和新品种、新技术、新产品的推广紧密结合起来，把技术浸透到经营服务之中，以优质、热情、低偿的服务赢得群众，树立起良好的信誉和形象，逐步积累资金，不断发展壮大。

2. 立足本地资源优势，兴办开发性实体

农业技术推广机构不论是兴办流通型实体，还是兴办产业型实体，都应当立足本地的资源优势（如"名、特、优、新、稀"产品等），进行商品交换、深度加工或综合利用。只有立足当地的资源优势，借助其良好的社会与市场声誉，才能以较小的人力、物力、财力投入和较短的

时间，开发出较广阔的市场，获得最佳的社会效益和经济效益。

3. 量力而行，稳步发展

开展农业技术推广经营服务，兴办经营实体，不能妄想"一口吃个胖子"，要根据自身条件，本着因陋就简、先易后难、从小到大、由低级到高级的原则，走逐步积累、稳步发展的道路。

（四）建立健全规章制度

建立健全规章制度，是规范经营、激励和督促职员工作、实现经营实体健康发展的重要保证。农业技术推广部门兴办经营实体，至少应健全和完善以下三个方面的规章制度。

1. 推广人员与经营人员的分工责任制

农业技术推广人员和经营人员既要有明确的分工，使推广人员专心搞推广，经营人员全力跑业务、搞经营；又要有协作和配合，使之成为一个有机的整体，保证推广、经营两不误，贯彻落实"立足推广搞经营，搞好经营促推广"的经营策略。

2. 岗位目标奖惩经济责任制

农业技术推广人员和经营人员都应有明确的岗位奖惩目标。农业技术推广人员应实行项目分工责任制，从面积到产量，从蹲点到抓面，从乡村农业技术推广组织建设到宣传培训，都应落实到人。经营人员实行岗位承包或定额承包责任制，既要明确经营和利润指标，又要规定其配合推广工作的服务义务，以保证农业技术推广工作的正常进行。此外，还要将双方的责任目标与劳动工资和奖金挂钩，使"责、权、利"紧密结合，多劳多得、优劳优酬、有奖有罚，从而调动起全体工作人员的积极性和创造性，保证农业技术推广与经营目标的落实和完成。

3.财务管理制度

要兴办农业技术推广经营实体，必须建立健全严格的财务管理制度。收入支出、出库入库、票据账目往来必须手续完备，日清月结，账目清楚。对发展基金、集体福利和工资奖励要按政策、岗位目标或承包合同进行合理分配，兼顾国家、集体和个人三方利益。加强财务管理，合理分配利益，是保证推广事业和经营事业兴旺发达的重要基础。

第三节 农业技术推广信息服务

在信息化时代，信息成为与物质、能源同等重要的资源。信息技术是当今世界发展最快的高新技术，农业信息化成为农业现代化的重要标志。深化信息化技术在农业领域中的应用，加快农业信息化建设步伐，对推进我国农业现代化进程具有重要意义。

一、农业信息

在信息技术广泛应用的今天，农业信息不仅泛指农业及农业相关领域的信息集合，更特指农业信息的整理、采集、传播等农业信息化进程。随着科学技术的不断发展，农业科技对农业系统各个层面的影响日益显著，相应地，农业信息内容也越来越广泛。在农业系统中，凡是沟通农业科研、教学、推广、管理、产供销等活动与农民之间联系的信息流，统称为"农业信息"。

（一）信息的形态和特征

1. 信息的形态

信息是看不见、摸不着的，只有在通过一定的媒介载体进行传递时才表现出一定的形态，具体可分为数据信息、文本信息、声音信息、图像信息和多媒体信息。

2. 信息的特征

信息具有以下特征。

（1）时效性。

信息是反映特定时期内事物的变化和特征的。信息是有寿命的，它有一个生命周期，如时效性很强的天气信息、股票信息、市场信息、科学信息等。信息是活跃的、不断变化的，客观事物变化得越快，信息的时效性就越强。及时把握有效的信息将获得信息的最佳价值，而信息也会随其滞后使用的时差而贬值。

（2）价值性。

信息的价值在于它的知识性和技术性。

（3）可传递性。

各种信息都可以通过一定的技术手段从一个地方传递到另一个地方，到达指定的信宿。信息是在传递过程中发挥作用的，其传递和流通过程是一个重复使用的过程。在这一过程中，信息的占有者不会因传递而失掉信息，一般也不会因为多次使用而改变信息的自身价值；但其在传递过程中可能会因为媒介或信号干扰出现价值磨损。

（4）依附性。

信息必须依附于适当的载体。离开载体，信息的含义就不能有效传递，其价值也不能充分发挥出来。

（5）可塑性。

信息可以压缩、扩充和叠加，可以变换形态。在流通使用过程中，经过综合、分析、再加工，原始的一次信息可以变成二次信息和三次信息，原有的信息也可以实现增值。

（6）贬值和污染。

信息在传递、流通或转换过程中有可能会变形或失真，这是信息贬值的原因。信息污染则是由信息量呈指数增加、信息质量低下或信息在传播过程的各种干扰和破坏引起的。

（二）农业信息分类

1. 自然信息

自然信息包括农业资源信息和农业自然灾害信息。

（1）农业资源信息。

农业资源信息包括各种农业自然资源（土地、湿地、山林、草地、水利、气候、生物资源以及积温、日照、降水量等）、农业经济资源（农业人口及农业劳动力的数量、质量、收入、购买力等）及农业区划等方面的信息。

（2）农业自然灾害信息。

农业自然灾害信息包括气象灾害、海洋灾害、洪水灾害、地质灾害、森林灾害、农作物灾害和畜禽疫病等方面的信息以及减灾、防灾信息等。

2. 社会信息

社会信息包括农业政策信息、农业科技信息、农业生产信息、农业教育信息、农业市场信息、农业经济管理信息、农业人才信息和农业技术推广管理信息。

（1）农业政策信息。

农业政策信息包括与农业生产和农民生活直接或间接相关的各种

国家和地方性法律法规及政策等。

（2）农业科技信息。

农业科技信息包括农业科研进展、新成果、新技术、新工艺、新方法、新生产经验、试验示范效果等科学技术方面的信息。

（3）农业生产信息。

农业生产信息包括作物生产计划、作物布局、生产条件、生产现状、作物长势以及产前、产中、产后的各种情况等农情方面的信息。

（4）农业教育信息。

农业教育信息包括各种层次的农业学历教育、培训班、技术培训的时间、地点、方法、手段、内容、效果等信息。

（5）农业市场信息。

农业市场信息包括农产品市场体系，农产品储运、加工、购销，以及生产资料和生活消费品供求与价格等方面的信息。

（6）农业经济管理信息。

农业经济管理信息包括农业经营动态、农业收益、投入产出、农民生活水平状况、农村经济等方面的信息。

（7）农业人才信息。

农业人才信息包括农业科技人员的技术专长、农村人才管理，以及农村科技示范户、生产专业户、农民企业家的基本情况及工作情况等信息。

（8）农业技术推广管理信息。

农业技术推广管理信息包括农业技术推广队伍情况、组织建设、人员培训、经营服务、教育管理、项目经费、技术承包、农业技术推广工作的经验及成果等信息。

（三）农业信息的特性

农业信息具有以下特性。

1. 农业信息的时效性

农业信息的时效性包括内容的时效性与传递过程的时效性两层含义。内容的时效性是指农业信息对于特定的使用者来说，只在特定的时间内有效。例如，一项新的农业技术信息的运用可能会带来很高的利润，但随着时间的推移，更先进的农业技术出现，原有的技术或许会变得毫无价值。传递过程的时效性是指信息在传递过程中具有时间成本，传递的时间越长，时间成本越高。

2. 农业信息的易扩散性

农业信息的易扩散性是指个人一旦拥有了某些信息，他不可能无偿占有这些信息，而往往会在生产和生活中被无成本地传播和学习。

3. 农业信息的地域性

大多数农业信息与地理位置有关，涉及地形、地质、土壤、气候等诸多方面。由于地域差异，在农业技术推广工作中需要按照试验、示范再推广的程序，因地制宜地向农业生产经营者提供农业地域信息，切忌照搬照抄外地经验，以免造成严重后果和重大损失。

4. 农业信息的系统性

农业、农村和农民是"三位一体"的整体，农业生产是由农业生物、环境、经济、技术和人的劳动等构成的一个系统。在搜集和应用农业信息时应注重农业信息的系统性，保证信息全面、准确，以免顾此失彼。

5. 农业信息的综合性

农业信息的涉及面很广，土、水、肥，山林、湿地、草原，气象、物候、病虫害，产、供、销等无所不包，是多种信息的综合体，涉及农业、水利、化工、气象、物流等多个学科，具有很强的综合性。

二、农业技术推广信息系统

（一）农业技术推广信息系统的组成及类别

农业技术推广信息系统是指为了实现组织的整体目标，以农业知识、农业自然资源数据、科技成果、市场需求信息为内核，利用人工智能、计算机、数据库、多媒体、模拟模型等技术，对管理信息进行系统的、综合的处理，辅助各级管理决策的计算机硬件、软件、通信设备、规章制度及有关人员的统一体。

1. 农业技术推广信息系统的组成

农业技术推广信息系统主要由信源、信道、信宿和信息管理者四部分组成。信息的产生或发生源称为"信源"，信息传递的媒介称为"信道"，信息的接收或信息的受体称为"信宿"。多个信息过程交织相连就形成了系统的信息网，当信息在信息网中不断转换和传递时，就形成了系统的信息流。在农业技术推广信息的传播媒介中，传统传媒是指广播、电视、电话、传真、报纸、杂志等，而信息系统的传媒主要是指计算机与网络等新的传播媒介。信息管理者负责管理农业技术推广信息系统的开发与运行。

2. 农业技术推广信息系统的类别

农业技术推广信息系统按所处理的具体业务不同，可以分为农业数据库系统、农业情报检索系统、农业业务信息系统、农业管理信息系统、农业专家系统和农业决策支持系统。

（1）农业数据库系统。

农业数据库系统是实现有组织地、动态地存储大量有关的农业生产经营数据,方便多用户访问的由计算机软硬件资源组成的系统。利用农业数据库系统,用户可通过应用程序向数据库发出查询和检索等操作命令,以得到各类不同的信息,满足不同用户的需要。

(2)农业情报检索系统。

农业情报检索系统是对情报资料进行收集、整理、编辑、存储、检查和传输的系统。该系统被广泛应用于图书馆、科技资料中心等信息存储量极大、检索要求快捷的场景中。农业情报检索系统往往以大型的计算机和远程网络为技术手段,以农业数据库系统为基础,能够有效地为用户提供农业科技信息、农业市场信息、农业教育信息以及政策法规等方面的服务,同时可以提高科研管理及其他行政事务的工作效率。

(3)农业业务信息系统。

农业业务信息系统又称"电子数据处理系统",是针对农业业务处理要求设计开发的,主要进行数据处理,代替业务人员的烦琐、重复劳动,以提高信息处理和传输的效率及准确性。经该系统处理的信息具有详尽、具体、结构严谨、精确、数据量大的特点。

(4)农业管理信息系统。

农业管理信息系统是收集和加工农业系统管理过程中的有关信息,为农业管理决策过程提供帮助的一种信息处理系统。其主要作用是帮助管理者了解日常的业务,以便高效地控制、组织、计划,最终达到组织目标。它是一种人机系统,输入数据和信息要求,输出信息报告、事务处理和决策支持,反馈的是效率和报告。我国已研制出农业经营管理信息系统、乡镇企业管理信息系统、农村能源及环境监测管理信息系统、农作物产量气候统计模拟模型、作物产量气候分析预报系统、土壤普查和分类制图计算机处理系统等农业管理信息系统。

(5)农业专家系统。

农业专家系统来自专家经验,它能代替少数专家群体,走向田间地头，进入千家万户，在各地具体指导农民科学种田，培训农业技术人员，把先进适用的农业技术直接交给广大农民。农业专家系统可应用于农业的各个领域，是农业技术推广领域的一项重大突破。

（6）农业决策支持系统。

农业决策支持系统是以计算机技术为基础，支持和辅助农业生产者解决各种决策问题的一种知识信息系统。农业决策支持系统是在农业管理信息系统、农业模拟模型和农业专家系统的基础上发展起来的，以多模型组合和多方案比较方式进行辅助决策的计算机系统。农业决策支持系统为农业技术推广部门和农户服务，向各级领导和农户提供及时、准确的决策信息。其信息来自各业务信息系统的综合性、概括性处理结果，以及广大农户的反馈信息和大量与决策有关的外部信息。有关业务信息系统可以看作农业决策支持系统的子系统，主要运用于若干农业经济管理模型，提供推广决策支持服务，如农业生产规划问题、产业结构优化问题、运输路程问题、最优经济订货批量、合理优化的生产调度、农业生产经济分析等。

（二）农业技术推广信息系统的利用途径

现代农业技术推广不仅要培训农业生产者以提高其专业技能，普及推广最新的科学技术，提供咨询服务，帮助他们解决在生产和管理中出现的问题，还要为农业生产者提供与农业生产有关的经济、市场和现代科学技术方面的信息。

1. 推广沟通

借助网络信息系统进行沟通，成为现代农业技术推广沟通的主要形式。用户可在相关信息系统中了解农业技术推广信息，通过电子邮件、留言板等与农业技术推广组织进行沟通。其主要特点是方便、快捷、及时、准确，可以进行多方面、多层次的轻松交流。

2. 推广教育

网络和信息系统所包含的丰富的科学知识，是一种生动形象的教材，远程教育网络已成为农业技术推广教育的主要教学形式。农业技术推广人员可以通过农业技术推广信息系统开展农业技术推广教育活动，减轻推广教育劳动强度，节省时间和财力；可以通过农业技术推广信息系统举办各类培训班，组织专家和学者授课，迅速普及农业新技术。

3. 科技成果推广

与传统科技成果推广相比，网络和信息系统使科技成果推广更加开放、快速、高效、广泛。农业技术推广组织通过网络和信息系统进行科技成果信息的有效传递，使信息服务分布更加公平、科学、合理，可以解决长期以来由于信息闭塞导致的信息分配不均问题，更好地为广大农户营造获得平等的信息机会、市场机会和致富机会的平台。

4. 联合推广攻关

联合推广攻关是现代农业的必然发展趋势，其核心是进行跨地区乃至全国性的联合技术推广协作，从而实现跨地区的农业技术推广。网络信息系统创造了农业专家互相学习、交流、沟通的技术平台，为农业生产网络会诊提供了条件。

5. 生产咨询与决策

专家在线支持系统保证了服务对象和服务提供者的方便交流。用户在系统上提出自己的问题，通过专家在线支持系统获得专家对问题的解答和帮助。基于网络的专家在线支持系统能根据用户提供的生产事实，给出当前事实条件下的生产决策。诊断型专家在线支持系统能帮助用户诊断植物营养、病虫草害等，并给出相应的解决方案，对较严重的病症，系统会自动做出预约安排，以便人机专家会诊。

6. 农业信息管理和传播

通过专家在线支持系统可以帮助农业技术推广管理者及决策者找出正确的数据和信息，实现信息的有效管理。农业生产者用户可通过农业技术推广信息系统或搜索引擎，快速获取自己所需要的信息。互联网以其特有的强大的信息传输功能，为人们迅速获取各种信息创造了优越的条件。

7. 专业化和地区性信息服务

定期或不定期地发布政策与法规、统计数据、市场动态等信息，如有关谷物、畜牧、水果、花卉等农产品商情信息、市场报价、交易水平和商情趋势，发布最近的天气预报，传播高新技术信息，发表文章，协助农户做好经营管理，提供市场行情分析、宏观经济形势分析等服务。

8. 网络经济

使生产者与消费者通过网络直接联系，消除生产者与消费者之间的中间环节，从而大大降低产品的销售成本，使企业与用户实现良好的沟通，随时了解用户的需求，及时调整产品结构，为用户提供全方位的个性化服务。消费者则可以更全面地了解产品，有更大的选择余地。

9. 农业企业管理

为企业开发的管理信息系统通常包括财务管理信息系统、生产管理信息系统、营销管理信息系统、人力资源管理信息系统等，通过企业内部网络，企业各个部门之间可以实现快速可靠的信息交流，从而提高工作效率。

10. 政策、法规、广告宣传

政策、法规、广告的网络宣传不仅适合农业技术推广机构，也适合农业企业。通过网络和信息系统，农业技术推广机构可以对与农业有关的政策法规进行宣传；企业不仅可以对本企业的产品进行全面详尽的宣

传，而且可以对企业本身进行全方位的宣传。这种宣传可以不受时间、空间、信息量和经费的限制，所产生的效应也是其他任何宣传方式所不能比拟的。

三、农业技术推广信息服务

（一）农业信息服务体系

农业信息服务是指以信息技术服务形式向农业技术推广对象提供和传播信息的各种活动。

农业信息服务体系是以发展农业信息化为目标，以农业信息服务主体提供各种农业信息服务为核心，按照一定的运行规则和制度所组成的有机体系。农业信息体系的核心问题是研究组成该体系的农业信息资源的类型和结构，研究"是什么"的问题；而农业信息服务体系的核心问题是研究如何有效整合农业信息资源，从而为农业信息体系的建立和运行提供有效保障，研究"怎么做"的问题。后者侧重于研究"主体的行为"，即农业信息服务体系的运行方式，也就是农业信息服务主体如何提供信息服务。

农业信息服务体系的主体包括公共服务组织、合作服务组织、企业性质的农业信息服务组织及个人。每个主体都具有特有的属性功能，在体系内部还应该形成主体间的功能互动，产生协同效应。

（二）农业技术推广信息服务的内容与形式

农业技术推广信息服务就是根据农业市场和产业化发展的需要，为农业龙头企业、农村合作经济组织和广大农民，及时提供准确的农业生产、科技、政策、供求、价格等信息，使信息在指导决策、引导生产、促进流通中发挥积极作用，以此加快农业结构和农村产业结构调整，推进农业发展、农民增收、农村繁荣。

1. 农业技术推广信息服务的内容

农业技术推广信息服务主要包括传统信息服务和电子信息服务两部分。

传统信息服务包括信息提供、信息检索、信息咨询和信息分析研究等服务。

电子信息服务包括软件服务、系统集成服务、专门服务、网络服务和数据库服务等内容。软件服务包括为特定用户进行软件开发以及为非特定用户提供软件包和软件产品。系统集成服务主要包括信息系统的设计、技术开发、设备选购、系统安装调试、教育培训、咨询等服务，并为用户提供包括软件和硬件在内的大型信息服务系统。专门服务主要包括培训和展览。信息技术的发展促使培训市场产生，培训既包括企业自身技术人员、销售人员的培训，也包括用户及潜在用户的培训，以及面向农村青年的信息技术培训。网络服务主要包括网络查询、网络检索、信息浏览、信息反馈、电子邮件和网上交流等服务。

2. 农业技术推广信息服务形式

农业技术推广信息服务有以下几种形式。

（1）农业信息网。

农业信息网利用信息技术搜集、处理和分析国内外先进农业技术信息、农产品市场价格和供求信息，为农业信息化服务。

（2）信息农业示范基地。

信息农业示范基地在品种选育、模式化栽培、配方施肥、节水灌溉、畜禽养殖智能化、农业管理信息化等方面开展信息技术利用示范工作。

（3）农业信息资源数据库。

农业信息资源数据库利用现代信息处理技术、数据库技术、多媒体技术，建立农业信息资源保障体系，包括农业自然资源信息、农业科技

资源信息、农业管理信息、农业科技文献资源信息等。

（4）农业信息监测与速报。

利用遥感监测技术，对主要农作物的种植面积、长势与产量、土壤墒情、水旱灾害、病虫草害、海洋渔业、农业资源、生态环境等进行监测、速报与预报。

（5）农产品市场监测预警信息服务系统。

利用农产品市场监测预警信息服务系统，选择部分关系国计民生的农产品，通过数据采集、分析与处理，完成数据集成和信息发布，实现对这些农产品的市场需求、价格、进出口贸易等信息的动态监测预警，引导农产品生产经营者及时采取措施，规避市场风险。

（6）农村市场与科技信息服务系统。

利用农村市场与科技信息服务系统，实施农村供求信息全国联播，强化农产品批发市场价格信息服务、农业电视节目市场信息服务和农业科技推广信息服务。

（7）农业管理信息服务。

利用农业管理信息系统，实施农业电子政务和网络办公，实现农业行政审批和市场监督管理等事项的网络化处理，提高农业行政管理的透明度，提升信息服务质量和办事效率。

（三）农业技术推广信息咨询服务

咨询作为一项具有参谋性、服务性的社会活动，在经济、政治等领域中逐渐发展起来，已成为社会、经济、政治活动中辅助决策的重要手段，并逐渐形成一门应用性软科学。

1. 专业咨询机构咨询服务

农业咨询业逐步兴起，以网站作为咨询服务平台，开展咨询服务。

2. 农业专家热线咨询服务

开通农业专家热线是农业部门强化服务职能、创新工作方式、提升服务水平的具体措施。通过热线在农民与政府、农民与专家、农民与市场之间架起"直通桥",有效地帮助农民解决最关心、最直接、最现实的问题,成为农民增收致富的好帮手、好顾问。最初农业专家热线提供咨询服务的方式是公布一个热线电话号码,农业专家轮流值班,直接解答农民提出的问题,以后逐步发展为智能电话语音系统服务和农业科技"110"咨询服务。

(四) 提高农业技术推广信息服务质量

1. 加快农业信息网络建设

农业信息化的重点是农村信息硬件建设(通信网络、通信设备、计算机等)和软件建设(乡镇、村的信息化组织机构建设及人员培训等)。要搞好农业技术推广信息服务,必须大力发展农业信息技术,加快农业信息网络建设,整合农业信息网络资源,丰富网络信息,实施互联网进村入户工程。必须着力解决农业信息网络入户问题,确保"最后一公里"畅通,在充分利用广播、电视、报纸等传播方式的基础上,推动计算机网络成为信息服务的主导方式。

切实加强农业网站建设,强化网站信息特别是科技信息发布,增强网站的科技咨询服务能力,使农业网站成为科技服务的重要窗口和科技交流园地。在市、县农业网站建设中,把加强科技信息上网和检索作为一项重要内容来抓。

2. 加强农业技术推广信息服务队伍建设

农业技术推广信息系统的顺利运行,离不开一支结构合理、素质较高、服务优良的专业队伍。在健全信息服务机构的同时,要着力提高农业技术推广人员的信息服务能力。信息服务能力是指搜集、加工、处理、

传递、利用信息的本领和技能。我国农业技术推广人员的信息服务能力普遍较低，需要通过培训和实践不断提高。农业技术推广机构要配备专职信息人员，根据中华人民共和国农业农村部（以下简称农业农村部）制定的农业信息员岗位规范和要求，建立农业信息员登记、培训考核和资格认证制度。通过省、市、县逐级培训，农业广播学校远程教育培训，农业信息网在线培训等形式，对农业信息员进行岗位培训，提高其在科技信息收集、加工、发布及应用服务等方面的能力，建立起一支能够满足多种需求的农业技术推广信息服务队伍。

3. 加大农业信息系统的资金投入

农业信息化工作是一项服务"三农"的公益性事业，资金投入是信息系统建设的基本保证，各级政府应加大对农业信息系统的资金投入。各级政府建立的农业信息化发展引导资金要向农业信息系统建设倾斜，重点加强基础设施建设，尽快完善农业信息系统的基础设施。各地要把农业信息系统重点工程列入地方国民经济和社会发展规划，给予重点支持。积极争取国家、地方的政策性拨款，鼓励社会各界投资农业信息服务业。有关部门要研究制定优惠政策，对发展、租用农业信息服务网络通道和农民上网费用给予政策性优惠，以迅速提高农村信息化能力和农业信息化水平。

4. 有效开展农业技术推广信息服务

按不同服务范围、对象和内容开展农业技术推广信息服务，更好地体现服务的层次性、针对性、时效性和有效性，为服务对象获取有价值的信息提供一条捷径。

省级农业技术推广机构提供以下信息服务：一是为政府部门提供农业政务信息，二是为农业部门、农业龙头企业、农产品批发市场、中介服务组织提供农业科技信息、经济信息、市场信息、政策信息等。

市级农业技术推广机构的信息服务应以区域为主，根据区域特点和生产情况，传递农产品生产、流通、加工、出口等信息，主要为农业经营主体服务。

县和乡镇农业技术推广机构主要为广大农户服务，发布农产品产销信息，指导当地农业结构调整；调查、预测农产品生产情况，发布农情动态信息；开展农业技术咨询服务，解答农民的疑难问题；推广农业技术，提高生产经营效益。

5. 提高农业技术推广信息服务质量

县级农业部门要认真实施农业部"三电合一"（电话、电视、电脑）信息服务工程，切实加强同当地电视台、广播电台的合作，开设固定的农业栏目。加快"三电合一"和"三网合一"（电信网、广播电视网、互联网）农业技术推广信息服务平台建设，破除体制壁垒，有效解决农业技术推广"最后一公里"和科技成果转化"最后一道坎"的实际问题。实施"金农"工程和信息入户工程，引导和鼓励社会力量积极参与农业技术推广信息服务，快速推进农业信息化。

因地制宜采取多种形式，利用网络、广播、电视、报纸、刊物、简报、传真和电话等多种传媒，建立多层次、多渠道的农业技术推广信息服务窗口。通过技术培训、科技下乡、专家咨询、农产品推介会、信息发布会等多种形式，积极开展农业技术推广信息服务工作。加强农业技术推广信息服务人员的自身建设，不断提高其农业技术推广信息服务能力，逐步提高农业技术推广信息服务质量。

参考文献

[1] 胡霞. 现代农业经济学[M]. 北京：中国人民大学出版社,2015.

[2] 方天堃. 农业经济管理[M]. 3版. 北京：中国农业大学出版社,2019.

[3] 焦必方. 农村和农业经济学[M]. 上海:格致出版社,2009.

[4] 孙涛. 互联网时代的农业经济发展研究[M]. 北京：中国华侨出版社,2023.

[5] 郑炎成. 现代农业经济学[M]. 4版. 北京：中国农业出版社,2021.

[6] 朱春霞,李奇,张剑中. 现代农业技术推广与农学研究[M]. 长春：吉林科学技术出版社,2021.

[7] 王迎宾. 农业技术推广[M]. 北京：化学工业出版社,2020.

[8] 杨野,刘大会. 三七生产加工适宜技术[M]. 北京：中国医药科技出版社,2018.

[9] 郭巧生,王长林. 道地中药材栽培技术大全[M]. 北京：中国农业出版社,2022.

[10] 谭著明. 林下经济作物种植新技术[M]. 北京：中国农业出版社,2017.

[11] 王守国. 农业技术推广[M]. 北京：中国农业大学出版社,2012.

[12] 朱书生,何霞红. 三七林下有机种植技术[M]. 北京：中国农业出版社,2020.